YOUXI WENHUAXUE

游戏文化学

Youxi Wenhuaxue

鲁威人　石正贵　宋立欣　○　著

首都经济贸易大学出版社
Capital University of Economics and Business Press

·北京·

图书在版编目(CIP)数据

游戏文化学/鲁威人,石正贵,宋立欣著. －－北京:首都经济贸易大学出版社,2019.3

ISBN 978－7－5638－2911－8

Ⅰ.①游… Ⅱ.①鲁… ②石… ③宋… Ⅲ.①游戏—文化研究 Ⅳ.①G898

中国版本图书馆 CIP 数据核字(2019)第 019757 号

游戏文化学
鲁威人　石正贵　宋立欣　著

责任编辑	赵晨志　浩　南
封面设计	砚祥志远·激光照排　TEL: 010-65976003
出版发行	首都经济贸易大学出版社
地　　址	北京市朝阳区红庙(邮编 100026)
电　　话	(010)65976483　65065761　65071505(传真)
网　　址	http://www.sjmcb.com
E－mail	publish@cueb.edu.cn
经　　销	全国新华书店
照　　排	北京砚祥志远激光照排技术有限公司
印　　刷	人民日报印刷厂
开　　本	880 毫米×1230 毫米　1/32
字　　数	272 千字
印　　张	10.625
版　　次	2019 年 3 月第 1 版　2019 年 3 月第 1 次印刷
书　　号	ISBN 978－7－5638－2911－8/G·437
定　　价	36.00 元

目　录

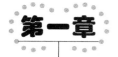

绪 论

学习目标

游戏是什么？为什么说游戏文化是人类文化的一部分？游戏文化有什么作用和意义？这是我们学习游戏文化首先需要认识的问题。本章在游戏定义的基础上认识和理解游戏文化，为学习游戏文化建立一个基本的概念框架。本章要求认识和了解狭义和广义的游戏定义内容，掌握游戏定义的构成要素，重点掌握游戏与人类文化的关系，以及游戏文化的作用和意义。

游戏活动是人类与其他动物共有的一项活动，但二者游戏活动的内容有所不同。人类能够在本能的基础上使游戏活动的内容和方式不断延伸和发展，不仅丰富了游戏内容，也为人类生活增添了乐趣。人和其他动物为什么要有游戏活动？为什么会有游戏活动？这是一个极其有趣的问题。从人类和其他动物的游戏活动过程可以发现，游戏活动都始于本能。但是，荷兰历史学家约翰·赫伊津哈却认为，"游戏是一种自主的存在"。何为自主的存在？其实，就是人们常说的人与动物固有的天性。

所谓天性，即与生俱来的本性。同本能的表述虽有不同，但并没有本质差异。那么，游戏活动起源于何时？这很难考证。可以这样说，自人类和其他动物诞生之日起，游戏活动就出现了。

大多数动物都具有游戏的本能和习性，最常见的是小猫、小狗出生后，就会和猫妈妈、狗妈妈嬉戏玩耍，不需要学习，无师自通。

刚刚出生的小猫、小狗,即使离开了猫妈妈、狗妈妈,稍稍长大之后,也会以自己的方式和主人玩耍。所以,各种动物具有游戏的天性无须质疑。

第一节　游戏定义的概述

每个人对游戏活动都不陌生,从嗷嗷待哺的婴儿到耄耋之年的长者,谁又能脱离游戏活动而生活? 其他动物亦是如此,从出生到死亡,游戏活动伴随着整个生命过程。但是,要准确地定义游戏活动又是一件很难的事情,从不同的层面和意义上理解游戏,则有不同的定义和概念。

一、游戏的定义

什么是游戏?《现代汉语词典》这样解释游戏一词:①娱乐活动,如捉迷藏、猜灯谜等,某些非正式比赛项目的体育活动如康乐球等也叫游戏;②玩耍,如几个孩子正在大树底下游戏。这种解释可以作为游戏的定义吗? 显然很不严谨。这不过是通过某些具体游戏的指代化,为人们认识和理解游戏提供一种思路,而没有揭示游戏的本质。

同样,当代各国游戏研究者在定义游戏时如出一辙,英国游戏设计师皮尔斯(Pearce,2002)认为:"游戏是一种结构化的框架,目的是为了让玩游戏这一行为流畅进行。它由以下要素构成:

- 目标(goal),主要目标及一系列相关的次级目标;
- 障碍(obstacles),用于阻碍你达成目标;
- 资源(resources),帮助你达成目标;
- 奖赏(rewards),奖励在游戏中取得成功,往往以资源的形式出现;
- 惩罚(penalties),作为未能克服障碍的后果,多表现为出现更多的障碍;
- 信息(information):①为所有游戏者和游戏所知的信息;②仅仅为个别游戏者所知的信息,如游戏中玩家所持有的卡片;③仅仅为游戏所知的信息;④递进的信息(由一种信息而得到其他信息)。"①

皮尔斯的游戏定义是在研究电脑游戏时提出的,其中的六大游戏要素完全是根据电脑游戏模式归纳的。而英国游戏研究者居尔(Juul,2003)又在皮尔斯定义的基础上根据电脑游戏的六大特征进行定义,认为:①游戏以一定规则为基础;②游戏具有多样而可量化的结果;③这些结果对应不同的评价(可定或者否定);④游戏者付出努力以达到渴望的结果;⑤游戏者在情绪上与游戏紧密相连;⑥游戏与现实生活之间存在可转化的因果因素。②

美国游戏研究者科特·撒龙(Katie Salen)和埃里克·齐默尔曼(Eric Zimmerman)在《游戏的规则》(*Rules of Play*)一书中为游戏下的定义是:"游戏是玩家参与规则定义的虚拟冲突,进而产生能够量化的结果的机制。"③同时,他指出,游戏定义中的最重要的要素是:"游戏遵循某种限制玩家的规则来展开。"

总之,从上述罗列的几种游戏定义中可以看出,除《现代汉语词典》的解释外,其余定义都是研究者在研究电脑游戏的基础上形成的,那么,这种根据电脑游戏的要素和特征而下的定义能够反映出"游戏"的本质吗? 显然不能。犹如"白马非马"一样,只是揭示了某一种或一类具体游戏的概念,不可能解释所有"游戏"的含义。为什么会出现这种现象? 完全是由游戏性质决定的。游戏的范畴极其广泛,包括人类和其他动物都拥有游戏的能力和内容。游戏作为一种活动非常具体,但作为一种概念又很抽象。同时,游戏作为一种人类和其他动物共有的活动,除了具有本能的共同点之外,毫无一致之处。这为定义游戏增加了困难。

荷兰历史学家约翰·赫伊津哈(Juhan Huizinga,1872—1945)解

① 戴安娜·卡尔,等.电脑游戏:文本、叙事与游戏[M].丛治辰,译.北京:北京大学出版社,2015:7.

② 戴安娜·卡尔,等.电脑游戏:文本、叙事与游戏[M].丛治辰,译.北京:北京大学出版社,2015:8.

③ 渡边修司,中村彰宪.游戏性是什么:如何更好地创作和体验游戏[M].付奇鑫,译.北京:人民邮电出版社,2015:3.

释游戏时说:"游戏是一种自愿的活动或消遣,在特定的时空合理进行,遵循自愿接受但绝对具有约束力的规则,游戏自有其目的,伴有紧张、欢乐的情感,游戏的人具有明确'不同于''日常生活'的自我意识。如果用这样一个定义,游戏这个概念似乎能够包容动物、儿童和成人中一切所谓的'游戏':力量与技能的较量、创新性游戏、猜谜游戏、舞蹈游戏、各种展览和表演都可以囊括进去。我们可以断言,'游戏'这个范畴是生活里最重要的范畴之一。"①

赫伊津哈的游戏定义既冗长又晦涩,但却意味深长、耐人寻味。他从不同的侧面描述了游戏的特点、特征和性质。但是,他又认为,如果用这样一个定义的话,生活中的一切活动都可以纳入游戏的范畴。因此,可以这样理解,赫伊津哈的游戏定义分为狭义和广义两方面内容,从狭义方面说,"游戏是一种自愿的活动和消遣";从广义上说,生活中的一切活动在一定意义上说都具有游戏的性质或成分,所以,在某种程度上说,生活本身就是一种"游戏",只是这种"游戏"的特征和意义同狭义上的游戏有所区别。

根据赫伊津哈游戏的定义可以这样表述:狭义的游戏是人类和其他动物的一种自愿的活动和消遣,或为获得愉悦的体验,或作为一种消遣满足的身心需求。广义的游戏泛指生活中一切具有游戏性质或因素的个人或社会活动,如艺术活动、战争活动和体育活动等。

对于狭义的游戏人们并不陌生,人类和其他动物自出生后由于天性使然,便具有了本能的游戏活动,如婴幼儿的嬉戏活动,其他动物的嬉戏活动等,无师自通,水到渠成。这种嬉戏活动实际上就是一种人类和其他动物最初的游戏,完全是由本能决定的。

二、认识游戏的定义

既然游戏是人类和其他动物共有的天性或者说共有的一种活动,自始至终存在于人类和其他动物的生命过程中,那么,对游戏的

---

① 约翰·赫伊津哈.游戏的人:文化中的游戏成分研究[M].何道宽,译.广州:花城出版社,2007:中译者序8.

定义就不能有所偏倚,须要概括和适用人类游戏和其他动物游戏的本质。

尽管其他动物的游戏活动完全是一种本能行为(即使少数其他动物经过驯化,能够从事一些简单的游戏,但也极其有限。而且这些简单的游戏也是人为作用的结果),但从性质上说,与人类游戏又有部分同质的意义,即本能意义上的游戏机制与性质属于同类。所以,在定义游戏概念时不能将其他动物的游戏排除在外。否则,必然造成游戏定义的偏颇。从赫伊津哈的游戏定义中可以看出,游戏主要包括四个方面的要素。

1. 自愿的活动或消遣

人类与其他动物的任何游戏都是一种自愿的活动或消遣,这一点在本能的游戏方面尤为明显。本能的游戏是人类和其他动物共有的活动,具体来说即嬉戏游戏。嬉戏即玩耍,它是人类和其他动物最初的游戏内容和游戏方式。通过观察可以发现,人在出生后,随着意识的进步,开始对自身和外界环境有更多的感知,产生了各种表达情感的方式方法。其中,嬉戏便是一种最早的个人(或与他人)以游戏方式表达情感或满足个体需要的方式之一,而且,嬉戏又是人类本能的行为方式。例如,婴儿出生后,身体的本能逐渐发展,除了哭、吸吮、吞咽及手舞足蹈等动作外,又逐渐会笑,会自娱自乐地嬉戏。婴儿出生后,在解决了基本生存的温饱之后,会对周围环境产生各种反应,对母亲的爱抚进行回应的方式之一就是笑。刚出生一两个月的婴儿既不会说话,又听不懂语言(言语),但却能对周围环境产生感知。温馨的环境(包括母爱)使婴儿感到舒适、惬意,所以,婴儿露出了微笑。微笑是一种情感表达方式,没有人教婴儿如何笑,但每一个婴儿都会笑(先天残疾婴儿例外),这就是与生俱来的本能。不仅如此,婴儿在吃饱喝足之后,会以自己的方式进行游戏:抓抓手,玩玩脚,咬咬手指、脚趾,并不时微笑甚至咯咯大笑。这种行为便是婴儿最初的嬉戏行为,完全是本能所致。但是,这种本能的表现首先是一种"自愿的活动"。同样,其他动物除了不会笑之外,嬉戏本能与人类大致相似。小猫、小狗等动物出生后,眼睛还没有睁开就拱来拱去找奶吃(本能)。稍大一点,吃饱喝足之后,便

用前爪挠或拍打猫妈妈、狗妈妈,同样是一种本能的嬉戏行为。由此可见,人类和其他动物都拥有嬉戏的本能。

嬉戏就是一种游戏,是人类和其他动物最初的游戏。尽管从游戏内容或游戏方式上说,它简单、单调,但却是人类和其他动物从事游戏的开始。在这个基础上,人和其他动物逐渐开始了各自的游戏活动。所以,赫伊津哈在为游戏下定义时说:"游戏是一种自愿的活动或消遣,在特定的时空合理进行。"这里首先强调的是"自愿的活动或消遣",符合人类和其他动物的各种各类本能的游戏活动。

2. 特定的时空活动

游戏同客观世界的一切事物一样,都是在特定的时空中进行的。为什么要在定义中强调这一点?这是由游戏的性质所决定的。时空性是区分和认识广义游戏和狭义游戏的一个重要因素。从广义上说,人和其他动物的所有活动都具有游戏的因素,但是,狭义的游戏一般是指以娱乐为目的的游戏,也称纯粹的游戏。我们可以这样理解,即同一种活动方式在不同的时间和场合发生,便具有不同的意义。也就是说,广义的游戏和狭义的游戏因时空不同而不同。

例如,婴幼儿的嬉戏既是一种本能的游戏,又是一种天真的体现,符合人的生长发育规律。所以,婴幼儿嬉戏招人喜爱。如果时空变换,某人在青少年或成人时期仍像婴幼儿一样喜欢嬉戏游戏,那么,人们就不会认为这个人是在进行一种游戏,而认为是智力发育有问题或有神经方面的疾病。同样,小狗之间追逐嬉戏是一种游戏,而大狗相互吠叫并追逐虽然也具有游戏的性质,但更可能是一种利益纷争。成人的游戏更是如此,大人带着孩子一起玩篮球,我们既可以把它看成大人同孩子一起游戏,又可以看成一种业余休闲活动。而成人之间进行的篮球比赛,既具有游戏的性质,又是一项社会活动,对于竞技体育比赛而言,甚至是一种职业。所以,同样的活动在不同的时空中具有不同的意义。

3. 有约束力的规则

游戏是自愿的活动和消遣,要在特定的时空中进行,同时,要"遵循自愿接受但绝对具有约束力的规则"。人类如此,动物亦然。

那么,人类最初的嬉戏有规则吗? 其他动物的嬉戏又有什么规则?

所谓规则,指从事任何活动必须遵循的要求和规律。我们不难理解用规则解释现实生活中的各种游戏活动和社会活动,但是,本能的游戏,如婴幼儿的嬉戏和其他动物的嬉戏,也有规则吗? 谁为它们制定规则呢? 其实,本能的游戏自有与它相适应的要求和规律,这就是人类与其他动物各自身体所具有的感知和调控能力。而且,这种感知和调控能力在特定的时空内对人或其他动物有各自大致相同的表现特征。也就是说,同龄的婴幼儿或同龄、同类的其他动物,其本能游戏的方式相差无几、大同小异,游戏能力则随着各自的成长而不断提高。

很多人都有与小猫、小狗玩耍的经历,当小猫、小狗意识到它是在与人或同伴玩耍游戏时,猫的前爪虽然张开,但抓人时点到为止,不会伤害人(不小心除外)。而且,小猫、小狗在玩耍时,还会不时地张口"咬人",但"咬"的时候,同样是适可而止。与其说是"咬",不如说是用嘴"含"。同样,狮虎也有母子或同伴之间的游戏,尽管狮虎属于猛兽,攻击力很强,但在游戏中同样具有良好的自控力,不伤害同伴。那么,其他动物为什么能够做到这一点? 这是与生俱来的本能意识使各种动物能够掌控安全与危险、游戏与攻击的分寸,所以,这种意识和控制能力就是人或其他动物本能游戏的"规则"。

对于其他动物来说,无论是游戏还是生存都是由本能控制的,而且他们能运用自如,恰到好处。猴子属于群居动物,每一群中有猴王。猴王是地位和力量的象征,所以,竞争猴王个个都是当仁不让。有趣的是竞争猴王本应"你死我活",但猴子们却很"仁义",只需几个回合的博弈,就能分出胜负、决出猴王,既不伤害对手,又能使之"俯首称臣"。由此可见,所有动物包括人类的本能既有秩序,又有规则。这一规则正是所谓"物竞天择,适者生存"的大自然法则。

但是,人类不同于其他动物,这是由人类的思维进化决定的。人类的思维高于其他动物,所以,能够在本能的基础上创造出适于人类生存、发展的各种行为及活动,使人类从"自然王国"不断走向"必然王国"。而人类的一切活动包括游戏活动都具有一定的规则

性,这是毫无疑义的。

4.自有其目的

游戏的目的性通常不难理解,任何人自愿地进行游戏必有其理由,或为了获得愉快,或为了消遣,或为了交往。不同的人有各自不同的游戏目的,千姿百态、不一而足。那么,本能的游戏有何目的?婴幼儿和其他动物的嬉戏游戏又是为了什么? 概括而言,一句话,即满足各自的本能需求。

从生物学的观点来看,一切生物都具有本能的需求,本能需求是各种动物赖以生存的基础。本能的需求不仅包括食欲和安全的需求,对很多哺乳类动物来说,还包括性欲、繁衍、群居等需求。其中,游戏活动也是很多哺乳类动物不可或缺的需求之一。

大自然赋予人类与其他哺乳类动物游戏的天性,以使幼小的生命能够在游戏中成长。所以,本能的游戏既是一种天赋,又是一种人类和其他动物延续的需要,从而使大自然生灵能够生生不息,代代延续。因此,赫伊津哈在研究游戏时说,"游戏是一种自主的存在"。而游戏作为一种天赋的存在必定有其规律性和目的性,即人类和其他动物成长的需要。

三、游戏定义的外延

游戏可分为狭义的游戏和广义的游戏,狭义的游戏是指本能的游戏以及生活中常见的以娱乐和消遣为目的的各种游戏,亦可称之为"纯粹的游戏"。而广义的游戏既有狭义游戏的特性,又不仅限于狭义的游戏,通常是指狭义或纯粹游戏之外的各种人际或社会活动。所以,正如赫伊津哈在定义游戏时所说:"如果用这样一个定义(指游戏定义),游戏这个概念似乎能够包容动物、儿童和成人中一切所谓的'游戏':力量与技能的较量、创新性游戏、猜谜游戏、舞蹈游戏、各种展览和表演都可以囊括进去。我们可以断言,'游戏'这个范畴是生活里最重要的范畴。"

为什么说"游戏这个范畴是生活里最重要的范畴"? 这不仅是因为生活中的一切活动都具有"游戏"的成分,而且生活范畴的所有活动包括个人活动和社会活动无不是在游戏的基础上产生的。正如赫伊津哈所说："游戏因素在整个文化进程中都极其活跃，而且它还产生了许多基本的社会生活方式……游戏性质的竞赛精神，作为一种社会冲动，比文化的历史还要悠久，而且渗透到一切生活领域。仪式在神圣的游戏中成长；诗歌在游戏中诞生，以游戏为营养；音乐舞蹈则是纯粹的游戏。智慧和哲学表现在宗教竞争的语词和形式之中。战争规则、高尚生活的习俗，全都建立在游戏模式之上。"①这一观点乍听起来有些夸张，但仔细想想却不无道理。人类诞生之初，同其他动物一样，以本能的力量自然生存。但是，人类之所以为人类完全是由于自身进化的结果。人类的思维能力不断进化和发展，逐渐高于其他动物，学会了利用工具和制造工具，生存能力逐渐高于其他动物。在此基础上，人类社会性逐渐产生，各种社会活动不断增多。

人类的任何活动都是建立在生存和生活的基础上，生存无以为继就谈不上任何个人或社会活动，生活没有保障也就无法从事各种活动。那么，考察人类最初的生存活动又无不与游戏活动联系在一起。除了本能的游戏之外，人类有别于其他动物的游戏就是在为谋生而进行的狩猎过程中产生的。狩猎活动本身具有游戏性，需要与其他动物周旋、较量，以捕获猎物。只是这种狩猎的游戏是一种无意识游戏，因为狩猎目的不是为了游戏，而是为了生存。所以，原始人类在狩猎过程中逐渐学会了使用工具，如石块、木棍、弓箭等，不仅提高了狩猎效率，又能满足生存的需要。人们在狩猎之余会练习射箭，这既是一种生活技能的训练，又是一种游戏活动。因此，在这个意义上说，狩猎过程中的游戏性（东躲西藏、寻找时机）启发了人类学会使用工具，而练习使用工具又使人类学会了游戏，超越了本能的游戏范围。从中可以看出，狩猎技能在游戏中产生，又在游戏中成长。而且，射箭活动自原始人类发明之后，延续至今，并在现代发展成为一项体育运动项目。体育运动从本质上说也具有游戏的

① 约翰·赫伊津哈.游戏的人：文化中的游戏成分研究［M］.何道宽，译.广州：花城出版社，2007：中译者序13.

成分。

其实,除了狩猎活动之外,其他各种社会活动也是在游戏之中产生的,无一例外。例如,舞蹈现在已经成为社会生活中的一种艺术门类,而追溯舞蹈的起源可以发现,它也是在游戏中产生的。原始人在狩猎过程中每当捕获了猎物会兴高采烈、手舞足蹈,以表达收获的喜悦心情。不过,这时的舞蹈只是一种本能行为。在语言没有产生之前,狩猎者将狩猎过程向家人或邻居叙述时,往往通过舞蹈的方式"再现"狩猎场景。正如英国的简·艾伦·哈里森在《古代艺术与仪式》一书中所说:"一个部落成员,每当他狩猎或打仗凯旋,或旅行归来,或者任何一种给他们身心带来愉悦和快感的事件之后,他总会在夜晚的篝火边,向那些闻讯而至的妇女和年轻人手舞足蹈地再现他的所作所为。这样一种在世界广泛存在的习俗无疑是产生于每一个成功者都想重温成功喜悦的欲望。除此以外,还有人类本性中天生就有的自我炫耀、自我标榜的欲望。"[①]狩猎者在舞蹈中的动作,既有模仿动物的动作,又有狩猎技术动作,活灵活现,使人领略狩猎者的捕猎风采。所以,再现狩猎过程的舞蹈既是一个叙事过程,又是一个游戏过程。

由此可见,原始人类的舞蹈起源于人类对其他动物动作的模仿,是狩猎者为了表达狩猎成功后的喜悦心情而向家人或同伴"再现"狩猎场景的一种表演形式。之后,随着社会的发展不断出现了葬礼舞蹈、战争舞蹈以及各种庆典舞蹈等。

巫术和宗教出现以后,舞蹈又有了新的形式。例如,巫术中的驱鬼、降魔大都以舞蹈形式进行。在宗教活动中,人们举行仪式时也会通过舞蹈形式表达对神的崇拜和敬畏,或表达对死去先人的缅怀,以此宣泄内心的情感。所以,赫伊津哈说:"舞蹈是最纯粹、最完美的游戏形式,在一切历史时期和一切民族中都是如此,无论我们心中想到的是什么舞蹈,无论野蛮人的神圣舞蹈和巫术舞蹈,希腊人的仪式舞蹈,还是大卫王在约柜(圣经里保存刻有摩西十诫石头

---

① 简·艾伦·哈里森. 古代艺术与仪式[M]. 刘宗迪,译. 北京:生活·读书·新知三联书店,2008:22.

的柜子)前的舞蹈,莫不如此,无一例外⋯⋯事实上,一切舞蹈都有游戏的性质,只要舞蹈是一种表演、一种展示,只要它是有节奏的运动比如小步舞或是对舞,它就具有游戏的性质。"①因此,从舞蹈的起源过程可以看出,它是在模仿游戏的过程中产生的,并不断被赋予新的意义。直到今天,舞蹈已成为一种表达情感的艺术。但尽管如此,舞蹈的游戏性仍挥之不去。尤其在一些少数民族地区,不仅有节日舞蹈,日常生活中遇到高兴的事情,人们就翩翩起舞,这种舞蹈方式作为一种情感的表达与其说是一种艺术,不如说是一种游戏。

现代生活中的事物或活动亦是如此。人们常说,人际交往如同小孩玩"过家家"游戏,一言不合就翻脸。国家交往不过是一种"政治游戏",完全受利益左右。正所谓"没有永远的敌人,只有永远的利益"。也就是说,尽管现实生活中各种社会活动的规律和原则以这样或那样的方式出现并得到广泛的认同,但从本质上说,无不具有游戏的性质,无不是在游戏的基础上产生各种模式。

第二节　游戏文化

游戏是文化吗?不全然。这里有一个界限,即本能的游戏无所谓文化。也就是说,所有其他动物的游戏活动都是一种本能的游戏,无文化可言,而游戏文化是指人类的游戏,即本能基础上所产生的各种游戏活动既是文化的显现,又是文化作用的结果。所以,研究人类的游戏不能脱离人类文化,没有人类文化的发展,就没有游戏的发展。

一、什么是文化?

文化是人类独有的概念。《现代汉语词典》将文化一词定义为:人类在社会历史发展过程中所创造的物质财富和精神财富的总和,特指精神财富,如文学、艺术、教育、科学等。这样定义文化的概念

---

① 约翰·赫伊津哈. 游戏的人——文化中游戏成分的研究[M]. 何道宽,译. 广州:花城出版社,2007:189.

没有错,但使人有一种泛泛的感觉,以为文化既包罗万象又似是而非,不能具体认识和把握文化概念的内涵。

著名国学大师钱穆认为:"文化只是'人生',只是人类的'生活'。唯此所谓人生,并不是指个人人生而言。每一个人的生活,也可说是人生,却不可说是文化。文化是指集体的、大群的人类生活而言。在某一地区、某一集团、某一社会,或某一民族之集合的大群的人生,指其生活之各部门、各方面综合的全体性而言,始得目之为文化。"①那么,如何理解这种综合体现?钱穆在《文化学大义》一书中解释道:"文化具有传统性,同时又必有其综合性与融凝性。人类生活之每一部门(部分)、每一方面,必然相互搭配,相互融洽,相互渗透,而相互凝成一整体。譬如研究台湾人的建筑,有些是传统式的,有些是日本式的,有些则是西洋式的。此皆各有渊源,各有来历,此即其传统性。而台湾人的房屋建筑,又必须与他们的经济条件、社会风俗、趣味爱好、智慧境界之各部门(部分)、各方面,发生联系、发生交涉。若你专从建筑来研究建筑,你将是一个建筑学者,而非文化学者。同样理由,你专从语言来研究语言,你将是一个语言学者,而亦非文化学者。你专从宗教来研究宗教,你将是一个宗教学者,而复非文化学者。建筑、语言宗教,这些都是文化中之一方面、一部门(部分),但文化是一个综合全体,包括了这些,综合了这些,而又超越了这些,有它一完整的总体之存在。你若不了解这一种人生各部门(部分)、各方面交互相连的内在意义,你将看不见一个总体。"②所以,钱穆的文化定义具体而详细,至少使人们可以从人生和生活的不同层面以及具体的事物中比较出文化是指什么。

著名国学大师梁漱溟在为文化定义时指出:"所谓文化不过是一个民族生活的种种方面。总括起来,不外乎三个方面:①精神生活方面,如宗教、哲学、艺术等是。文艺是偏重于感性的,哲学科学是偏重于理性的。②社会生活方面,我们对于周围的人——家族、朋友、社会、国家、世界——之间的生活方法,都属于社会生活一方

① 钱穆.文化学大义[M].北京:九州出版社,2011:4.
② 钱穆.文化学大义[M].北京:九州出版社,2011:5-6.

面如社会组织、伦理习惯、政治制度及经济关系是。③物质生活方面,如饮食起居种种享用,人类对于自然界求生存的各种是。"①梁漱溟的这一定义简洁而又概括,具体而又详细地阐释了文化的定义,层次分明,使人一目了然、回味于心。

英国人类学家、文化学家爱德华·泰勒(Edward Tylor,1832—1917)认为:"文化,或文明,就其广泛的民族学意义来说,是包括全部的知识、信仰、艺术、道德、法律、风俗以及作为社会成员的人所掌握和接受的任何其他的才能和习惯的复合体。"②泰勒的文化定义是在19世纪60年代至70年代的人类学研究过程中提出的,他受达尔文生物进化论的影响,着手研究原始人如何运用理性去解释他们当时所不能了解的自然和人类事物,从而揭示了原始生活和现代生活之间的联系及发展规律。泰勒认为,人类发展过程大致可以分为三个阶段,即愚昧阶段、野蛮阶段和文明阶段。每一阶段既是前一阶段的产物,又是后一阶段形成的必要条件,即人类社会的进化与人类自身的生物进化大致相似,经历了从简单到复杂,从愚昧、野蛮到文明的三个阶段。泰勒提出的文化定义,不仅为人类学研究奠定了基础,也为文化学研究开辟了道路,使文化学研究从此成为一门崭新的学科。

总之,从以上各种不同的文化定义中可以看出,不同的定义虽各有侧重,但有一个共同的特点,就是强调文化不属于个人活动现象,而是属于社会群体以至于整个民族和人类的共同现象。其原因是个人的活动现象具有偶然性、个别性,只是个人意识或行为的表现,不能说明众人或群体的意识或行为方式,不具有普遍性。所以,不能成为文化现象。只有群体的共同意识或行为才反映出一种文化的特征,这一点从文化的产生过程可以得到认识。

在原始社会,整个自然界处于一种洪荒状态,人与其他动物无异,仅靠本能的力量生存在这个世界中。但是,在自然进化中,人类

① 梁漱溟.东西方文化及其哲学[M]//梁漱溟全集:第1卷.济南:山东人民出版社,1989:339.

② 爱德华·泰勒.原始文化[M].连树声,译.上海:上海文艺出版社,1992:1.

的进化能力和水平远远高于其他动物,所以,人类的思维进步决定了自身能够以高于其他动物的能力生存在大自然中,其重要特征是人类学会了使用工具和制造工具。原始人类从利用工具如使用石块、棍棒攻击野兽到制造工具如梭镖、弓箭经历了一个漫长的历史阶段,这一阶段被历史学家和人类学家认为是人类文化的初现阶段,即工具文化的产生阶段。但是,在这一过程中,工具的利用既受本能的力量驱使,如抓握、投掷,又受思维能力的驱使,如能够意识到工具的有效性,因此,一个原始人学会了利用工具和使用工具的本领不能视为文化的出现,只能认为是个别人的聪明和灵巧,只有众多原始人学会了同伴的技能,才代表人类文化的出现。理由是什么?这就是说,文化现象的产生是众多人在思维能力的驱使下形成的共同的思维和行为方式。而其他动物思维能力极其有限,所以,其行为方式也仅仅局限在本能的范围内,没有学习过程,也就没有文化现象。

欧洲中世纪骑士文化的产生也是这样一个过程。公元 4 世纪,日耳曼游牧民族出现了骑兵,他们手持长矛、骑马作战。骑兵不仅速度快,而且骑在马上居高临下,在战斗中具有很大的杀伤力。在推翻古罗马帝国的战争中,骑兵起了巨大的作用,所以,使用骑兵作战受到欧洲各国的青睐。但是,当时的日耳曼骑兵不过是一种雇佣兵,谁出钱为谁打仗,谁给的钱多为谁打仗,对雇佣国根本谈不上忠诚。因此,各国国王对这些卖命挣钱的骑兵不敢信任。当时骑兵的作战装备都是由个人出资购买的,各国财力有限无法组建自己的骑兵队伍。

直到公元 6 世纪末,法国国王决定用"采邑制"方式组建骑兵,把原来无条件封赐给贵族土地改为有条件封赐,即凡是从国家取得采邑的人,都有为国家服兵役的义务。国家把土地连同土地上的农民一起作为采邑封赐给贵族,贵族有权向采邑中的农民征收赋税。而领受采邑的贵族每年有一定的期限要服从国家的征召,为国王服骑兵兵役,而且还要通过一定的仪式承认自己是国王的骑士。从此,法兰克国家出现了第一个具有封建特权的骑士阶层。

骑士的职责就是效忠国王,效忠国家,为国家作战,这就要求每个骑士首先应成为一名武士,即骁勇善战、无所畏惧。骑士阶层出现以后,受封的贵族不仅自己要为国家服役,享受这种特殊的福利和荣誉,还希望自己的儿子也能够如此,成为骑士阶层的一员。所以,很多贵族在自己的儿子很小的时候,就把他送到权势较大的领主家中充当扈从。他们平日里照顾和侍奉女主人,在男主人外出打仗时则随其左右出征,负责看护盔甲并学习作战。一直到 21 岁时,他们才有资格成为骑士。骑士的经历使他们逐渐养成了勇敢、忠诚、侠义、博爱的优秀品质,这种优秀品质在近千年的传承中逐渐演化成为一种"骑士精神",形成闻名欧洲乃至世界的"骑士文化"。在骑士阶层中,同样有人贪生怕死、唯利是图,但这只是个别行为,并不代表骑士阶层整体的精神和品质,也不成为一种文化。

因此,文化作为一种社会现象,不属于个人的行为或个别现象,而是群体的共同意识和行为。同时,文化作为一种历史现象,是社会历史的积淀物。简言之,文化是人类的思想和行为在社会实践中的综合体现。

二、为什么说人类游戏是一种文化?

游戏是人类与其他动物共有的活动,而游戏文化则是人类独有的社会现象。其他动物的本能游戏包括人类的本能游戏无所谓文化,只是一种天赋的本性而已。那么,游戏文化又是如何产生、如何形成的? 这需要以人类的文化出现为基点来认识。人类文化按照时代的发展过程可以分为原始文化、农耕文化、机器文化和信息文化;按照学科分类可以分为政治文化、经济文化、艺术文化、科学文化以及游戏文化等。不同时代、不同领域的文化具有各自的产生过程和特征及其功能和作用。考察不同时代的文化现象、认识不同领域、不同事物的文化现象可以发现,各种各类文化的产生无不是以工具文化、行为方式和思维方式显现的,游戏文化当然也不例外。我们从以下几个方面阐述。

(一)游戏工具的文化性

赫伊津哈说,"游戏的历史比文化的历史更久远"。也就是说,早在人类文化产生之前游戏就已经存在,但是,这时的游戏是其他动物和人类的本能游戏。赫伊津哈解释说："游戏的一切基本因素，包括个体和集体的因素，早在动物的生活中就已经存在；这些因素是竞争、表演、展示、挑战、整饬、夸耀、卖弄、佯装和有约束力的规则。在种系发生上，鸟类远离人类，却与人类共有如此之多的游戏特征，这实在令人惊叹。鸟鹬以舞姿竞技，乌鸦以飞行比赛，园丁鸟装饰鸟巢，燕雀吟唱优美的旋律。由此可见，作为娱乐的竞争和展示并不是起源于文化，而是走在文化出现之前的。"①但是，需要指出的是其他动物的一切游戏再优美，也只是动物的本能行为。人类的游戏则不然，除了本能的游戏之外，人类还能学习和模仿其他动物的游戏。不仅如此，人类在生存和生活过程中还发明和创造了更多的游戏，体现出人类游戏的文化性。

众所周知，人类文化产生的重要标志是工具的运用。工具的运用是人类思维进化的结果，提高了人类的狩猎效率，改变了人类的生存状态，同时，还使人类从此与其他动物在生存方式上相分离，成为真正意义上的人。因此，工具的运用在人类发展史上具有重要的意义。美国历史学家斯塔夫里阿诺斯说："工具的运用是我们的史前祖先所创造出来的成就——这些成就构成了整个人类遗产重要而又决定性的部分。我们总以为今天我们在技术领域做得特别成功，但即便是在这个领域，食物采集者也获得了大量的知识，而且这些知识至今仍在我们的生活中起着基础作用。他们对居住地环境了如指掌，所以他们能够利用有用的动植物品种，而不去用那些无用或有害的品种。他们发明了许多种工具，包括刀具、斧头、刨子、锤子、锥子以及针。同样地他们也创造了同样丰富的武器，如矛、投枪、棍棒、盾牌、盔甲、吹箭筒以及弓箭。"②因此，工具的出现既体现出人类思维的发展进步，又标志着人类文化的产生。

游戏文化的产生正是建立在工具文化的基础之上，木棍、梭镖

---

① 约翰·赫伊津哈.游戏的人——文化中游戏成分的研究[M].何道宽.译.广州：花城出版社，2007：51－52.

② 斯塔夫里阿诺斯.全球通史[M].7版.董书慧，等，译.北京：北京大学出版社，2005：13.

和弓箭既是狩猎工具,又演变成为游戏工具。这一点不难理解,狩猎不仅需要工具,更需要运用工具的能力。所以,原始人在狩猎之余,会进行各种射箭练习,这既是一种技能训练过程,又是一种游戏过程。所以,这种游戏方式不同于本能的游戏方式,它是借助于弓箭工具完成的,因此,它的性质和意义与本能的游戏有所不同,体现出人类游戏的文化性。

弓箭不仅仅是游戏的工具。人类战争出现后,弓箭又变成了战争武器。早期的弓箭比较简单,弓使用竹木烤制而成,箭使用木棍或竹棍削制而成,其杀伤力有限。随着人类制作技术的进步,以及为满足战争的需要,弓箭制作技术不断发展,出现了以柘木、檍木、柞木等制作弓的技术,这些材质比较坚实,推拉不会轻易折断,发箭射程远,杀伤力大,而且出现了金属箭头,大大提高了战争效率。但是,休战的时候,弓箭同样成为训练和游戏的工具。所以,弓箭制作技术不仅体现了工具文化的发展进步,也体现了游戏文化水平的提高。

因此,由弓箭活动的产生与发展过程可以看出,作为人类早期文化标志的狩猎工具运用于游戏过程,无疑为游戏活动打上了文化的烙印。

(二)游戏方式的文化性

其他动物的游戏方式是建立在本能的走、跑、跳跃、攀爬、藏匿等行为基础上,尽管一些动物的本能能力远远高于人类,如跑得比人快,跳得比人高,力量比人大,但是,受思维能力限制,其他动物的游戏范畴和游戏内容极其有限。人类则不同,不仅能够学习和借鉴其他动物的游戏方式,又能够发明和创造更多的游戏,使人类的游戏内容和游戏方式不断推陈出新、永不枯竭。

人类游戏的繁荣发展是在农耕时代,尤其是文字产生以后,人类的生产和生活逐渐变得丰富多彩。文字不仅记载和传播生产和生活信息,也为文化研究提供了工具和保障,同时,各种新的游戏在这一时代频频产生,成为人类生活中不可或缺的内容。但是,考察农耕时代的游戏可以发现,早期的游戏内容无不与生产、生活以及战争方式联系在一起,大多数游戏都是由生产、生活和战争方式演

变而来的,游戏技能也是一种生产、生活和战争技能的迁移。例如,人类最早的射箭活动仍然出现在农耕时代,尽管农耕时代狩猎活动不再是主要的生存方式,而是一种生产方式的补充;在战场上,射箭成为一种主要的作战手段,休战的时候,射箭既是一种训练方式,又是一种游戏和娱乐方式。除此之外,更多的游戏随着生产和生活方式的改变而不断出现,而且,这些游戏逐渐脱离了生存和生产方式。人类舞蹈游戏的产生与发展过程可以印证这一点。

舞蹈作为一种身体活动方式是在本能的基础上发展而来的,其他动物的身体活动丰富多彩,如孔雀开屏、燕子盘旋、猫狗嬉戏、猴子攀爬等,无不动作娴熟、节奏明快,宛如动人的舞蹈表演。但它们的动作再美,也只是本能行为。人类的舞蹈同样源于本能,高兴时手舞足蹈是人类最初的舞蹈方式。宗教活动出现后,舞蹈逐渐成为一种祭祀活动的表达方式。人类早期的舞蹈动作简单,甚至常常模仿其他动物的动作。随着人类社会进步及思维水平的发展,尤其到了农耕时代,人类的舞蹈水平有了很大提高,远时的舞蹈不仅是一种宗教祭祀方式,还是一种礼仪方式,更是一种民间节庆的游戏娱乐方式。因此,从游戏方式上来说,舞蹈游戏相比弓箭和梭镖等游戏已逐渐脱离了生存和生产方式,成为一种专门的游戏活动和游戏方式。而且,作为礼仪的舞蹈,其动作方式有专门的特点,具有庄重的仪式感,不仅发展了早期的舞蹈,还丰富了节庆舞蹈的内容和形式。

因此,从舞蹈游戏方式上说,这种新创造的舞蹈动作体现了人类的思维发展和智慧水平,展现出人类的文化性。不仅如此,文字出现以后游戏的内容不断丰富,不仅有通过身体活动完成的各种游戏,而且,各种语言游戏、智力游戏逐渐产生,同样体现出游戏活动的文化性。

(三)游戏效果的文化性

从游戏内容和游戏方式上看,其他各种动物的游戏内容和方式完全由本能所决定,亘古不变。虽然个别动物也有极其有限的学习能力,如马戏团的动物能学习简单的游戏,但这是人类驯化的结果,动物之间不具备这种教与学的本领。从游戏规则方面来说,其他动物的游戏规则同样是由本能决定的,因为动物不会利用工具和使用工具,只能通过各自有限的本能技术完成游戏,同时,动物游戏遵循"物竞天择,适者生存"的自然法则。那么,其他动物的游戏效果如何?这是一个难以解释的问题。或许,动物有动物的乐趣,人无法解释。所以,赫伊津哈说,游戏是一种自主的存在,游戏是不可以解释的。但是,人类的游戏不同于其他动物的游戏,这不仅表现在游戏方式、游戏内容方面,更表现在游戏效果方面,即游戏效果彰显出文化性的特征。

人类的游戏包括两个层面的内容,一是本能的游戏,二是非本能的游戏。本能的游戏无所谓文化性,与其他动物的游戏一样完全是天性使然。为什么说婴儿的嬉戏活动是一种本能的游戏?因为婴儿的嬉戏活动是一种无法解释的客观存在,婴儿虽然有意识,但无法通过语言表达,各种本能的需求无不通过哭的方式表达。所以,很难解释婴儿的嬉戏活动。观察发现,婴儿在吃饱喝足之后,常常自我嬉戏,其间,有可能大哭一会儿,如果没人理,稍稍安静后又会自我嬉戏。那么,婴儿的嬉戏仅仅是一种自娱自乐吗?显然不完全是。即使在成人阶段,有些个人的游戏也很难解释,没有原因、没有理由,只是想玩儿,甚至会不由自主地进行某一游戏活动。人类更多的游戏则是一种有目的的活动,包括动机、过程、方法、时间等因素都具有人为的规定性,体现出非本能的特征,即文化的特征。游戏效果方面亦是如此。

人类的游戏不同于其他动物的游戏,观察发现,所有其他动物在本能方面大同小异,虽然同类动物之间也存在一定的个体差异,但它们在游戏动作和行为方式上基本没有差异。例如,小猫玩线团游戏,两前爪推线团滚动,以匍匐姿势向前一跃,捕捉线团,如此循环往复能够玩上半天。小猫既在练习捕鼠本领,又在进行自我游戏。小猫的行为完全是由本能决定的,没有任何文化性。但是,人类的游戏则不同,除了婴儿期有限的本能游戏之外,人的所有游戏都具有文化的意义。在婴儿的成长过程中,母亲会引逗婴儿玩耍,婴儿对母亲的这种引逗行为会产生回应,即笑或手舞足蹈。随着婴儿的长大,回应方式逐渐增多。婴儿在这一过程中既学习游戏,又

理解游戏。婴儿不仅自己获得愉悦的体验,也为家庭带来欢乐,体现出婴儿游戏的作用及意义。到了幼儿和儿童时期,游戏的文化意义更加凸显,游戏成为小孩子认识世界、进行交往、学习生活本领的不可或缺的重要环节,显现出游戏效果的文化性。

(四)游戏传承的文化性

人类文化自产生之日起就生生不息、不断发展,从早期"星星之火"的工具文化到如今"燎原之势"的各类文化,如满园春色将人类社会装点得绚烂多彩、美不胜收,体现出人类的聪慧。而游戏文化作为人类文化的一部分,其发展过程同样生机勃勃、蔚为壮观,成为人类生活中的一项重要内容。

游戏具有传承性,这是由游戏本身的文化性所决定的。需要说明的是,其他动物的游戏同样具有传承性,只不过这种传承性是天性使然。人类游戏的传承性体现出了文化性,即人类的游戏大多是通过学习过程所获得的。或许有人并不赞同,认为其他动物也具有学习游戏的本领。实际上并非如此。我们可以观察到,同类的其他动物在未成年之前,游戏方式和游戏能力不如成年的动物,但这并不是说幼小动物需要学习才能达到成年动物的游戏水平,而在于幼小动物正处于身体发育阶段,身体的力量较小,影响了幼小动物的游戏能力和游戏水平。其他动物无论是在游戏内容还是在游戏方式方面,都仅限于本能的范围,动物不会发明游戏,所以,动物的游戏种类极其有限。

人类的游戏能够从简单的游戏开始,不断发展为种类繁多、形式多样的游戏,既是人类的思维能力和生产实践的结果,又是人类文化发展的必然。人类最早并一直流传至今的游戏当属捉迷藏,不分国籍、民族,凡是有人群的地方都会玩这种游戏。母亲会在亲子游戏中与婴儿玩捉迷藏、"扮鬼脸儿"等游戏,逗孩子高兴,同时,也训练孩子的注意力。那么,捉迷藏游戏由何而来? 追本溯源可以发现,捉迷藏是由早期人类的生产方式演变而来的。早期人类在狩猎过程中,需要与其他动物进行周旋,出其不意才能战胜对手。所以,人类和其他动物玩起了捉迷藏。当然,其他动物也会玩这种捉迷藏游戏,不过,其他动物的捉迷藏行为只是一种本能。而人类的捉迷藏则不只是本能行为,人类在与其他动物捉迷藏的过程中,不仅能够利用地形、地物,还能够创造条件伪装自己,如披上草衣,迷惑野兽,或在地上挖个陷阱,盖上杂草,使动物成为自己的囊中之物。后来,这种捉迷藏的狩猎方式才逐渐演变为一种亲子游戏。

除此之外,生活中各种各类游戏大同小异,一部分是由早期的生活方式演变而来,另一部分则是在生活经验的基础上发明而来。从文化的层面来说,所有游戏无不是人类的一项生活内容和生活方式,体现出人类文化的发展特征。人类的游戏为什么能够世代相传? 这既是人类的文化需求所决定的,又是人类游戏的魅力所致。

第三节　游戏文化的作用与意义

文化是人类生存发展的根基和力量,没有文化的作用,人类不可能从洪荒时代走到今天的文明时代。很多其他动物的生存史远远超过人类,但其他动物无法改变世界,只能依靠本能的力量生存和延续。所以,人之所以为人,人类之所以不同于其他动物就在于人或人类的文化性。

文化改变了人类的生存和生活状态,促进了人类的发展,这首先是由人类的生产实践所决定的,即工具文化的产生为人类的生存和发展奠定了基础。在这个基础上,人类的各种文化包括游戏文化("游戏"和"游戏文化"是两个不同概念)、宗教文化、礼仪文化、制度文化等精神文化内容逐渐出现,由此使人类发展逐渐由本能的自然状态向理性的必然状态迈进。其中,作为精神文化一部分的游戏文化对于人类社会发展虽然谈不上举足轻重,但也不可或缺。

一、游戏文化的作用

游戏是人类的一项重要活动,伴随着生命过程的自始至终。每个人在成长过程中都离不开游戏,凡人如此,伟人亦然。这项天性使然的活动经历了沧海桑田的风云变幻,从原始简陋的状态演变成为丰富多彩的形式,傲然于社会生活之中,千年不朽,永世流传。

人类的游戏活动为什么能够生生不息、代代相传? 除了本能的

需求因素外,更在于人类的游戏具有文化性。在文化力量的推动下,不仅本能的游戏有良好的发展环境,各种新的游戏又在文化的作用下不断出现,既体现出游戏本身的文化性,又为社会发展提供了动力。

(一)游戏的作用

为什么游戏能够成为一种社会文化并广泛流传?首先是由游戏本身的功能和作用所决定的。游戏包括本能的游戏和非本能的游戏,各自具有不同的功能和作用,在社会生活中产生不同的影响。因此,游戏与生活相联系,必然成为社会文化的一部分。其次,人类的游戏能够不断发展,并且在本能游戏的基础上衍生出各种丰富多彩的非本能游戏,则是社会文化作用的结果。所以,探讨游戏文化的作用首先应认识游戏的作用。

游戏的作用包括两个层面的内容:一是本能游戏的作用;二是非本能游戏的作用。本能的游戏包括所有其他动物的游戏以及部分人类游戏。其他动物的游戏是一种本能的游戏,这不难理解。那么,人类的本能游戏除了婴幼儿的嬉戏之外,还有哪些呢?其实,还有很多。从幼儿的游戏中可以发现,幼儿虽然具有简单的语言表达能力,但意识尚处于发育成长阶段,所以,意识能力较弱。因此,在幼儿的游戏中,很多游戏仍属于本能游戏的范畴。

观察发现,两三岁孩子的游戏内容五花八门,很多游戏在成人看来似乎不可理喻,但对孩子来说却是一件极其有趣的事。例如,给孩子一盆水,他(她)可以玩上半天,用小手撩水,循环往复,不厌其烦。给孩子一堆沙,照样玩上半天,或堆沙丘,或用手玩漏沙,兴致勃勃,趣味不减。如果问孩子为什么喜欢玩这些单调的游戏,孩子可能只会说一句“好玩儿”就概括了游戏的作用。其实,不只是孩子无法回答,成人也难以解释为什么,只能假说为好奇心的驱使。所以,幼儿的这些游戏从本质上说属于一种本能的游戏。

在成人世界的游戏中,同样不乏本能的游戏,如性游戏是成人一生的游戏,虽然年复一年、机械重复,但却乐此不疲。为什么要有性游戏?除了繁衍后代的意义之外,在很大程度上不过是一种本能的需求。当然,需要说明的是性游戏是一种复合游戏,即既是一种本能游戏,又是一种非本能游戏。所谓非本能游戏,就是人类对性游戏赋予了文化的色彩,如用家庭伦理和社会公德加以规范,使性游戏能够合理有序地进行。同样,在人群中还有一种精神障碍者的游戏实际上也是一种复合游戏,也就是说,这些人在一定时间、一定阶段中因意识障碍所进行的游戏活动类似于幼儿的游戏,从本质上说,这一阶段的游戏同样属于本能的游戏。

随着幼儿年龄的增长和理解能力的提高,非本能的游戏逐渐出现,即对任何内容的游戏都开始注重游戏的开始、过程和结果,尤其是游戏过程,如方法、技巧等要素。使游戏的过程具有"故事性",显现出游戏的文化性。成人的性游戏也是如此,在社会文化的规范下,逐渐从本能的游戏演变为非本能的游戏。那么,在本能的游戏中,游戏有何作用? 概而言之,主要包括两方面的作用,一是成长的需要,二是过剩生命力的释放。

所谓成长的需要,亦可说是天性使然。游戏是人类与其他动物的一项共有的活动,为什么人与其他动物都有游戏的本性和需求? 无法解释。因此,赫伊津哈说,游戏是一种自主的存在。但是,人类对游戏的认识和理解可以通过观察实验和假说进行解释。结果发现,本能的游戏是人和其他动物成长过程中不可或缺的内容之一,除了吃喝拉撒睡的生存需求之外,其他动物以及人类的婴幼儿和少年时代的游戏无不与成长联系在一起。在这一过程中,吃喝拉撒睡的本能行为维持了机体的生命,游戏过程则孕育和释放了天性使然的身体技能,为未来的生存打下了基础。例如,爬树是小猫维持安全的本能需求,但是,没有一只小猫是在安全受到威胁时才会爬树,而是在成长过程中,通过游戏方式释放或练习这种天赋的本能,由此满足了生存的不时之需。

所谓过剩生命力的释放,则是生物学家和生理学家对游戏机理的一种解释。他们认为人类和其他动物的游戏与生命力有关,精力充沛意味着生命力旺盛。旺盛的生命力必然通过一定的行为方式释放,才能使机体维持一种平衡状态。这种解释自有道理,我们经常可以看到,小孩子走路时和成人不同,并不是按部就班一步一步

地走,而常常蹦蹦跳跳、时走时跑、边走边玩。我们都知道小孩子喜欢动,原因何在?答案是精力充沛。所以,小孩子在幼儿、儿童及少年时代,无忧无虑,无须劳作,少有压力,游戏成了他们释放过剩生命力的有效途径和方式。

(二)游戏文化的作用

游戏文化是人类独有的精神财富。人类的游戏除了本能的游戏之外都具有文化性,并且在社会中广泛传播,由此形成了游戏文化。游戏文化不仅是一种概念的表达,更是一种游戏方式。从文化的层面认识,个人的离奇的游戏不属于游戏文化,只有群体范围的共同的游戏方式才具有文化性,属于游戏文化的范畴。

游戏文化自形成以后,经历了成千上万年的世代传承,不断发展、日益壮观,对人类社会进步起了重要的促进作用。具体来说,可以从以下几个方面认识。

1. 游戏文化是认知世界的起点

从每一个人的成长过程可以看出,自出生后,除了吃喝拉撒睡等生存本能行为之外,人生的第一项活动大概就是游戏了,即嬉戏的本能游戏。虽然婴幼儿时期的意识能力较弱,但婴幼儿的本能游戏并不受此影响。婴幼儿在成长过程中,意识能力逐渐提高。在这一过程中,母亲又通过各种方式教孩子做各种简单的游戏,如做鬼脸、拍拍手、飞吻等。虽然孩子并不能理解这些游戏的意义,但大多会模仿,这种模仿为孩子建立起最初的游戏意识,并在孩子的记忆中留下了"短时记忆"。随着时间的推移,孩子学习的游戏逐渐增多,对游戏的方式和方法逐渐有了理解,开始懂得了不同游戏的简单规则并能够熟练运用。

游戏规则是什么?就是游戏的要求。那么,这种规则无论是约定俗成的还是游戏双方临时制定的,都属于游戏文化的内容。虽然孩子还不能从生活和社会的意义上对游戏文化的内涵有深刻的认识和理解,但他们至少懂得在游戏中要遵守规则才能进行游戏。因此,我们说,游戏文化是每个人认知游戏、认知生活最先接触到的内容,成为每个人认知世界的起点。

2. 游戏文化是生活方式的内容

游戏不同于生活,它以高于生活、超脱于生活的方式存在。但是,游戏又离不开生活,它是人类生活内容的一部分。从游戏文化的层面认识,游戏文化源自生活。也就是说,没有人类文化的产生,游戏永远是游戏,不可能形成游戏文化。

在原始时代,人类的生存和生活方式主要以狩猎为主,在狩猎中产生了人类最早的工具文化。狩猎之余,狩猎工具如弓箭、梭镖又成为人类闲暇时间的游戏工具。因此,以工具文化为特征的游戏文化出现。当然,这一时期的游戏内容如射箭等具有多重意义,既可以理解成闲暇的游戏,亦可以认为是学习生存技能的方式。但无论从哪个层面认识,射箭活动都是原始人类的一种生活方式,体现出人类的文化性。

进入农耕时代以后,游戏逐渐与生存和生活方式相分离,而且,随着社会物质文明水平的提高,各种新的游戏方式不断出现,如西亚人的掷骰子,中国人的围棋等游戏,游戏内容不断增多,游戏文化逐渐繁荣。但是,这些游戏虽然与生存和生活没有直接的关系,却又是生活中不可或缺的内容之一。所以,游戏和游戏文化成为人类生活中的重要内容。其中,游戏以具体的方式体现生活方式的内容,游戏文化以观念的形式显现生活方式的文化性。

3. 游戏文化是社会关系的纽带

除了自娱自乐的游戏外,大多数游戏都是两人或两人以上一起玩,彼此竞争或相互合作,从而完成游戏过程。游戏的这种特点决定了游戏过程既具有竞争性,又具有合作性,二者的统一构成了游戏的必要条件。

那么,从游戏文化的层面认识,游戏过程仅仅是为游戏而游戏吗?其实不然。游戏是一种性质复杂的活动,其中,既有天性使然的因素,即想玩就玩,没有什么原因,也没有什么理由。但是更多的情况下,尤其是人类的游戏,无不受到文化因素的影响,被赋予很多社会功能。例如,亲子游戏是人类和其他动物共有的游戏,体现出一种本能的母爱。但是,人类的亲子游戏除了融入母爱的因素之外,更与认知、成长、友爱、交往等要素联系在一起。母亲通过亲子

游戏,既使孩子感受母爱,又使孩子学习交往。尤其是孩子到了儿童时期,通过游戏与小伙伴之间建立起纯真、朴实的友谊,这段经历终生难忘。所以,游戏不过是一种交往方式和手段,而渗透于游戏过程的游戏文化诸如懂得规则、遵守秩序、相互谦让、彼此信任等才是建立友谊的基础和纽带。

成人的游戏亦是如此,在商业活动中,很多商业合同谈判不是在办公室、会议室中进行的,而是在高尔夫球场、保龄球馆中进行的,即通过游戏建立一种和谐的关系,为实现商业目的服务。由此体现出游戏文化在商业活动中的重要作用。

4. 游戏文化是社会文化的基础

游戏文化是人类最早产生的文化现象之一,几乎与工具文化同时诞生。但是,需要说明的是,无论是工具文化的出现还是游戏文化的产生,都是人类在认识历史的过程中进行区分和确定的结果。尽管原始时代已经产生了文化现象,但那个时代的人类并没有文化的概念和意识。这是原始人类刚刚具备初级的思维水平,尚未达到一定程度所致,也就是说,原始人类刚刚具备初级的思维能力,其运用思维能力的目的仅限于使用简单工具以维持生存。

但是,人类的游戏能力与生俱来,在游戏中又将生存工具作为游戏工具,游戏文化由此产生。因此,我们说,游戏文化是人类最早产生的文化现象之一。从哲学的意义上说,工具文化的产生标志着物质文化的出现,工具的运用又促进了物质文化的发展。游戏文化的出现意味着精神文化的产生,使人类在生存和生活过程中有了精神生活内容。在此基础上,人类文化诸如宗教、艺术、礼仪、制度等不同领域的文化内容逐渐产生。

人类各种文化的产生与游戏文化密切关联,可以这样说,没有游戏文化的产生就没有各种精神文化的出现。例如,宗教文化的产生是原始人认识世界的结果,他们认为客观自然界的一切现象都是由神灵操控的,因此,为了生存和安宁,原始人发明了宗教,以此祈求神灵保佑。宗教仪式引入各种游戏内容,通过游戏方式表达情感,实现宗教目的。其他各种精神文化如礼仪、制度文化的产生,同样是以游戏文化为基础,以游戏方式为模式而建立的。

二、游戏文化的意义

游戏文化在人类历史的发展进程中发挥了巨大的作用,社会发展有游戏的功劳,个人成长离不开游戏。所以,游戏和游戏文化贯穿于人类的自始至终。但是,在现实生活中,游戏文化相比社会生产以及精神文化领域的政治、军事、外交、艺术等内容又往往微不足道,被视为一种主流社会文化的附属品。尽管如此,游戏文化的意义仍不可否认,它存在于社会生活之中,为人类发展和社会生活贡献自身的力量,体现自身的意义。

(一)弘扬天性,塑造人道

人类和其他动物具有游戏的天性,这是大自然的一种造化。其他动物只有天性赋予的本能游戏,而人类既有源自于天性的本能游戏,又有人类文化创造的游戏。但是,即使是人类创造的游戏,也是由游戏的天性所驱使。所以,尽管人类的游戏文化不是一种自然之物,但却与自然的天性或者说与自然的规律密不可分。游戏使自然世界充满了活力,游戏文化使人类社会呈现出一派生机勃勃的景象。

人类社会的发展是以物质生产为基础的。物质生产创造了财富,使人类的生存和生活得以保障。作为人类文化的教育、艺术、舞蹈及游戏等活动是解决了生存问题之后产生的活动,各种各样的文化活动都是人类的思维能力发展到一定阶段的产物,即认识的结果。那么,如何建构新的文化形式和文化内容?游戏方式和游戏文化即成为一种可借鉴的模式。从人类教育来说,早期的教育是一种口传身授式教育。例如,射箭本是一种狩猎生存方式,又是一种游戏方式,还是一种传授和练习射箭技能的教育方式。又如,舞蹈是人类早期表达情感的一种方式,宗教出现以后,又成为一种宗教情感的表达内容,而舞蹈产生的基础同样是舞蹈游戏活动。

由此可见,人类精神文化的产生无不以游戏和游戏文化为基础。游戏文化的产生与发展必然要遵循和弘扬天性,即客观自然规律,所以,张扬天性、塑造人道成为游戏文化以及其他各类文化发

展的准则。所谓塑造人道,即依据天性的自然规律探寻和建立适于人类发展的行为规范。古代中国的"天人合一"思想和古希腊的"神人合一"思想就是塑造人道文化的典型例证。

(二)循规蹈矩,启迪人生

游戏文化是其他各种精神文化产生的基础,游戏文化不只体现在游戏过程中,更体现在生活方式中。游戏是一种手段和方式,而不是目的。人类通过游戏过程不仅释放了天性,而且塑造和形成了生活方式,使游戏具有文化性。

游戏文化从表层特征来看,不过是一种玩的方式、休闲方式,但实质意义远远不止。任何游戏都具有自身的特点和规律,游戏者必须遵守游戏规则和游戏秩序,才能使游戏活动顺利进行。所以,人类从孩童时起就在游戏中学习游戏方法,认识游戏规律,从而为未来生活做准备。游戏的价值不只体现在获得短暂的愉悦,从游戏过程来说,很多游戏在进行过程中伴随着紧张、焦虑、企盼、沮丧等心理体验。但这无关紧要,随着游戏的结束一切都会烟消云散。那么,从游戏文化的层面认识,所有游戏过程都是一种经历和实践过程,在这一过程中,游戏者需要按照约定俗成或双方约定的规则进行游戏,体现出公平原则。否则,游戏将无法进行。因此,对于少年儿童来说,游戏文化的潜移默化使他们懂得在游戏中需要"扮演"游戏的角色,只有遵守规则、循规蹈矩,才能完成游戏过程。对于成人而言,遵循规则既是游戏的基本要求,又是一种体现个人信誉的方式。

因此,无论何种游戏的价值内涵都是以一定的文化形式体现出来,虽然少年儿童很少从文化的高度认识游戏,但游戏价值观的潜意识已经形成。为什么小朋友会排斥不遵守游戏规则的小伙伴?原因很简单,他(她)破坏了游戏规则,损害了游戏文化的严肃性和庄严感。成人在一些游戏中同样如此,投机取巧、舞弊获益的行为会遭到游戏伙伴的抵制,久而久之会将舞弊者拒之门外。进一步说,游戏文化不只体现在游戏过程中,人一生的所作所为无不是一种"人生游戏",同样需要各种与游戏文化相一致的规则和制度的制约。

（三）繁荣社会，和谐生活

在社会生活中，游戏微不足道，人人都会，人人都经历过。在很多人的观念中，似乎游戏只是少年儿童的专利，成人玩游戏，常常被认为是无所事事，甚至是不务正业。其实，这种观念是不正确的。人为什么喜欢玩游戏？天性使然，不可抗逆。游戏为什么有如此之大的魅力？难以言表，这或许就是游戏永远的奥秘。所以，人类自诞生以来就一直与游戏相伴相随，有始无终。

人类的游戏在社会发展过程中不断增多，游戏种类和游戏方式层出不穷、各领风骚。从原始古老的简单游戏到现代的复杂游戏，各有各的特点，各有各的趣味，使一代又一代人趋之若鹜。而且，即使那些原始古老的简单游戏如捉迷藏、拍拍手等也能延续千百万年生生不息，所以，游戏的奥秘不能不令人震撼，为之折服。由此形成的游戏文化更是根深蒂固，经久不衰。

游戏的意义不言而喻，而游戏文化的意义同样不可忽略。没有文化和游戏文化的承载，游戏不可能代代相传，也不可能不断出新。在不同的时代，游戏的内容和游戏方式有各自不同的特点，这反映出不同时代的文化性及其意义。对于个人来说，游戏不可或缺，而游戏的选择除了受本能驱使之外，也受文化观念的影响，体现出个人游戏文化水平以及性格、爱好、品位等心理素质。对于社会来说，游戏的广泛传播不仅繁荣了游戏文化，而且推动了社会文化的发展。因此，考察一个国家的社会发展状况，除了借助经济发展水平方面的指标之外，也可以借助社会文化包括游戏文化发展水平方面的指标。经济发展水平决定了社会民众的生活方式和生活水平，游戏文化发展水平体现出社会民众安宁祥和、融洽和谐的社会关系。

本章小结

本章主要讨论了三个问题：一是游戏的定义；二是游戏文化；三是游戏文化的作用和意义。游戏的定义分为狭义和广义两个范畴。从狭义层面理解，游戏定义主要包括四个方面的要素：游戏是一种

自愿的活动和消遣;游戏是一种特定的时空活动;游戏具有约束力;游戏是有目的的活动。广义上的游戏包括社会生活中各种具有游戏性的活动。游戏文化是由人类的文化性决定的,主要表现在游戏工具的文化性、游戏方式的文化性、游戏效果的文化性和游戏传承的文化性等方面。游戏文化的作用主要体现在游戏文化是人类认知世界的起点、是生活方式的内容、是社会关系的纽带、是社会文化的基础等方面。其意义表现为:弘扬天性、塑造人道;循规蹈矩、启迪人生;繁荣社会、和谐生活。

本章思考题

1. 什么是游戏？游戏的四要素是什么？
2. 为什么说人类游戏是一种文化？
3. 游戏文化的作用和意义是什么？

古代游戏文化

学习目标

本章学习古代游戏文化，认识和了解人类古代游戏如何从本能的游戏演变为文化的游戏。人类的石器时代的游戏，主要包括狩猎游戏、舞蹈游戏和射箭游戏等，这些游戏体现出古代游戏的文化性及其特点，标志着人类游戏文化的产生。本章要求掌握游戏文化的特点。古代游戏文化在世界四大文明古国，即古埃及、古印度、古巴比伦和中国，以及古典文明古国古希腊和古罗马等国表现得尤为典型，本章对此进行了简要阐释述，要求重点掌握古代游戏文化的特征。

游戏的历史源远流长，其他动物本能游戏的历史无从考证，只能根据生物考古学家的发现进行大致推测和判断。人类游戏的历史虽然资料匮乏，但是，我们可以根据历史学家、人类学家和文化学家的研究成果进行认识、研究，以获得有价值的信息，并在这一过程中，运用人类学、社会学和文化学等理论对人类发展过程中的生存和生产活动进行分析、论证，从而描绘出人类游戏历史的发展轨迹。

人类游戏的历史贯穿于人类社会发展的全过程，从本能的游戏开始发展出各种非本能游戏，包括身体活动的游戏、智力的游戏和语言的游戏，每一类游戏的产生都与人类自身的思维发展和人类社会的文化发展相联系，并以一定的游戏内容和游戏方式为标志。因此，认识游戏的历史对于理解游戏文化、发展游戏和游戏文化具有

重要的作用和意义。

第一节 石器时代的游戏

石器时代分为两个阶段,即旧石器时代和新石器时代。旧石器时代的时间大约是指距今175万年至1万年前后;新石器时代的时间大约是指距今1万年前后至距今六七千年或两三千年不等。因为不同民族地理环境和生产力发展水平不同,所以,从新石器时代进入农耕时代的时间不同。

在旧石器时代,人类逐渐学会了使用工具和制造工具,产生了工具文化。在此基础上,生产工具又成为游戏工具,标志着游戏文化的出现。在新石器时代,随着生产方式的进步,人类的生存状况有了很大改变,不仅游戏内容不断丰富,而且游戏方式体现出这一时代的生产力发展水平。

一、石器时代的生存方式

人类的诞生是自然选择的结果,早在400多万年前,原人(不再用四肢行走的人)就已经出现。大约在4万年前,智人(具有思维能力的人)出现。从原人发展到智人,人类成为这个地球上思维发展水平最高的动物。智人出现后,人类仍然经历了一个漫长的进化发展过程,才逐渐脱离了茹毛饮血的生存方式,开启了采食和生产的生活模式,人类发展进入一个新的阶段。所以,认识人类的发展和人类游戏的发展必须从人类的生存和生活方式开始。

(一)工具的出现

人类区别于其他动物的重要标志之一,就是能够使用工具和制造工具。工具的出现首先改变了人类的生存方式,为人类发展进步创造了条件。早在旧石器时代,"人类凭借自己优越的智力发明了一种所谓的'石刀技术',他们用压制法从石核上打制出长而锋利的薄片即'石刀',并制作出各种新型的工具以及'制作工具的工具'。有些新型工具是由不同的材料组合而成的,如:以兽骨、兽角或燧石作锋刃长矛和装有骨制或木制把柄、石制刃口的刮削器。这时人类还发明了抛射物式的工具，如：用于捕牛的一端系有重球的绳索、投石器、投矛器和弓箭。"[1]人类为什么能够发明和制作工具？没有什么道理可言，一句话，即人类基因进化的结果，或者说，这是天意。在人类学会制作工具之前，人类和其他动物一样，处于一种自生自灭的状态，无所谓区别，无所谓文化。随着人类基因的进化，人类的思维能力不断提高。在此过程中，人类逐渐学会了制作工具，使自身生存状态和生存方式发生了很大变化，不仅提高了狩猎效率，也使生命安全有了进一步保障。因此，工具的制作和运用使人类逐渐脱离于其他动物，成为这个地球上具有特殊能力的一个群体。

当然，狩猎工具并不是万能的，在自然界中，直到今天仍有很多仅用简单工具不能征服的凶猛动物。但是，人类运用思维能力意识到狩猎中应避免与凶猛动物发生冲突，或以智取胜。因此，工具的出现在一定程度上改变了人类的狩猎方式，为人类生存和发展奠定了基础。

（二）工具出现的意义

人类早期的工具极其简单，但意义非凡。人类考古学家认为："人们最初的武器是手、足和牙齿，石头以及林间树木的碎片和树枝……"[2]之后，人类又发明了许多工具，包括刀具、斧头、刨子、锤子、锥子和针以及各种各类武器，如矛、投枪、棍棒、盾牌和盔甲。可见，人类最初的工具同其他动物一样是手、足和牙齿。人类之所以不同于其他动物就在于人类思维高于它们，能够利用工具和制造工具。虽然人类最早利用的工具不过是自然界的石头、棍棒或树枝等，但其意义却不能小觑。

工具的出现不只提高了人类的狩猎效率，更重要的是开启了人类从自然王国向必然王国发展的第一步。正如美国历史学家斯塔夫里阿诺斯所说："史前祖先所创造出来的成就构成了整个人类遗

---

① 斯塔夫里阿诺斯.全球通史[M].7版.董书慧，等，译.北京：北京大学出版社，2005：7.

② 爱德华·泰勒.原始文化[M].连树声，译.桂林：广西师范大学出版社，2005：48.

产重要而又决定性的部分。我们总以为今天我们在技术领域做得特别成功,但即便是在这个领域,食物采集者也获得了大量的知识,而且这些知识至今仍在我们的生活中起着基础作用。"①需要说明的是,尽管在旧石器时代工具已经出现,而且,"人类在旧石器时代学会如何说话、制作工具和使用火而进化成了'人',这些本领使得他们远远地胜过了他们周围的其他动物,但是,从另一个基本方面来说他们与其他动物仍然十分相似,他们仍像猎食其他动物的野兽那样靠捕杀猎物为生"②。所以,直到新石器时代,人类学会了栽培植物和饲养动物,生存方式才开始发生了根本性的改变。

新石器时代,工具制作技术不断进步,由旧石器时代的"打制"工具变为"磨制"工具,工具制作水平进一步提高,不仅为狩猎提供了效率更高的工具,如弓箭制作技术进步,磨制的石刀更锋利等,而且为初级农业生产的出现提供了生产工具。同时,工具又成为闲暇娱乐时进行的游戏活动不可或缺的内容。

二、石器时代的游戏内容

游戏是人类和其他动物共有的一项活动,在旧石器时代,人类的游戏同其他动物一样,只是一种本能的游戏。随着人类基因的进化,人的思维能力不断发展,由此出现了人类独有的工具文化。工具的出现,不仅为狩猎提供了便利,又为游戏活动的发展创造了条件,使人类游戏从本能的游戏逐渐向非本能的游戏,即具有文化性的游戏发展,由此拉开了人类游戏的序幕。

在石器时代,尽管人类尚处于愚昧和野蛮状态,但游戏已经存在。人类的游戏多种多样,我们可以从以下几种具有典型意义的游戏进行认识。

(一)狩猎游戏

狩猎是一种生存方式,也是各类动物的本能行为。为了生存,

① 斯塔夫里阿诺斯. 全球通史[M]. 7 版. 董书慧,等,译. 北京:北京大学出版社,2005:13.
② 斯塔夫里阿诺斯. 全球通史[M]. 7 版. 董书慧,等,译. 北京:北京大学出版社,2005:23.

人类与其他动物之间相互厮杀,以维持生命的延续。据考古资料记载,在人类的史前阶段,人与人之间同样存在着相互蚕食的历史,这是所有动物的本能行为,与伦理和道德无关。所以,狩猎是一种出于本能的生存方式。但是,狩猎过程又具有游戏因素。

狩猎过程中的游戏因素是一种本能的体现,一方要战胜另一方,使之成为自己的猎物,出于安全本能,二者之间必然相互攻击、相互躲闪,形成一个又一个回合的较量过程,每一个过程都具有游戏的因素。当然,这种游戏因素的存在有前提条件,即遇到凶猛的动物,人会想办法逃离,哪里敢较量!只有在没有生命危险的较量中,才体现出游戏的因素,即同狩猎对象周旋,并最终猎获动物。因此,狩猎从目的上说是为了生存,从过程上说又具有游戏因素。在一次又一次的狩猎中,人类的认识不断提高,积累了狩猎经验。狩猎中的游戏因素成为一种游戏经历或经验,使人类的狩猎方法不断增多。

人类不同于其他动物的一个重要标志就是具有较高的思维能力,所以,人类能够将狩猎经验运用于狩猎和日常生活中。一个典型的例子就是"捉迷藏"或"躲猫猫"游戏,其他动物也有"捉迷藏"的本领,但它们玩"捉迷藏"游戏只是出于本能。而人类的高明之处在于不仅能够在狩猎中利用地形地物与其他动物"捉迷藏"(其他动物仅限于此),而且能够将青草披在身上或将身体涂色作掩护,以迷惑动物,并出其不意擒获对手。人类的这种行为方式就体现出人类的文化性,体现出人类不同于其他动物的本质所在。同样,人类狩猎中的"捉迷藏"在生活中不断复制,衍生出一种纯粹娱乐的"捉迷藏"游戏,并广泛传播,流传至今。

(二)舞蹈游戏

舞蹈的意思即手舞足蹈,这是人类和其他动物共同拥有的一种本能活动,不同的是人类的舞蹈活动既是一种本能行为,又是一种非本能行为(思想或情感的身体表达)。人在高兴时会情不自禁地手舞足蹈,表达一种喜悦的心情;在伤心时则会捶胸顿足,也是一种表达情感的方式。在石器时代,文字尚未产生,虽然人类已经学会

了说话,但由于缺乏文字工具,所以,言语表达的内容极其有限,而舞蹈不仅成为原始人类的一种重要的沟通方式,又是一种游戏方式,或者说舞蹈通过游戏方式表达叙事过程。

人类的舞蹈同样始于狩猎过程,猎获动物后,狩猎者会高兴得手舞足蹈,回家后会将狩猎过程通过舞蹈向家人或同伴"再现"。这一"再现"过程既是一种狩猎的叙事过程,又是一种游戏过程。之所以说其是一种游戏过程,是因为狩猎过程已经结束,通过舞蹈叙述狩猎过程除了叙事、炫耀和标榜之外,没有其他意义。但是,这种篝火舞蹈晚会的游戏意义远大于叙事意义,不仅为更多人带来愉快,也成为人们茶余饭后的一种娱乐方式。

舞蹈游戏不仅是狩猎成功后的一种庆祝方式,而且在很多宗教仪式中也是表达虔诚情感的主要方式。在旧石器时代,人们认为幸福和灾难都是由人间之外的神灵操纵的,要想获得幸福、丰收,避免灾难就要祈求神灵保佑,于是,产生了最早的宗教。这一时期,由于文字尚未产生,所以,宗教的表达形式只能是舞蹈。而宗教舞蹈方式不过是来源于日常生活中的舞蹈游戏。例如,北美印第安的祖尼人认为:"那些超自然的神灵是喜欢人所喜欢的东西的,如果人喜欢跳舞,那么,这些超自然的神灵也就喜欢。因此,他们是以戴假面具的方式把超自然的神灵带回到祖尼来跳舞的,他们取出魔术包而且'舞'着它们。这给他们带来了愉悦。就是谷仓里的玉米也得拿来'舞'。冬至期间,当所有的仪式团体都在举行礼仪的时候,一家之主就取来六枝完好的谷穗,大家一边唱着歌,一边把这些东西放在篮子里。这就叫'舞谷',表现的是这样一种意思:在礼仪季节,也不能让这些东西感到是受到了冷遇。"[①]因此,舞蹈既是一种游戏方式,又是一种宗教表达形式。

(三)射箭游戏

射箭既是人类古老的生存方式,又是人类最早的游戏内容之

---

① 露丝·本尼迪克特.文化模式[M].王炜,译.北京:生活·读书·新知三联书店,1988:124.

一。射箭起源于狩猎过程中,但是,与狩猎游戏的"捉迷藏"和舞蹈游戏有所不同,射箭不是由本能活动衍生而来,而是从一开始就具有文化的特征。

弓箭作为一种狩猎工具是人类在狩猎实践中发明和创造的。最早的狩猎工具只是一些自然之物,如石头、棍棒和树枝。随着经验的不断积累和为满足狩猎实践的需要,人类发明和创造了更多狩猎工具,因此,以工具为标志的人类文化初现。

早期的工具不过是对客观世界的存在之物加以利用,之后,人类又能够打制各种简单的工具。在此基础上,各种复杂的磨制工具以及新发明的工具如投石器、镶有磨制锋利尖头的梭镖以及弓箭等相继出现,使人类的狩猎效率大大提高。同时,这些复杂工具的运用需要具有一定的技能,人类在学习狩猎前,首先要学会使用工具,由此产生了"为准备未来生活而进行的练习过程"。这一练习过程既是一种学习过程,又是一种游戏过程。

为什么说练习狩猎技能的过程既是一种学习过程,又是一种游戏过程呢?首先,练习使用投石器、梭镖和弓箭不同于真实的狩猎过程,它是一种虚拟过程,旨在学习和掌握运用工具的技能。所以,练习者没有狩猎实战的压力,能够以游戏的心态进行练习。其次,练习过程既是一种掌握技能的过程,又是一种娱乐过程,因为在虚拟的练习中,技能水平不断提高,练习效果不断进步,使人获得了一定的愉悦感,这与其他游戏过程有异曲同工之效。最后,随着人类生产方式的改变,如农业的出现,狩猎不再成为主要的生存方式,因此,练习狩猎技能逐渐演变为一种纯粹的游戏。

投镖和射箭是人类最古老的狩猎方式,自旧石器时代起就一直伴随着人类,不仅成为旧石器时代的生存方式和游戏方式,而且一直延续至今,演变成为一种具有游戏性、竞技性、娱乐性和休闲性的人类共同的运动方式——体育运动,从一个侧面展示出人类的伟大。体育运动在一定意义上说也是一种游戏,并且是一种由游戏演变而来的特殊"游戏",即一种国家和民族的事业。其中,在体育运动项目中仍有投镖(即投标枪)和射箭,可见,石器时代的游戏内容经久不衰,体现出游戏和游戏文化的生命力。总之,从射箭游戏的

发展过程可见,人类的游戏不仅维系了自身的生存,而且不断传承,使游戏文化发扬光大,不仅促进人类游戏文化向前发展,而且促进人类文化不断走向新的文明。

三、石器时代的游戏特点

虽然石器时代人类尚处于愚昧、野蛮状态,生存条件极其恶劣,但人类游戏的发展却从未停歇。石器时代的游戏发展水平由人类的生存状况和社会发展水平所决定,表现出简单粗糙的特征,但这并不影响游戏在社会生活中的意义。所以,很多石器时代的游戏仍流传至今。一些具有典型意义的游戏众人皆知、耳熟能详,为我们认识古老的游戏提供了线索。那么,石器时代的游戏有何特点?我们可以从以下几个方面阐释。

(一)本能游戏是人类游戏发展的基础

本能游戏是人类和其他动物共有的游戏,只不过其他动物的游戏仅限于本能的范畴,而人类的游戏,能够在本能的基础上不断延伸,不断发展,这是由人类的思维能力发展所决定的。

荷兰历史学家赫伊津哈认为:"既然游戏的现实情况超越了人类生活的范畴,它的基础就不可能扎根于任何理性的关系中,因为理性这个词局限于人类。游戏的发生并不和文明演化的具体阶段相联系,和人类的宇宙观也没有关系。凡是有思维能力的人都非常清楚,游戏是一种自主的存在,即使这个人的母语里没有表达游戏这个概念的词语。"[1]但是,何为自主的存在?赫伊津哈并没有进一步解释。而对于"游戏本能说",赫伊津哈则引用他人的观点说:"'本能'这个词是权宜之计,是面对现实承认自己无能的无奈之举。"[2]他又说:"造化赋予我们游戏的能力,游戏本身就具有紧张、欢

① 约翰·赫伊津哈.游戏的人:文化中的游戏成分研究[M].何道宽,译.广州:花城出版社,2007:5.

② 约翰·赫伊津哈.游戏的人:文化中的游戏成分研究[M].何道宽,译.广州:花城出版社,2007:17.

笑和乐趣的属性。"①他引用柏拉图的观点进行注解："唯有上帝才值得我们最严肃地崇敬，但人仅仅是上帝的玩偶，这正是人最有价值的地方。因此，每个人都需要以这样的态度去生活，去玩最高尚的游戏，以便进入与当下心态不同的另一种境界……那么，什么是正确的生活方式呢？我们必须把生活当作游戏，要玩一些游戏，要参加祭祀、要唱歌跳舞，这样你就能够使神灵息怒，保护自己不受敌人侵犯，而且在竞赛中夺取胜利。"②由此可见，赫伊津哈强调"造化赋予我们游戏的能力"的观点没有错，人类的诞生同样是大自然的造化。但这种"造化说"与"本能说"又有何区别？由此可见，赫伊津哈的这种观点难免有些虚无缥缈。而游戏本能说是生物学家和生理学家的观点，他们认为"游戏的源头和根本属性是过剩生命力的释放"，这种观点可以归属于"本能说"。

（二）人类文化是游戏发展的动力

本能的游戏极其有限，人类更多的游戏是在本能的基础上衍生而来，其中，一部分是由生存和生活方式演变而来，另一部分是由人类发明和创造而来。

社会发展无不由人类认识和实践所决定。石器时代，人类受基因进化的局限，思维水平相对低下，所以，人类的认识能力和生产能力极其有限，使社会处于一种自然的发展状态。游戏的发展亦是如此，除了源于天性的本能游戏，非本能游戏，即具有文化性的游戏极其罕见。因此，在那一时期人类的游戏同其他动物的游戏相差无几。但是，在人类学会利用工具和制造工具以后，本能的游戏逐渐向工具游戏过渡和迁移，在工具文化产生的同时游戏文化也出现了。以捉迷藏游戏为例，捉迷藏是人类和其他动物出于安全本能而进行的游戏。只不过人类的捉迷藏本领不仅受本能的控制，也受

---

① 约翰·赫伊津哈.游戏的人：文化中的游戏成分研究[M].何道宽,译.广州：花城出版社,2007:4.

② 约翰·赫伊津哈.游戏的人：文化中的游戏成分研究[M].何道宽,译.广州：花城出版社,2007:19.

思维的控制，表现出人类的文化性，所以，人类的捉迷藏水平远远高于其他动物。人类的捉迷藏不仅是一种狩猎技巧，还是一种游戏方式。

同样，弓箭工具的发明首先是出于狩猎的需要，然而，射箭游戏则是狩猎技能的一种迁移，既为适应狩猎做准备，又为游戏活动增加了新内容。这种射箭功能的多样化现象完全是人类对工具文化认识的结果，因此，我们认为不仅人类的生存方式受文化制约，游戏方式同样离不开文化的推动，文化是游戏和游戏文化发展的动力。

（三）游戏与生存方式联系在一起

游戏与生存方式联系在一起是石器时代游戏的显著特点，这一点不难理解，因为生存是发展的基础。生命无以为继，一切荡然无存。在石器时代恶劣的生存条件下，饥饿、生命危险无时不威胁着人类，因此，人类的一切活动无不是围绕着生存目的而进行的。石器时代的游戏也不例外，无论是捉迷藏游戏，还是射箭游戏都是由生存方式演变而来的，其既是一种游戏，又是一种"生存方式的准备"。狩猎中的捉迷藏是为了猎获动物以维持生存，弓箭工具的发明与运用是为了避开其他动物的威胁，在保证安全的距离内射杀动物以达到维持生存的目的。可以说，为了狩猎的安全和效率，游戏发挥了重要作用。

正如赫伊津哈所说，"游戏既然是生活之需要，既然它有利于文化，既然它成为文化的一部分，我们是不是能够说，它的功利性就要打折扣呢？不会的，这是因为它的功能外在于直接的物质利益，外在于个体的生物需求"①。所以，石器时代的游戏从一开始就与生存联系在一起，一个很重要的原因就是出于生存的需要。

（四）游戏推动了人类文化的进步

在某种意义上说，游戏的确是一种充满了神秘性的活动，人类

---

① 约翰·赫伊津哈.游戏的人：文化中的游戏成分研究[M].何道宽，译.广州：花城出版社，2007：11.

和其他动物为什么会有游戏？无法解释，只能说是天性使然。但是，人类的游戏除了包括天性使然的本能游戏之外，还包括非本能的游戏，即学习和创造的游戏。这些游戏已不同于本能的游戏，但即便如此，人类游戏的冲动或者说游戏动机仍然无法解释，用心理需求的观点解释也难免牵强附会。所以，赫伊津哈认为："游戏是一种特殊活动，一种'意义隽永的形式'，一种社会功能——这才是我们研究的主题。我们不会去寻找决定游戏的自然冲动或习惯，我们将研究游戏这种社会构造成分的诸多具体形式。"①由此可见，游戏充满了神秘性。

人类的游戏具有重要的社会功能，不仅对人类自身成长不可或缺，而且对于社会发展具有推动作用。正如赫伊津哈所说："游戏因素在整个文化进程中都极其活跃，而且它还产生了许多基本的社会生活形式。游戏性质的竞赛精神，作为一种社会冲动，比文化的历史还要悠久，而且渗透到一切生活领域，就像真正的酵母一样。仪式在神圣的游戏中成长；诗歌在游戏中诞生，以游戏为营养；音乐舞蹈则是纯粹的游戏。智慧和哲学表现在宗教竞争的语词和形式之中。战争的规则、高尚生活的习俗，全都建立在游戏模式之上。因此，我们不能不做出这样的论断：初始阶段的文明是游戏的文明"②。当然，这种"初始阶段的游戏文明"是指人类独有的具有文化性的游戏。

人类诞生伊始，一无所有，其生存状态同其他动物无异。但是，由于思维进化不同，人类智力水平逐渐超脱于其他动物，产生了人类独有的文化。所以，在文化的作用下，人类的游戏又逐渐从本能的游戏状态进入文化的游戏模式。在远古时期，人类的活动只有生存和游戏，而人类的其他一切活动都由此开始，即建立在生存和游戏的基础上。因此，人类游戏的发展不仅满足了不同时代的自身需

---

① 约翰·赫伊津哈.游戏的人：文化中的游戏成分研究[M].何道宽,译.广州：花城出版社,2007：6.

② 约翰·赫伊津哈.游戏的人：文化中的游戏成分研究[M].何道宽,译.广州：花城出版社,2007：中译者序13.

求,又成为其他一切社会活动的基础和模式,推动了人类社会的发展进步。

第二节　四大文明古国的游戏

新石器时代结束后,社会发展进入了农业生产模式阶段,即农耕社会。在农耕社会中,人类生活发生了翻天覆地的变化。文字的产生,使社会文化进入快速发展状态,不仅促进了社会生产进步,又推动了社会文化包括哲学、宗教、文学、艺术以及科学的发展。其中,作为社会文化一部分的游戏和游戏文化同样进步空前,为人类社会增添了一抹绚丽色彩。

但是,不同民族、不同国家由于社会生产力发展水平不同,进入农耕时代的时间有所不同,从公元前六七千年到公元前两三千年不等。同时,因各民族和国家经济发展水平不同、文化习俗不同,游戏和游戏文化的发展水平亦有不同。所以,我们选择了比较有代表性的民族和国家,包括古埃及、古印度、古巴比伦和中国进行简要阐释,从而对人类游戏的发展和演变过程有一个大致的认识。

一、古埃及的游戏

古埃及位于尼罗河流域,得天独厚的地理环境使这里土壤肥沃、水陆交通便利。因此,古埃及的种植业和水上运输发达,为古埃及文化的发展和文明的出现奠定了基础。

早在公元前5000年,古埃及的象形文字产生,从那时起,人类开始有了文字记载的历史。公元前4200年,埃及人根据尼罗河一年一度的潮涨潮落规律和天体的运行变化发明了太阳历,将每年分为12个月,每月分为30天,年终再加5个节日。由此创造了人类最早的太阳历。除此之外,古埃及在宗教、哲学、数学、医学以及艺术等方面也取得了巨大成就,建筑艺术中的古埃及金字塔更是享誉世界,成为埃及文明的象征。

（一）古埃及的生活方式

古埃及是一个神权民族，人人信奉神灵，服从神王的管束。而法老是正义和公平的化身，他可以根据自己的意愿处事，判断对人和事是处罚还是饶恕。在古埃及，社会阶层结构犹如金字塔，并且职业固化，实行世袭制，子承父业。

法老是古埃及万事万物的中心，集神圣与世俗于一体，沟通人世与神灵两界。他是神的化身，代表神灵掌管大地。法老是最高祭司，掌管神庙中的每一场祭礼。法老还掌管世俗事务，保护臣民、率兵打仗。在日常生活方面，古埃及法老奢侈豪华。尼罗河西岸的底比斯城，一幢幢金碧辉煌的建筑，包括厅室、庭院、游乐园等是法老、王室成员及一些高官居住的地方，这里有百花盛开的花园、莲花绽放的人工湖、果实累累的无花果树、各种奇花异草和珍禽异兽，赏心悦目之处随处可见。工作之余，法老的生活多姿多彩，为展示其神勇，法老经常率领随从带着猎狗深入沙漠地带捕杀狮子、鬣狗、羚羊、鸵鸟等动物。

在乡村，有着尼罗河冲积形成的肥沃土地，村民们种植小麦、谷子、蚕豆、小扁豆、山黧豆、大蒜、洋葱和韭菜。耕种是大多数埃及人的生活方式，因为古埃及是一个农业国家，国王、朝廷、军队、城市和艺术等所有支出全都依赖农业，所以，古埃及农耕人数众多，且农业是国家之本。在农闲季节，除了国家招募农民从事当地的建设外，各地村民还饲养动物、种植果树和蔬菜以及从事捕鱼和狩猎等活动。

因此，法老奢华的生活方式和村民田园式的农耕生活孕育了各自不同的游戏以及古埃及的游戏文化。

（二）古埃及的游戏方式

在游戏方面，由于古埃及社会等级分明，不同阶层的社会地位不同，所以游戏内容和游戏方式也有差异。国王和贵族生活奢侈，对各种娱乐要求较高，游戏方式自然不同于下层民众，而广大民众包括农民虽然游戏内容简单，却也丰富多彩。

1. 宫廷游戏

在古埃及,法老就是国王的代名词,法老的地位不容置疑,不容挑战。所以,法老的行为及其生活方式处处体现着正统性和神性。在全国各地建有行宫供法老外出巡查时休息和享乐。所以,以神王自居的法老,从早晨醒来的那一刻起,就衣来伸手、饭来张口,有众多女仆伺候着。如果没有祭礼活动,法老会在早饭后到皇家园林散步,白天去看各种竞赛、舞台剧,或者同宫内大臣及其仆从一起去玩各种游戏。古埃及的宫廷游戏主要有"滚球撞瓶"游戏、下棋、狩猎等。

1920年,"英国考古学家在埃及的一个距今2 000多年的墓道里发现了9个石瓶和1个石球,这个游戏的玩法是把球投向石瓶,并将石瓶击倒,这与现代保龄球的用具与玩法十分相似"①。而在此之前,埃及也在法尤姆地区"发现了一处托勒密王朝时期的建筑遗址。这是一系列拥有宽敞大厅的房屋。在这些房屋附近,人们挖掘清理出一大片平整的地板,它全部用巨大的石灰岩铺成。在地板上,有一条凹槽,深约10厘米,宽约20厘米。石道中部有一个边长为12厘米的正方形坑洞"②。这与英国考古学家发现的"滚球撞瓶"游戏基本一致,不同的是这个建筑遗址中的游戏场地大约在史前时期就已经存在。

在古埃及的宫廷游戏中还有棋类游戏,"'斯奈特'深受法老的青睐。年轻的图坦卡蒙可能非常喜欢玩这种棋类游戏。在图坦卡蒙的墓葬中出土了4个象牙与木头制作的棋盘和大量的配件,其他贵族的墓葬中也有类似的发现。在考古地点,人们惊喜地发现地上曾勾画出'棋盘'的轮廓,还有各种各样棋子的替代品……宫廷里另外一种棋子游戏是'麦荷'。这种游戏的棋子上往往雕刻有埃及去世法老的名字。游戏的玩法是:玩家将棋子一格格沿着盘子的中心有目的地螺旋式移动,先到盘中者为胜"③。

在古埃及还有一项宫廷活动,"那就是当法老在位满30周年的

① 纳撒尼尔·哈里斯. 古埃及生活[M]. 张萍,贺喜,译. 太原:希望出版社,2006:61.
② 纳撒尼尔·哈里斯. 古埃及生活[M]. 张萍,贺喜,译. 太原:希望出版社,2006:60.
③ 纳撒尼尔·哈里斯. 古埃及生活[M]. 张萍,贺喜,译. 太原:希望出版社,2006:61.

当天（为赛德节）就必须绕着金字塔跑上一段很长的距离，以向人民展示他的身体机能"①。除此之外，狩猎也是王族和特权阶层喜欢的一项活动，"公元前19世纪中期，由于马被引进埃及，狩猎方法有了很大变化。从那时起人们坐着马车去打猎，快速地追赶着野兽。河谷地区的农场上饲养了足以供人们食用的牲口，猎捕沙漠中的野兽成了一种奢侈的消遣方式，尤其得到统治者们的珍视"②。国王为什么喜欢到条件恶劣的沙漠中狩猎？因为沙漠中狩猎条件艰苦、危险，既能考验国王的身体机能，向臣民们展示健康状况，又能证明国王的崇高伟大，即国王是神灵的化身，有着超人的意志和能力。

2. 民间游戏

古埃及的民间游戏也丰富多彩，孩子们从小就与兄弟姐妹和邻里的伙伴一起玩耍。"玩具主要是地上拾到的东西：石子变成玩具，布片卷一下变成了球，游戏板则画在陶瓷碎片上。在拉昆城的房屋中发现了孩子们的玩具，那里面曾经住过建造赛索斯特里斯二世（前1895—前1878）金字塔的工人们。在那里，大大小小的球是用皮革缝制的，里面塞着稻草或晒干的大麦粒，双色陀螺则是木头或者彩陶的。木头或陶土的小人也可以当作玩具，其中一些甚至手臂上装着能够活动的关节，头上戴着可以取下的假发。"③

古埃及孩子的游戏中，还有一种特技比赛。"在比赛中，男孩们会展示他们的力量和男子汉气概。葡萄收获时会进行一场名叫'舍泽茂飞镖'（舍泽茂是用葡萄汁酿酒的神）的游戏。游戏规则要求孩子们向画在地上的靶子掷飞镖。"④除此之外，孩子们的游戏还有赛跑、摔跤、模拟战斗、跳集体舞、摆弄玩具等。

古埃及人是一个痴迷下棋的民族，成人游戏中有"塞尼特棋"，这种游戏掷骰子和棋子；还有一种叫作"犬与豺"的游戏，这种游戏两个人玩，每人有一组用骨头制成的狗头或豺头的牌，每组6个，在

① 纳撒尼尔·哈里斯. 古埃及生活[M]. 张萍，贺喜，译. 太原：希望出版社，2006：62.

② 纳撒尼尔·哈里斯. 古埃及生活[M]. 张萍，贺喜，译. 太原：希望出版社，2006：67.

③ 纳撒尼尔·哈里斯. 古埃及生活[M]. 张萍，贺喜，译. 太原：希望出版社，2006：129-130.

④ 纳撒尼尔·哈里斯. 古埃及生活[M]. 张萍，贺喜，译. 太原：希望出版社，2006：130.

刻着等距离小洞的棋盘上移动。此外,还有酒宴上的格斗游戏和家庭郊游等游戏。

二、古印度的游戏

古印度位于南亚次大陆,境内南部的半岛部分是高原,江河横贯,土地肥沃。据考古发现,早在公元前2500年,古印度创造了以城市文明为代表的印度河流域文明。所以,在古印度的城市,商业、手工业发达。而农村幅员辽阔,各地农业生产水平参差不齐,生活条件迥异。但是,古印度文献记载的历史乏善可陈,直到公元前1500年,印欧语系的雅利安人入侵古印度后才有了一部重要的历史文献,即《吠陀经》,记录了雅利安人在古印度的经济、政治发展。所以,这一时期,即公元前1500年至公元前1000年被称为古印度的"吠陀时代"。公元前1000年至公元前600年,古印度又诞生了《摩诃婆罗多》和《罗摩衍那》两部史诗作品,这一时期又被称为"史诗时代"。因此,古印度的历史大多记载在《吠陀经》和史诗《摩诃婆罗多》与《罗摩衍那》中。

(一)古印度的生活方式

自旧石器时代起,印度次大陆就遭受来自非洲部落、西亚、北方和东南亚的各色人种入侵,印度社会因此形成不同的种姓群体和种姓制度,种姓制度被宗教和政治势力利用以强化自己的统治,所以,这种制度既是古印度灾难的根源之一,又是古印度文化多样性的渊源,形成了具有特色的生活方式。

在城市,街道和建筑错落有致。城市分为主城堡、商业区和居住区两部分,城堡内房屋高大、装修豪华,大多是统治者及贵族居住的地方。城堡外面是商业区和居民区,街道呈直角交叉,整齐划一,体现了古印度城市建筑文明。城市中,大部分人以从事手工业为生,如铜匠、陶匠、石匠以及金银匠等,这些手艺人将自己加工的产品通过市场交换换取粮食、生活用品和生产原料,一些手工业作坊就是商业店铺。到了吠陀时代,手工业种类和人数不断增加,铁匠、染工、编织工等相继出现。在吠陀时代早期,这些手艺人不仅衣食无忧,还受到社会尊重。但随着种姓制度的进一步细化,手工业者被划入低种姓人群,日子开始变得艰难。

在乡村,农耕生活比较闭塞,生活单调而平静。村民们日复一日种地、采伐树木,过着勤劳朴素的日子。他们中很多人地位低下,备受凌辱。但不得不为统治者当牛做马。宗教的麻醉使古印度人没有反抗精神,宁愿去死,也不会用斗争来改变自己的命运。

农忙时节,村民们家家户户一起劳动、相互帮助。但是,在一些印度教的村落里存在重男轻女的思想,一些男人好逸恶劳,不肯下田,妇女变成了主要劳动力。她们不但要养育子女,洗衣做饭,还要从事沉重的田间劳动。

农闲季节,农民一般会被组织起来,做各种没有报酬的义务劳动,主要是修建水利灌溉设施和宗教建筑等。这些农民大多是种姓低下一族,他们辛苦劳作,每天要干十几个小时的活,却不敢有任何怨言。否则,就是对神不敬,要受到惩罚或被处死。

但是,尽管如此,古印度人乐观的生活心态并没有改变。无论是节日中还是农闲时,他们兴高采烈参与各种节庆活动,唱歌、跳舞、做游戏,热情洋溢。

(二)古印度的歌舞游戏

在古印度,人们能歌善舞。在宗教仪式和节日中,古印度人以舞蹈方式表达宗教情感或进行娱乐活动。例如,在古印度的婚礼现场,"有条件的家庭会请著名的歌舞团做表演,所有人都可以免费观看。另一些家庭则花重金聘请当地名妓为贵宾作陪。在大多数平民家庭,酒足饭饱后宾主一起唱歌跳舞,狂欢到第二天早晨"[①]。"有些地方还把新人的衣角系到一起,然后绕篝火转圈,边转边把蒸熟的谷物投入火中,周围的人便大声唱起赞美歌,把新郎比喻成古代的英雄,新娘比喻成天上的仙女,祝福他们幸福美满,儿孙满堂。这种围着篝火庆祝的方式16世纪后演变成婚礼中的一种重要的宗教

---

① 丁一.古印度生活[M].汕头:汕头大学出版社,2009:70.

仪式——走圣火。在北印,点燃圣火的木材变得非常讲究,有时候要选用好几种不同的、有香味的木料。"①所以,舞蹈既是宗教方式,又是游戏方式。

为什么这么说呢?赫伊津哈认为:"宗教节日里的庄严肃穆气氛是非常突出的,就是说,这种气氛为宗教节日盛典的一部分。人们在宗教场所聚会是为了追求集体的欢乐。献礼、祭礼、宗教舞蹈和竞赛、表演、仪式,在庆祝活动中都得到了补偿。"②进一步说,"游戏和舞蹈之间的关系如此紧密,实在无须任何说明。不过与其说舞蹈自身固有游戏的成分,或舞蹈与游戏有关联,不如说舞蹈就是游戏不可分割的一部分:两者的关系是直接参与的关系,几乎具有本质上的同一性。舞蹈是一种特殊的游戏形式,而且是一种特别完美的游戏形式"③。因此说,舞蹈是古印度人最广泛的一种游戏。

(三)古印度的节日游戏

古印度人有句俗语说道:"快乐的人天天过节。"在古印度,有各种各样的节日。其中,印度教的四大节日——霍利节、灯节、系绳节、德喜合拉节,穆斯林的三大节日——尔德节(开斋节)、古尔邦节、茂鲁德节是印度人的盛大节日。

节日中,古印度人除了按照不同节日举行固定的宗教仪式之外,还举办各种游戏娱乐活动。例如,古印度最重要的节日之一"霍利节",起源于一个古老的神话传说。一位国王蔑视神灵,可他的儿子崇拜神。于是,国王让妹妹霍利抱着他的儿子跳入火中,欲烧死儿子。但神灵保佑,他的儿子毫发无损,他的妹妹却被烧死。所以,人们为庆祝神灵的力量,便将这天定为"霍利节"。后又认为霍利的行为邪恶,便改名为"洒红节"。

洒红节一般进行两天。第一天,人们点起篝火,把霍利的模型

① 丁一.古印度生活[M].汕头:汕头大学出版社,2009:69.

② 约翰·赫伊津哈.游戏的人:文化中的游戏成分研究[M].何道宽,译.广州:花城出版社,2007:21.

③ 约翰·赫伊津哈.游戏的人:文化中的游戏成分研究[M].何道宽,译.广州:花城出版社,2007:189.

扔进火堆烧掉,一边烧,一边诅咒,发泄平日生活中的不满。第二天,洒红活动开始,印度教信徒每人拿着一个装着颜料的口袋,见面互相道贺后,把颜料抹在对方身上、脸上,被抹得越多越吉祥。

但是,古印度由于宗教不同,各地庆祝洒红节的方法又不同。例如,在马士腊邦、拉贾斯邦,"洒红节期间的妇女地位非同小可,居然可以手持木棒,追打在大街上遇见的任何一个男人,男人还不许还手,打了也是白打。有些妇女找不到木棒,就将淋湿的衣服换下来当鞭子抽打。这一天,满街都是举着大棒的女人,平时耀武扬威的男人们则抱头鼠窜。北印的很多地方,在这一天还有一个重要的宗教活动——'林伽'游行,游戏从上午开始,城市里所有的男人,不问大小,每人手执一根'林伽'喊着一些不堪入耳的性口号,在街上游行戏耍,这时候女子是不能上街的,甚至打开窗户看热闹都会遭到众人的谩骂,直到太阳西斜,游行结束,妇女们才可以走出家门,互相洒红,享受节日的喜悦"①。

尔德节也叫"开斋节",这一天是穆斯林最快乐的一天。人们走向街头,庆祝斋月结束。在德里王朝时期,"尚武的穆斯林们会在王宫门前举行射箭、摔跤、格斗比赛,由君主亲自担任裁判,获胜者会得到很丰厚的奖励,此外,还有赛马、猜谜等活动,人人都可以参加。一些农村地区,还会举行印度式斗牛比赛。北印乡村里,妇女们会参加'拾豌豆'比赛,把一大碗豌豆撒到麦场上,看谁拾得最多,获胜者就是全村最心灵手巧的女人。妇女选手在'赛场'上嬉笑打闹,一片欢腾,比赛成了充满乐趣的游戏"②。

(四)古印度的其他游戏

当然,古印度人还有各种其他游戏,这些游戏很多由外来入侵者传入。其中,拳击就是由雅利安人传入的,得到了印度人的喜欢。"在古老的村社里,负有盛名的拳击手地位非同一般,农闲时候,他会在与邻村社的比赛中,为本村社获得荣誉,使得本村社不被外人

---

① 丁一. 古印度生活[M]. 汕头:汕头大学出版社,2009:151－152.
② 丁一. 古印度生活[M]. 汕头:汕头大学出版社,2009:158.

所小视。希腊人入侵印度后,希腊式的拳击更是风靡印度河流域。当时的拳击手用兽皮皮带缠住双手,上身赤裸,只穿一件希腊式短裙,与现代的职业选手有些相似,但比赛要残酷得多,有时候,代表着部落荣誉的职业拳击手之间的比赛,就是一场生死搏斗。"①

最值得一提的是,古印度人在公元 5 世纪之前,发明了一种名叫"图兰卡"的象棋游戏,"它由大象、战车、骑兵和步兵等四种棋子组成,基本上代表了当时古印度军队的四个主要兵种。'图兰卡'一般有四个玩家,大家轮流掷骰子,凭点数来下棋。被将死的一家退出战局,残存的棋子都归战争者,称为俘虏,俘虏降一级使用。四家淘汰为两家后,两家再决胜负"②。后来,"阿拉伯商人把它带到了中亚、波斯和欧洲,进一步发展成'沙特兰兹',在棋子和规则上都有大规模的改进。有人认为'图兰卡—沙特兰兹'就是现代国际象棋的鼻祖"③。

公元 13 世纪,穆斯林入侵者为古印度带来了马球游戏。马球游戏场地大小不同,东西两端各设一个球门。比赛用球为木制,外面包着一层皮革。参赛两队各有 8～10 人。比赛时将球打入对方球门即可得分。公元 14 世纪,蒙古式摔跤传入印度,成为北印穆斯林人常见的游戏项目。

除此之外,狩猎也是古印度宫廷贵族的游戏内容之一。在民间,还有各种斗鸡、斗马游戏。儿童游戏还包括荡秋千、捉迷藏等。

三、古巴的比伦游戏

公元前 5000—4000 年,苏美尔人定居在幼发拉底河和底格里斯河下游。公元前 3000 年初,来自北方的印欧人和来自南方的闪米特人的一支阿米德人征服了苏美尔民族。阿卡德人在巴比伦村建立起了"阿卡德王国",所以苏美尔人不仅擅长农业,而

---

① 丁一.古印度生活[M].汕头:汕头大学出版社,2009:145.
② 丁一.古印度生活[M].汕头:汕头大学出版社,2009:146.
③ 丁一.古印度生活[M].汕头:汕头大学出版社,2009:146.

且掌握了推算季节和修筑水渠的专门知识,能够兴修水利设施和进行农业灌溉。苏美尔人发明的楔形文字也是世界上最早的文字之一。之后,经过后来的波斯人不断改进,楔形文字更接近字母文字,只有 41 个楔形符号。楔形文字出现后,记录了大量的苏美尔人及古巴比伦人在诗歌、神话、宗教、巫术、天文、数学、法律等方面的成就。

(一)古巴比伦文明的特点

古巴比伦是位于两河流域的一个小村落,这里原是苏美尔人的居住地,苏美尔人创造了两河流域文明。早在 9 000 多年前,两河流域就已经有了农业。5 200 多年前,这里就有了文字。人类最早的农业生产技术、农书和农具,人类最早的文字、历史书写记录和文学作品以及历史上最古老的学校都曾出现在这里。所以,苏美尔人创造的文明是人类最早的文明。相比古埃及文明(公元前 3000 年)、古印度文明(公元前 2500 年)和中国古代文明(公元前3000 年)要早 2 000 多年。

巴比伦城是公元前 2000—前 1000 年巴比伦地区的中心城市。公元前 2000 年,阿摩利人首领苏木阿布建立了古巴比伦王国。古巴比伦王国到了第六代王汉谟拉比时期,国力强盛,逐步统一了两河流域。巴比伦城是古代两河流域文明的最高成就和最后辉煌。所以,巴比伦人视巴比伦城为最初之城和永恒之城。这里是巴比伦人的宗教中心和精神首都。公元前 1700 年,古巴比伦王国被赫梯王国灭亡。直到公元前 729 年,赫梯王国以及后来的加喜特王朝被亚述帝国灭亡。之后,公元前 626 年,亚述人派迦勒底人领袖那波帕拉沙尔率军驻守巴比伦,他到巴比伦后,却发动反对亚述统治的起义,建立新巴比伦王国。然而,公元前 539 年波斯王朝灭亡了新巴比伦王朝,古代两河流域文明独立发展的时代宣告结束。所以,古巴比伦文明实际包括两部分内容,一是苏美尔文明,二是由苏美尔人和闪米特人融合的巴比伦人创造的文明。

公元前 3100 年,苏美尔人发明了青铜冶炼技术,即用铜锡合金制造农具、武器和生活日用品,不仅为农业生产和战争提供了更好

的工具,又开创了人类的青铜时代。他们还发明了带轮子的马车,20 世纪 20 年代在乌尔挖掘的距今大约 3 000 年的王陵中,发现手持长矛的哨兵的遗骸,四轮马车及各种形状的金银饰品。四轮马车是迄今为止发现的历史上最古老的带轮车辆。所以,苏美尔不仅是一个英勇善战的民族,又在农业生产和商业运输方面著称于世。

乌尔考古中还发现,墓中有大量的乐器,包括打击乐器,有钟、叉铃等;管乐器有长笛、排箫、号等;弦乐器有七弦竖琴、竖琴等。这些乐器也是迄今为止发现的最古老的乐器。

(二)苏美尔人的游戏

在美索不达米亚的各个城市包括乌尔和叙利亚的海滨城市乌伽里特出土的一系列楔形文字泥板中发现,这些城市在公元前 3 000年前后十分繁荣。美索不达米亚出土的泥板上,描写了音乐的原理,七弦琴各弦的名称,各弦之间的音乐间隔,以及将七弦琴、竖琴各弦调到不同点的方法等,显示出古代苏美尔民族的音乐生活。

1. 宫廷游戏

苏美尔人具有音乐天赋,在乌尔等城市的遗址中曾发现大量的乐器,包括各种鼓、弦乐器(七弦琴、竖琴等)。在王宫遗址中还发现了用金子和天青石镶嵌的木制七弦琴。苏美尔的宗教同其他民族有所不同,宗教中歌手和乐师扮演着重要角色。所以,歌声和乐器声使宗教仪式既不失庄严、肃穆的气氛,又充满了游戏的欢乐。

在苏美尔人的王宫中,有各种表演人员,如变戏法的人、表演歌舞的人以及表演格斗的人,专门为王室贵族提供娱乐消遣。除此之外,下棋也是王公贵族的游戏方式之一。"乌尔王陵(约公元前 26世纪)出土的一块游戏板似乎是棋子和一块正方形(棋盘)的组合。棋子是圆形的,有两种颜色——双方各执一色。这种游戏像是现代的西洋双陆棋的简化版。赌博游戏是:一粒石头子放在罐子里的不同形状和颜色的石头中,先把它倒出来的那一方赢。"①

---

① 芭芭拉·萨默维尔.古代美索不达米亚诸帝国[M].李红燕,译.北京:商务印书馆,2015:93 - 94.

在乌尔考古中还发现了另一种赌博游戏,"赌盘最初使用木头制成,上面镶嵌着由白色贝壳、深蓝色天青石及红色石灰石组成的图案,把这些图案安置在黑色的沥青水泥里。这种赌盘大约有4.75英寸乘以10.625英寸大小,表面上经过分类的21种图案方格组成——有的是点,有的是花,还有一些是'眼睛'。这些方格装饰出一种形状特异的赌盘,而赌盘上是一块较大的长方形区域和一块由一架狭窄小桥连接的较小的长方形区域。守护在外围边缘的是一圈似睡非睡的眼睛图案。这种游戏的目的看来是要游戏的一方从赌盘的一头移动到另一头,而对手要设法在该方过桥时堵住去路。有些已经做出记号的方格可能会很幸运(转向另一边!)或者会不幸(回到方格一!)。至于游戏器具,每位游戏者有七件,在颜色浅的背景上执深色点,而另一方则在深色背景上执浅色点。"[1]此外,狩猎也是苏美尔贵族们喜欢的游戏。

2. 民间游戏

"对于婴儿和蹒跚学步的孩子来说,有赤陶拨浪鼓。这些拨浪鼓里面装满了小球,而且在边缘上有橡皮筋一样的箍缩,还有一个小洞用来系绳子。对于那些梦想着狩猎和当士兵的男孩子们而言,有弹弓、小小的弓与箭以及可以投掷的飞镖。而对于那些希望有一天能喂养自己孩子的女孩子们而言,有玩具娃娃和微型家具模型(桌子、凳子和床),可以玩过家家的游戏。同时,手握式的船只和战车以及微型牵引动物与车,让孩子们可以驰骋在自己想象的世界之中。为了得到更多的乐趣,还有一些球和大铁环,以及一种以爱情女神伊什塔尔命名的奇怪的跳绳游戏。"[2]除此之外,孩子们还抽陀螺和踢球等。

在成人游戏中,有摔跤和拳击。据《吉尔伽美什史诗》记载,神话故事里的英雄吉尔伽美什与一位名叫恩奇都的野蛮人摔跤,开始

---

① 斯蒂芬·伯特曼.探寻美索不达米亚文明[M].秋叶,译.北京:商务印书馆,2009:455.

② 斯蒂芬·伯特曼.探寻美索不达米亚文明[M].秋叶,译.北京:商务印书馆,2009:453.

了他传奇的一生,最后二人成为好朋友。在苏美尔人烧制的泥板上也留下了很多拳击绘画,反映出当时的一种生活内容和生活景象。

四、中国古代的游戏

中国是一个地域辽阔的多民族国家,具有灿烂、悠久的文化。早在公元前 7000 年至公元前 5000 年,中华先民已在黄河流域定居生活,反映这一时期的出土器物有石器、骨器、陶器、蚌器等。用于农耕的石器有斧、铲、凿、锛等工具,用于狩猎的有石镞、弹丸、石饼等,用于纺织的有线坠、纺轮、骨针、骨锥等。当时人们的生活用具均为陶质,出土器中物有鼎、罐、碗、盆、钵、杯、瓮、缸等。

到公元前 2000 年前后,中国出现了第一个有史书记载的朝代夏,自夏(约前 2070—前 1600 年)、商(前 1600—前 1046 年)以来,中国文明逐渐由原始文明进入到农耕文明。闻名于世的四大发明造纸术、指南针、火药及印刷术对中国和世界文明的发展产生了很大的影响。而中国古代游戏更是不胜枚举、丰富多彩。

(一)中国古代游戏的内容

中国古代游戏同其他文明古国的游戏一样,内容丰富,多姿多彩。游戏同赌博相联系,游戏同节日相结合是各国游戏的共同点。不同的是,中国地域辽阔、民族众多,不同地域环境不仅决定了人们的生活习俗不同,又使游戏活动内容有所不同。因此,千姿百态的游戏活动不仅反映出中华民族古老文化的深厚底蕴,又折射出古代中国社会安逸祥和的生活景象。

在中国古代游戏中,具有普遍性、典型性的游戏一是射箭游戏,由生存方式游戏演变为礼仪文明游戏;二是棋类游戏,反映出儒教文化的游戏特点;三是风筝游戏。此外,还有其他各类游戏,种类繁多,风格各异。

1. 射箭游戏

射箭是一种狩猎方式,又是一种战争手段。早在石器时代,射箭开始成为一种游戏方式,并一直延续至今。射箭游戏在古代各国都普遍存在。但是,在我国古代,射箭游戏别具一格,尤其是官府射箭不仅是一种游戏,也是一种礼仪方式。

据《论语·八佾》记载,子曰:"君子无所争,必也射乎!揖让而升,下而饮,其争也君子。"这句话的意思是说,孔子认为:"君子没有什么可与别人争的事情。如果有的话,那就是射箭比赛了。比赛时,先相互作揖谦让,然后上场。射完后,又相互作揖再退下来,然后登堂喝酒。这就是君子之争。"所以,射箭作为一种民间游戏在官府中升华为一种射箭礼仪,其实,这种礼仪在不同的活动中有不同的意义:在宗教活动中,它是一种仪式;在娱乐活动中,它是一种游戏。

商代的礼射分为大射、宾射、燕射和乡射四种。天子用大射,并以射选诸侯参与郊庙之事;宾射为天子因诸侯来朝而与之同射之礼;燕射为天子及群臣燕息娱乐所行的射礼;乡射为在乡饮酒举行的射礼。礼射作为周礼的一部分,是其宗法制度的反映。

《资治通鉴》中《赵武灵王胡服骑射》一文记载:赵武灵王北略中山之地,至房子,遂至代,北至无穷,西至河,登黄华之上。与肥义谋胡服骑射以教百姓,曰:"愚者所笑,贤者察焉。虽驱世以笑我,胡地、中山,吾必有之!"遂胡服。

意思是说,赵武灵王向北进攻中山国,大兵经房子地区,抵达代地,再向北直至数千里的大漠,向西攻到黄河,登上黄华山顶,与国相肥义商议让百姓穿短衣胡服,学骑马与射箭。他说:"愚蠢的人会嘲笑我,但聪明的人会明白的。即使天下的人都嘲笑我,我也这么做,一定能把北方胡人的领地和中山国都夺过来!"于是改穿胡服。

所以,"胡服骑射"不仅记载了赵武灵王征服胡人的谋略,而且记载了对射箭方式的发展。到魏晋南北朝时期,骑射不仅是一种战争方式,也是一种竞技游戏方式。"北魏孝武帝曾经在洛阳的华林园举行射箭比赛,他安排下属把一个能容两升酒的大酒杯高悬于百步之外,然后让19名射箭高手相继进行竞射,谁能射到这个酒杯,这个酒杯就归谁所有。"①由此可见,在中国古代,射箭既是一种战争手

① 纳撒尼尔·哈里斯.古中国生活[M].乔晓静,等,译.太原:希望出版社,2007:07.

段,又是一种礼仪游戏方式和竞技游戏方式。

2. 棋类游戏

在中国,棋类游戏所谓五花八门,其中,流传至今的大家都熟悉的有围棋、象棋以及麻将等。

围棋自古以来就是一种雅俗共赏的游戏娱乐方式。不仅民间盛行,而且官府热衷。围棋是我国古代人发明的,对于诞生时间有不同的观点:一是认为在原始社会末期,即新石器时代晚期(约公元前3300—前2050年)就已产生;二是认为产生于先秦时期;三是认为产生于西汉时期。围棋发明之初尽在民间流行,经过西汉、东汉近400年的发展,至东汉末和三国时期,围棋得到了广泛的认同。及至唐宋时期,围棋发展渐入高潮状态,不仅在民间出现了围棋组织——棋会和棋社,而且《棋经》《棋诀》《清乐忘忧集》等棋谱相继出现,标志着棋艺理论研究进入一个新阶段。值得一提的是,早在唐朝时期,中日之间的围棋比赛就已经出现,但由于朝代更替未能延续。所以,当今的中、日、韩围棋赛的历史可以追溯到唐朝时期。

象棋的历史在我国同样久远。对于象棋的起源问题有多种观点,有说起源于古埃及、古希腊,但是,我国著名学者胡适在《考作象棋的年代》一文中认为,也许这种游戏是从印度、波斯传入我国,后经改良成为中国的象棋。

麻将又称"麻雀牌""雀牌"等,发明于何时尚不清楚,有人根据和牌方法推断,大概始于明末或清初。有意思的是,麻将游戏流传至今已成为一种国民游戏。

除以上游戏外,还有波罗塞戏、弹棋、六博等各式各样的棋类游戏。

3. 风筝游戏

风筝又称"木鸢""纸鹞",早在春秋时期就已经出现。最早的风筝——木鸢是一种战争工具,用作军事测量和军事通信。到了唐代,木鸢又改为纸鸢,放纸鸢逐渐成为一种民间游戏。宋代时期,风筝游戏更为普及,成为社会民众喜闻乐见的游戏内容。北宋宰相寇准作《纸鸢》一诗云:"碧落秋芳静,腾空力尚微。清风如可托,终共白云飞。"据记载,"南宋临安城城外有二十几个场所,大多摆上了放风筝时用的轮车,轮子有大有小,用红色或黑色的油漆漆上,参与赌赛的人可以根据自己的需要,把风筝线放在车轮上,以放出的风筝的远近高低来赌输赢。输了的人,要拿出钱或者拿出几两风筝线给赢了的对手。如此玩上几天,往往是乐此不疲"①。

风筝游戏经历了几千年的传承,至今仍是我国民间的一种喜闻乐见的游戏,在一些地区盛行。不仅如此,风筝游戏还博得世界其他国家青睐。1984 年,山东潍坊举办了第一届国际风筝节。1988 年的第五届国际风筝会将潍坊确定为"世界风筝之都",每年举办一次国际风筝会。

除此之外,中国古代游戏还有很多,诸如斗鸡、走狗、蹴鞠、相扑、拔河、猜谜语、玩纸牌、荡秋千、赛龙舟、踢毽子、滚铁环、捉迷藏、跳绳、过家家等,反映出古代中国社会生活绚烂多彩的一面。

(二)中国古代游戏的特点

游戏作为一种社会文化现象总是与一定的社会发展水平联系在一起,尤其是与社会文化思想和观念不可分离。所以,考察中国古代可以发现,儒教思想统治下的古代中国社会的游戏理念和游戏方式也不失儒雅的文化之风。

1.游戏内容无官民之分

中国古代游戏很难区分宫廷游戏与平民游戏。不同阶层、不同领域有同样的游戏,无所谓官民之分。如围棋游戏产生于民间,最初流行于民间,后成为官府和民间共同的游戏。而斗鸡和斗蟋蟀游戏本是一种民间的"俗"游戏,但皇帝、宰相对这类游戏也乐此不疲、情有独钟。所以,游戏不分阶层,有着普遍的生活意义和社会意义。

例如,起源于宋朝的元宵节猜灯谜,就是一种万民同乐的游戏方式。"在元宵节大张灯火,纵民观灯,皇帝自己也经常出宫观灯,号称与民同乐。一些文学人士为了显示才学,装点风雅,便常在元宵花灯之夜将谜语贴在彩灯上供人猜射,吸引过往行人,于是便形

---

① 　纳撒尼·尔哈里斯.古中国生活[M].乔晓静,等,译.太原:希望出版社,2007:110.

成了元宵节猜灯谜之俗。"①不仅猜灯谜游戏不分官民,其他一些游戏中类似事例也屡见不鲜。这是中国儒教文化思想的一种反映,代代如此。

2.游戏方式讲究礼仪

中国是礼仪之邦,崇尚道德准则,遵循礼仪规范是中华民族的传统美德。所以,自古以来,凡事讲究礼仪,游戏也不例外。

所谓"礼",是指制度、规则和一种社会意识观念;所谓"仪",是指"礼"的具体表现形式,它是依据"礼"的规定和内容,形成的一套系统而完整的程序。从政治上说,中国礼仪制度的建立是统治阶级的一种管理手段,旨在维持社会安定。这种礼仪制度对于规范人的行为具有积极作用,推动了社会文明发展。所以,在日常生活中,人们恪守君君臣臣、父父子子、长幼尊卑等行为规范,使社会秩序井然。

以射箭游戏为例,不同场合、不同活动,射箭的礼仪规范各有不同。如商代的礼仪规定,在宗教活动、迎宾活动和游戏活动中,射箭礼仪各不相同,分为大射、燕射、宾射和乡射等。在其他游戏如武术竞技中,竞技双方首先要行抱拳作揖礼,以示尊重对手,然后开始竞技。

3.民间游戏各有特色

中国古代民间游戏数不胜数、特色各异。这些游戏大多与节庆联系在一起,而且具有地域特色。如端午节,同为农历五月初五,但各地节日名称有不同,如端阳节、重午节、龙舟节等。临水而居的地方,要举行赛龙舟;有些地方要以兰草汤洗浴,以防疾病。

又如二月二的"青龙节",要敬龙牌、唱大戏、闹社火,家家户户邀请亲朋好友共享欢乐,以求来年五谷丰登。七夕节要乞巧、乞子、乞寿、乞美、乞爱,大家一起吃水果、饮茶,一起做游戏。其中,有一种卜巧游戏,即卜问自己是巧是笨;还有一种赛巧游戏,即谁穿针引线快,谁就得巧。中国地域广大,各地习俗有所不同,游戏种类和游戏内容自然不同,体现出地域文化特色。

---

① 蔡丰明.游戏史[M].上海:上海文艺出版社,2007:109.

第三节　古希腊、古罗马游戏

古希腊与古罗马是两个伟大的国家,它们在世界古代文明的基础上创造出辉煌的古典文明。不仅为欧洲文明发展奠定了基础,又为世界文明进步树立了典范。古希腊与古罗马的伟大成就不仅体现在政治、宗教、文学、艺术、法律、建筑等方面,而且体现在游戏、竞技方面,创造了具有民族特色的游戏与竞技活动,在人类历史长卷上留下了光辉的一页。

一、古希腊的游戏

在古代,希腊人没有统一的国家的概念,他们只是生活在希腊半岛的一个民族。自公元前2000年,说希腊语的民族就开始生活在希腊半岛,但在此之前,即公元前3000年,在爱琴海诸岛和小西西亚地区就出现了米诺斯—迈锡尼文明,而这一文明起源于希腊的克里特岛,并从这里传播到希腊半岛和小亚细亚地区。在游戏方面,"爱琴海地区的人士喜爱各种各样的游艺和运动。下棋、跳舞、赛跑和拳击竞相吸引人们的兴趣。克里特人是最先用石料建造剧场的民族,剧场里举办竞走比赛和音乐会,以飨广大观众和听众"[1]。所以,爱琴海地区的古代游戏文化对古希腊产生了很大影响。

(一)古希腊游戏的特点

古希腊是一个游戏的民族,"希腊文化是在宛若游戏的竞赛中发展的。和其他任何地方的情况一样,游戏的成分从一开始就存在于希腊文化中并具有重大意义。我们的出发点必须是儿童那样的游戏意识,它表现为各种形式的游戏,有些严肃,有些嬉闹,但全都扎根于仪式之中,并富有文化孳生力,它们使人对节律、和谐、变化、交替、对比、高潮等固有的需要以非常丰富的形式展现出来。和这

---

① 爱德华·伯恩斯,等.世界文明史:第1卷[M].罗经国,等,译.北京:商务印书馆,1990:130.

个游戏意识共生的精神是为荣誉、尊严、优势和美妙而奋斗的精神。巫术和神秘力量、雄心壮志、音乐、雕塑和逻辑到来时的先兆,全都在高尚的游戏里寻求自己的形式和适当的表达[①]。所以,在这种意识下,古希腊人养成了这样一种习俗,即"凡是能够提供打斗机会的事情,他们都要拿来竞赛。男子选美比赛是雅典娜节庆和忒修斯节庆必不可少的一部分。酒宴要举办歌唱、猜谜、熬夜和饮酒比赛"[②]。

竞赛是游戏吗?赫伊津哈解释说:"在希腊人的文化生活里,在每个希腊人的日常生活里,竞赛这个词扮演了极其重要的角色,因此把'竞赛'划归到'游戏'的范畴,似乎有一点胆大包天……希腊人生活里的竞赛,或世界其他地方的竞赛,都具有游戏的形态特征;从功能方面来看,竞赛几乎完全属于节庆的范围,也就是游戏的范围。把作为文化功能的竞赛和'游戏—节庆—竞赛'这个复合体分离开来,完全是不可能的。"[③]所以,游戏的意识深深扎根于古希腊人的头脑中,成为古希腊人创造精神财富的强大动力。

赫伊津哈认为:"希腊的知识和科学,并不是我们理解的那种学校里产生出来的。这就是说,这些思想并不是教育体制的副产品;旨在训练国民并使之从事实用和有利可图的学校,他们是没有的。希腊人认为,精神财富是闲暇(schole)的成果。对于自由民而言,只要不是为城邦服务、打仗或参加庆典仪式的时间,都是空闲的时间。"[④]这些时间可以用来学习和思考,用来游戏。

(二)古希腊游戏的创举

在古希腊的游戏竞赛中,除了酒宴游戏,还有棋类、掷骰子、斗

---

① 约翰·赫伊津哈.游戏的人:文化中的游戏成分研究[M].何道宽,译.广州:花城出版社,2007:75.

② 约翰·赫伊津哈.游戏的人:文化中的游戏成分研究[M].何道宽,译.广州:花城出版社,2007:73.

③ 约翰·赫伊津哈.游戏的人:文化中的游戏成分研究[M].何道宽,译.广州:花城出版社,2007:33.

④ 约翰·赫伊津哈.游戏的人:文化中的游戏成分研究[M].何道宽,译.广州:花城出版社,2007:168.

鸡、斗牛、掰手腕、拳击等。其中,最宏大的游戏是古希腊奥林匹克竞技会。据《荷马史诗》记载,早在荷马时期,古希腊已经有了为贵族葬礼而举行的竞技悼念活动,"希腊英雄阿基里斯在特洛伊为他的朋友帕特洛克罗斯举行葬礼时,即举办了由希腊盟军中的英雄们参加的竞赛,并为各项赛事设立了奖品。比赛的项目有马拉战车赛跑,迪奥米德斯获得了冠军并赢得了丰厚的奖品——一个灵巧的女奴和一只三角杯。另一项赛事是拳击,决赛在埃佩俄斯和优里阿洛斯之间展开。后者出身于拳击世家,其父麦基斯提俄斯曾到底比斯参加俄狄浦斯王的葬礼运动会,并击败所有的底比斯拳击手获得冠军。第三项比赛是摔跤,由阿亚克斯对奥德修斯,两个回合之后,仍不能分出胜负,阿基里斯判为战平,两人均无异议,于是共同分享冠亚军的奖品。其他比赛项目包括跑步、掷铁饼、射箭和投标枪"①。古希腊的葬礼方式反映出古希腊宗教的文化特色,举行葬礼是一种情感的表达,但这种情感的表达方式不是通过对死者的悼念,而是通过再现死者生前的英雄事迹表现的。

以往很多人认为,古希腊奥林匹克竞技会是古希腊的体育运动,实际上这种观点是不正确的。古希腊奥林匹克竞技会从性质上说,既是一种宗教活动,旨在悼念在战争中死去的英雄;又是一种游戏活动,旨在娱神、娱人。为什么古希腊人通过竞技方式开展宗教活动?这与古希腊人的宗教观有关。古希腊人的宗教观念是"神人一体",神不过是放大了的人,人只要为国服务、勇敢作战,死后同样能够成为神,成为英雄。因此,在古希腊诞生了这种独特的竞技游戏。古希腊奥林匹克竞技会不仅培养和塑造了古希腊人的精神,又为现代奥林匹克运动诞生提供了可借鉴的模式。

二、古罗马的游戏

据考古发现,早在旧石器时代,意大利半岛就有居民栖息繁衍。到公元前 1700 年,印欧语系部落的居民开始南下来到意大利,他们创造了意大利地区的青铜文化。

---

① 张广智,等.世界文化史:古代卷[M].杭州:浙江人民出版社,1999:184 – 185.

公元前753年,居住在台伯河南部的罗马人在罗马建城,"伟大的罗马"正是从罗马人建城开始。"罗马人以此为基地,历尽曲折,不断开拓,从传说中的王政时代(古罗马建城至公元前509年),经过共和时代(公元前509—公元前30年),最后发展为帝国时代(公元前30—公元476年),在人类文明史上,演绎出了兴盛与衰落的千年史,绘出了一幅多姿多彩的而又有别于希腊文明的生动的历史长卷。"①罗马人不仅在法律体系和建筑艺术方面造诣颇高,而且在文学、宗教、农学、天文、地理和医学等方面也取得了很大成就,对人类文化发展和文明形成产生了巨大的影响。

(一)古罗马的儿童游戏

罗马人将成人游戏与儿童游戏区分开来。在儿童游戏中,不同年龄有不同的游戏项目。幼年游戏活动包括"盖小房子""给老鼠套车""猜单双""把长长的芦苇当马骑",以及积木游戏,用沙子垒城堡游戏等。儿童和年轻人的游戏有滚铁环、抽陀螺以及踏板车、跳羊、荡秋千等。"罗马儿童从很小的时候就开始玩的最基本的赌博游戏,这是为人所熟知的。首先是猜单双游戏,这是最简单的。一个孩子手里攥着几个石子或几枚小额硬币,让同伴猜是单数还是双数,使用钱币猜正反面和划拳也是这一类型的游戏。在古代,钱币的正面是守门神雅努斯的头像,反面是船的水下体,人们把这个游戏叫作'玩头或船'。划拳是快速伸出手指并让对方猜伸出手指的个数,动作灵敏与否决定输赢。有时成年人玩划拳是为了解决难以定夺的问题,而把这些问题交给精湛的技艺或运气。"②

七岁以后的孩子们还玩胡桃游戏,"有时,孩子们在稍远处放一个空罐子,看谁能够把胡桃扔进罐子里。小女孩儿玩玩具娃娃,也许所有的小女孩都会把玩具娃娃当自己的孩子,而她们则扮演妈

① 张广智,等.世界文化史:古代卷[M].杭州:浙江人民出版社,1999:263.
② 纳撒尼尔·哈里斯.古罗马生活[M].卢佩媛,等,译.太原:希望出版社,2006:77.

妈,或者把玩具娃娃当作一个小女孩,并按照自己的喜好去打扮她"①。另外还有羊距骨和骰子游戏以及球类游戏等。

(二)古罗马的成人游戏

古罗马的成人游戏毫不逊色于其他民族,其中,狩猎游戏在帝国时代成为贵族阶层的一门必修课,很多贵族青年跟随角斗士学习如何与野兽进行搏斗,并在圆形竞技场进行狩猎比赛。马术和击剑也是古罗马人喜欢的游戏。在罗马城建立后,罗马人便开始南征北战、开疆拓土,征服了整个意大利。后又跨出意大利,建立了古代世界史上一个雄霸欧、亚、非三大洲的帝国。所以,彪悍好斗的罗马人不仅为战场上的胜利而自豪,视战争中的格斗为乐趣,又将这种乐趣延伸到战争之外的生活中。

但是,除此之外,古罗马人还有一种令人毛骨悚然的游戏,即人与兽、人与人之间的生死格斗。不过,这种游戏不是在罗马人之间进行,而是在战场俘虏和奴隶之间进行,罗马人只是享受观赏的乐趣。

大约在公元前264年,罗马人发明了一种斗技(即角斗)方式,对战争中的俘虏和罪犯进行训练,让他们进行角斗表演,以供罗马市民观赏取乐。最初的角斗方式是人与人之间赤手空拳进行,后来逐渐发展成为人与老虎、狮子、熊、豹、野牛等猛兽的肉搏。到了最后,古罗马人为了寻求更大的刺激,干脆就让角斗士之间直接角斗。两人手持利剑或三叉戟、盾牌或网套,相互刺杀。角斗也分为许多种类,最富于刺激性的角斗是生死决斗,这种决斗的一方是持三叉戟和网的角斗士,另一方则带刀和盾,带网的角斗士要用网缠住对手再用三叉戟把他杀死。

公元72年,古罗马人为庆祝征服耶路撒冷的胜利,开始修建大型的角斗场,即哥罗赛姆竞技场,历时4年建成后,举行了为期100天的庆祝典礼。由5 000头猛兽与3 000名奴隶、战俘、罪犯组成的庞大的角斗队伍展开了一场场生死决斗,这种人与兽、人与人的血

---

① 纳撒尼尔·哈里斯.古罗马生活[M].卢佩媛,等,译.太原:希望出版社,2006:78.

腥大厮杀持续了100天,直至同归于尽。这种角斗,既显示了罗马人的气魄,鼓舞了士兵的战斗力,又为罗马贵族和市民提供了娱乐。自到公元523年,这种角斗才被完全禁止。

古罗马人还喜欢赌博游戏。"据说最早的彩票也起源于古罗马时代,那是王室贵族的游戏活动,后来才演变为一种社会行为。公元前100—前44年,统治者们常常利用节日和大型活动,来开展赌博活动。一是为了增加节日气氛,二是能为国庆筹措资金。"①在角斗和马拉战车竞技中,市民们常常押注并为自己看好的一方加油欢呼。

古罗马人还喜欢玩掷骰子和棋子游戏。"这种游戏像现代的五子棋,罗马皇帝克劳狄乌斯就写过题为《如何在掷骰子中获胜》的一本书。这位皇帝和他悠闲的大臣们爱好赌博,非常迷恋于掷骰子。"②总之,古罗马人的赌博游戏无所不包,甚至还赌吃饭,看谁吃得多,据说有一位冠军曾经吃掉一头烤牛,并为他的主人赢得了400个奴隶。

第四节　古代游戏的文化特征

古代游戏文化可以分为两个阶段,即史前阶段和农耕阶段。尽管史前阶段人类的文字还没有产生,游戏文化是通过绘画或考古实物获得的,但这些以符号为标志的记录同样具有文化的价值和意义。进入农耕时代后,随着文字的出现,不仅人类的历史有了文字记录,游戏文化也同样被记录。相对而言,虽然自古以来游戏就是人类的一项活动内容,但其在历史的记录中乏善可陈。尽管如此,我们还是要根据有限的记录资料分析古代游戏文化,认识古代游戏的文化特征。

---

① 纳撒尼尔·哈里斯. 古罗马生活[M]. 卢佩媛,等,译. 太原:希望出版社,2006:129.
② 纳撒尼尔·哈里斯. 古罗马生活[M]. 卢佩媛,等,译. 太原:希望出版社,2006:129.

一、石器时代游戏的生存方式化特征

石器时代,世界是蛮荒、原始的,人类和其他动物自生自灭、相互依存。不过,人类经过几百万年的进化,在旧石器时代晚期已经逐渐脱离其他动物,成为高于其他动物的"人",开启了人类的发展征程。

人类在石器时代,虽然思维能力和智慧水平有了很大发展,但生存依然是建立在本能的基础上,这一点同其他所有动物无异。在生存过程中,人类逐渐学会了利用工具、使用工具和制造工具,因此出现了人类文化,即工具文化。需要说明的是,人类的这种文化性的出现,不过是人类学家和历史学家在研究过程中赋予的,而不是石器时代的人所能意识的。所以,石器时代的人虽然已经为人,但他们的一切活动也仅仅是为了生存。在这种状态下,尽管人类的文化已经出现,但文化水平极其低下。工具文化使人类在与其他动物的较量中稍有优势,而游戏文化不过是工具文化的一种迁移。

石器时代的人类游戏在很大程度上依然是一种出于本能的游戏,相互嬉戏、彼此追逐的游戏与其他动物一样,而玩捉迷藏游戏同样是狩猎中出于安全本能的一种生存需要,不同的是人类能够将这种本能的捉迷藏游戏延伸到生活之中,体现出捉迷藏游戏的文化性。其他游戏,如射箭、梭镖(投标)游戏等也都是狩猎之余的狩猎技能迁移。所以,石器时代的游戏大多与生存方式相联系,这是由人类的思维能力所决定的。

在石器时代,舞蹈游戏业已产生。舞蹈游戏从本质上来说,首先是一种本能行为,表达情绪和情感时无论人类还是其他动物都具有手舞足蹈的本能。而人类的舞蹈不同于其他动物的舞蹈,虽然人类的舞蹈不如其他动物的舞蹈动作协调、优美,但人类能够学习和模仿其他动物的舞蹈,丰富自己的游戏方式,这是由人类的文化性所决定的。考察人类石器时代的游戏活动可以发现,人类的游戏除了本能的游戏之外,其他各种游戏无不与生存方式相联系,生存方式决定了游戏方式,游戏方式是生存方式的迁移。

除此之外,还需要说明的一点是,在石器时代,人类已经学会了

说话,但是,文字尚未产生。所以,人类是否存在语言的游戏,不得而知。其他各种身体的游戏大多可以通过考古实物进行假想。

二、农耕时代游戏的发明与创造特征

进入农耕时代是人类发展进步的一次巨大飞跃,这不仅是因为人类学会了种植庄稼、蔬菜,学会了修建房屋,更重要的是人类在成千上万年的实践中,大大发展了自身的思维能力,提升了文化性。所以,人类由生存状态转变为生活状态。

在农耕时代,文字产生,改变了文化传播方式,加速了社会发展。其中,重要的标志就是生产方式改变,即由采食生活状态转变为生产生活状态,人类开始了定居生活。如随着生产发展,物质财富不断增加,人类有了更多的闲暇时间,所以,为发展生产而进行的创造活动不断出现,如为丰富生活而创造出了各种游戏活动。

在古埃及,产生了具有农耕特色的"滚球撞瓶"游戏,这种游戏方式在今天看来似乎有些"小儿科",没什么值得大惊小怪的。然而,在距今2 000多年前的农业社会,金属工具尚未出现,将大理石打磨成球,铺设成球道,不能不说是一件艰巨的任务。但是,对古埃及人来说这也许没有什么难度,他们可以建造狮身人面像,又哪里在乎一个石球和球道? 而古埃及人在当时为什么能够建造宏伟的狮身人面像? 为什么能够在没有起重设备的情况下,将常人不能搬动的巨型石料垒成一座狮身人面的墓葬? 至今仍是一个谜,无法解释。古埃及人的创造力不能不令人惊叹。

由此可见,在农耕时代,游戏方式发生了变化。游戏不再与生产和生活相联系,而是脱离于生产方式,成为一种专门的活动。虽然这一时代射箭、梭镖等石器时代的游戏依然存在,但新的游戏不断被发明,游戏活动不断丰富,为游戏文化发展创造了广阔空间。

在农耕时代,另一项值得一提的游戏是棋类游戏,古埃及、古印度和古代中国都发明了自己的棋类游戏,如古埃及的"斯奈特"棋,古印度的"图兰卡"象棋和中国的围棋等。虽然不同棋类的游戏规则有所不同,但方寸之间却都蕴含着农耕时代人类的伟大智慧。棋类游戏的发明和创造,与生产和生活没有直接关联。这是一种思维

创造活动,体现了人类的思维水平已经发展到一个很高的程度。如中国的围棋发明后,不仅成为历朝历代上至官员,下至百姓喜欢的棋类游戏,而且对围棋研究的各种成果层出不穷,无不闪耀着人类智慧的光芒。

不仅如此,农耕时代人类在社会各领域的发展进步包括文学、艺术、哲学、教育等都取得了巨大的成就。这些成就一方面应归功于人类的实践活动,另一方面则完全由人类的思维发展水平所决定。人类在农耕时代比石器时代几百万年取得的成果还要多,还要大,所以,农耕时代的游戏具有创造和发明的文化特征是毫无疑问的。

三、金属时代游戏的广泛传播特征

所谓金属时代,即人类发明了冶炼青铜的技术并用来制造工具,由此改变了人类的生产和生活方式的一个历史时期。但是,世界各国、各民族由于社会生产力发展水平不同,进入金属时代的时间各不同。人类历史上最早进入金属时代的是两河流域的苏美尔人,他们最早发现了青铜合金的冶炼方法,并用来制造生产工具和战争武器。所以,苏美尔人不仅在农业生产方面成就斐然,而且在战争方面英勇善战,在青铜武器的助力下,他们四面出征、所向披靡。

青铜冶炼技术发明以后,各个古代文明国家的生产和生活方式发生了很大变化。虽然各国进入金属时代的时间不同,但进入金属时代后的发展状况相差无几,各种青铜农具、武器、生活用品包括首饰、玩具以及宗教和游戏娱乐使用的乐器等无所不有。所以,金属时代标志着人类在农耕时代的发展又上了一个新台阶。在这一时代,农业生产发展和青铜武器的产生,使人类之间的掠夺战争趋于频繁,不同国家或不同民族间的战争客观上促进了国家、民族间的交流与传播,不仅为商品流通、农作物品种的进出提供了渠道,也促进了文化包括游戏文化的相互交流。

以苏美尔人为例,苏美尔人不仅是青铜冶炼技术最早的发明者,又是四轮马车的发明者。苏美尔人凭借青铜武器和四轮战车四

面出击,征服了周围的很多民族。正是由于战争的缘故,四轮马车在古代各国相继出现。在古埃及,法老和贵族们常常驾着马车,一路狂奔去郊野打猎,以此显示贵族们的威风。古印度在遭受希腊族的雅利安人入侵后,文化发展有了长足进步,诞生了《吠陀经》,使古印度开始有了翔实的历史记录。同样,古印度的"图兰卡"象棋又由阿拉伯人传入欧洲,经过不断演变,成为现今的国际象棋。

由此可见,金属时代跨国、跨民族的战争之火虽然毁灭了受害国家或民族的安宁生活,但从长远的、历史的观点来看,战争促进了国家或民族的商贸、技术以及文化的交流,促进了彼此国家的社会发展。因此一些政治家说,战争是推动人类历史发展的真正动力(之一)。而作为文化内容的游戏活动同样遵循这一规律,伴随着战争,一国或一民族的游戏传入另一国家或民族。当然,以战争为手段传播游戏或文化并不是唯一的方式,其他传播形式或渠道也不乏其例。例如,在我国唐朝时期,鉴真东渡日本传授佛教,同时又将我国的围棋传入日本。并且唐帝国还邀请日本人来中国进行过围棋比赛。

四、古典时代古希腊游戏的典范特征

所谓古典时代,一般指古代希腊地区自希波战争后的公元前5世纪—前4世纪中叶,古希腊城邦的兴盛与衰落的这段时期。所谓古典文明,是指以地中海为中心,包括古希腊和古罗马等,在古代文明的基础上建立起来的一种新式文明。

这一时期,古希腊人创造了人类辉煌的文明。"古希腊城邦文明既属于古代世界,又属于现代世界,说它属于古代世界,因为它继古老的东方文明之后而居上,在公元前一千年前后放射出了熠熠的历史光辉,希腊文明是当时世界文明的中心与顶峰;说它属于现代世界,因为它所奠定并被学界所称的'希腊精神',已经超越了时空,在西方乃至世界发扬光大,成为烛照后世的难以泯灭的历史遗产。"①虽然希腊文化有开创之功,但却是罗马人的承前启后才使其

---

① 张广智,等.世界文化史:古代卷[M].杭州:浙江人民出版社,1999:259.

发扬光大于后世。

　　古希腊人不仅在政治、哲学、文学、艺术等方面创造了伟大成就,而且在游戏方面以其独特的方式著称于世。其中,人人皆知的古希腊奥林匹克竞技会堪称游戏活动的典范。不仅如此,在古希腊生活中,以竞技游戏的方式处理事情已成为一种习惯。其实,古希腊奥林匹克竞技会从本质上说是古希腊人的一种宗教活动,那么,古希腊人为什么以游戏方式进行宗教活动?并且将战争方式作为游戏手段?这与古希腊人的宗教观念和生活观念有关。

　　古希腊人认为,宗教不是空洞的,它体现在现实生活之中。神也是人,神也有七情六欲,所以,祈求神灵保佑就是要让神高兴,它才会赐福于世。而战争中死去的英雄就是神,展示英雄行为才是对神和英雄最好的悼念和祭祀。因此,他们将英雄在战争中的行为作为竞技方式进行表演和竞赛,目的在于弘扬英雄的精神,以激励更多的希腊人成为英雄。而在日常生活中,古希腊人重视现实,他们很少考虑和谈及来世问题。所以,享受现实世界的快乐,度过美好的人生是古希腊人的一贯追求。

　　其实,古希腊的奥林匹克竞技会的竞技内容如走、跑、跳、投、摔跤、格斗等,不过是人类自古以来的生活方式和战争方式,而古希腊人能够将这些内容作为一种宗教内容,并在固定的时间、固定的地点,以固定的形式进行竞赛,显示出古希腊人的智慧与创造能力。跑、跳、格斗作为一种游戏方式和战争方式在世界各国、各民族的古代生活中习以为常、屡见不鲜。但是,没有任何一个国家和民族能够将这种游戏活动以赛会的形式表现出来。因此,仅从这一点来说,古希腊人的创举不能不令人惊叹和敬佩。

　　古罗马在灭亡了古希腊之后,继承和发扬了古希腊的优秀文化,借鉴古希腊文化遗产创建了伟大的罗马帝国。但是,古希腊的奥林匹克竞技会为什么没能在古罗马延续?原因是古罗马在公元世纪初立基督教为国教,并排除了其他一切异教,作为宗教活动的奥林匹克竞技会当然也被废止。但是,古希腊人的竞技精神并没有在古罗马消失。古罗马人不仅发扬光大了古希腊人的竞技精神,而且创造了举世罕见的斗技方式,即人与兽搏杀、人与人搏杀,并为此

建造了宏伟的哥罗赛姆竞技场,成为古罗马的文化遗产之一。当然,古罗马人的斗技充满了血腥味,不足褒扬,但这种游戏文化活动从一个侧面反映出人性的本质。

因此,古典时代的古希腊和古罗马将游戏和竞技活动发展到顶峰状态,在世界游戏和竞技活动史上堪称典范。

本章小结

本章从石器时代人类的生存方式开始,探讨了具有文化性的游戏是如何产生的及其主要游戏内容,即狩猎游戏、舞蹈游戏和射箭游戏等。其特点主要体现在:①本能游戏是人类游戏发展的基础;②人类文化是游戏发展的动力;③游戏与生存方式联系在一起;④游戏推动了人类文化的进步。本章进一步以古代四大文明古国和古典文明古国古希腊、古罗马为例,阐述了不同国家和民族由于文化不同,游戏内容和游戏特点各有不同。在此基础上,本章概括总结了古代游戏文化的特征,即石器时代游戏的生存方式化、农耕时代游戏的发明与创造、金属时代游戏的广泛传播和古典时代游戏的典范。

本章思考题

1. 人类石器时代游戏的主要特点是什么?
2. 古代游戏文化的主要特征包括哪些方面内容?

第三章

近代游戏文化

学习目标

本章学习近代游戏文化,认识和了解近代游戏文化发展的基础,掌握游戏发展社会基础包括哪些因素,重点掌握近代游戏文化有哪些特征。游戏发展离不开一定的社会基础,包括社会思想基础和科学文化基础以及社会物质发展水平等因素。同时,游戏发展又在传承的基础上不断演变,不仅各种古代游戏在近代宫廷和民间传承和延续,而且一部分游戏不断演变为新的游戏。其中,近代产生的体育运动堪称最伟大的游戏。

14～16世纪,一种新的思想——资产阶级人文主义思想在意大利萌发,砸碎经院哲学思想和推倒天主教会的精神支柱成为资产阶级知识分子的理想和追求。在这种新思潮的影响下,一场声势浩大的欧洲文艺复兴运动逐渐兴起,揭开了近代世界文明史的序幕。

罗马帝国灭亡(公元476年)后,欧洲进入中世纪。在中世纪早期(公元500—1000年),整个欧洲处在封建基督教会神秘主义、禁欲主义思想的统治下,社会生活暗无天日。民众思想被压抑,个人行为受禁锢,社会处于黑暗笼罩之中。中世纪晚期(1050—1350),欧洲政治结构逐渐发生变化,即由原来教会控制的欧洲"共同体"向主权国家模式转变。在这一过程中,意大利人研究借鉴古希腊、古罗马文化并提出了复兴古希腊、古罗马文化,以此向封建教会发起挑战,史称"文艺复兴运动"。文艺复兴运动虽然没有从根本上动摇

封建教会统治,但资产阶级知识分子所倡导的人文主义思想为欧洲社会的思想解放、科学发展和社会进步做出了贡献。

第一节 近代欧洲游戏的发展基础

游戏作为一种社会文化,它的产生与发展同其他一切社会事物发展一样,无不以一定的社会生产力发展水平为基础,同时,与人们思想观念水平相联系。社会生产力发展水平决定了人们的生活方式,思想观念发展水平决定了人们的认识态度和认识水平。彼此相互促进,共同推动社会发展进步。

一、近代欧洲发展的思想基础

自 14 世纪开始,资本主义商品经济在意大利沿海地区出现,一些城市的小商品经营者逐渐积累了资本,形成了资本拥有者阶层,成为新兴的资产阶级。所以,小商品经济发展为资本主义的发展奠定了基础。但是,在欧洲仍占统治地位的封建生产关系,严重阻碍了资本主义发展的道路。因此,新兴的资产阶级发起了反封建的革命运动,文艺复兴运动就是这场革命在思想文化领域的反映。

文艺复兴运动是先进的资产阶级知识分子为建立一种新的文化体系而进行的一次文化革命,所谓"复兴",就是将被封建专制统治者破坏的古典文化——古希腊、古罗马文化重新恢复和发展,借以摆脱中世纪基督教文化的束缚。中世纪末期,意大利资产阶级知识分子对当时的封建教会统治下的欧洲社会深恶痛绝,他们向往古希腊和古罗马时代的那种政治开明、民风淳朴的社会环境。因此,首先在文学艺术等各个领域通过诗歌、音乐、文学、绘画等艺术形式讴歌古希腊、古罗马的古典文化,涌现出一大批世界闻名的文化巨人,如马基雅维利、阿里奥斯托、米开朗琪罗、达·芬奇、拉斐尔等。他们在思想上反对封建制度、抨击中世纪基督教会的专横和腐败,热爱生活,追求自由;在艺术表现性上,注重现实,力求反映现实生活,表达对美好理想的追求。因此,一股新的文化思潮,即人文主义思潮首先在意大利出现。

人文主义的思想内容主要包括:"首先,歌颂人性,反对神权。他们讴歌人的价值、人的尊严和人的力量。认为人是有理性的,人有无穷力量,可以创造一切。他们反对教会的神权论,因为后者坚持神高于一切,主宰一切,而人是渺小的,只能顺从神的旨意。其次,要求个性解放,反对禁欲主义。人文主义者肯定现实生活,认为人应该享受现世的幸福,人人可以发财致富,他们以个性解放来对抗教会的禁欲主义。再次,主张理性,反对蒙昧主义。人文主义者鼓吹理性,认为人的高贵就在于理性的力量,'知识是快乐的源泉','知识就是力量',而反对教会垄断教育和宣扬蒙昧主义。最后,维护中央集权,反对地方割据。人文主义者在政治上主张建立一个中央集权制的、以民族为基础的同一国家,而反对贵族割据,战乱不休。"①总之,人文主义思想强调维护人性尊严,提倡宽容,反对暴力,主张自由平等和自我价值体现。它是文艺复兴时期新兴资产阶级反封建反教会斗争中形成的思想体系、世界观或思想武器,也是这一时期资产阶级进步文学的中心思想。

在人文主义思潮的影响下,欧洲各国在政治、文学、艺术和教育等方面取得了巨大成就。如意大利政治思想家、历史学家、诗人马基雅维利的《君主论》,主张统一意大利,建立君主专制制度;英国人文主义学者托马斯·莫尔的《乌托邦》是欧洲第一部杰出的空想社会主义著作,表达了文艺复兴时期一些政治家的理想;法国人文主义学者吉奥姆·布德创办了法国第一所世俗学校——法兰西学院,并在该校讲授希腊文、拉丁文、希伯来文,研究哲学、数学、医学等,该校成为法国人文主义中心,为法兰西文化的发展做出了贡献。总之,这些人文社会科学和自然科学的成就推动了欧洲社会发展,也使人们的思想观念从封建专制的统治下得以解放,追求幸福生活和自由平等权利成为一种新的时尚。

16世纪,德国爆发了一场宗教改革运动,由德国神学家马丁·路德(1483—1546)和宗教改革家托马斯·闵采尔相继提出了进行宗教改革的设想。马丁·路德在《九十五条论纲》中主张:"全体基

① 刘文龙,等.世界文化史:近代卷[M].杭州:浙江人民出版社,1999:34.

督教徒都是教士,都有资格在上帝面前为别人祈祷,并在信仰问题
上互相帮教。圣事只包括洗礼、圣餐和告解三项。他还否认圣餐圣
事的献祭性质,认为圣事是通过所用的经言传诵恩典,《圣经》是基
督教信仰的唯一最高权威。"①而托马斯·闵采尔1525年发表了《致
阿尔斯特德人民书》,号召城市平民和农民联合起来举行起义,建立
天国,即"没有阶级差别、没有私有财产,没有'高高在上'和'社会成
员作对'的国家政权的一种社会"。宗教改革思想提出后,在欧洲各
国广泛传播。宗教改革思想为17世纪40年代英国资产阶级革命
(亦称"英国内战")爆发提供了宗教动力。

18世纪,启蒙思想运动在欧洲爆发,英国哲学家、科学家在启蒙
思想运动中起到了重要作用。其代表人物哲学家弗兰西斯·培根
指出:"哲学应成为有助于人类幸福的可利用的事物的科学。"他认
为人的知识、观念和认识来源于经验——感觉世界,即并不来源于
上帝。培根的观点直接导致启蒙思想运动的兴起,并迅速在欧洲各
国传播,形成一场全欧洲的思想运动。

启蒙思想运动崇尚知识,提倡科学,提出了许多新思想、新见
解,既标志着资产阶级精神文明达到新的高度,又为整个人类文明
建设增添了新内容,为促进人类科学文化发展做出了卓越贡献。

总之,欧洲近代史上,历时400多年,先后爆发了三大思想运动,
荡涤了民众的灵魂,启迪了人们的思想,不仅为资本主义发展提供
了条件,推动了欧洲社会经济发展,而且最终推翻了封建教会的统
治,使资产阶级取得了国家的统治地位。

二、近代欧洲发展的科学基础

在文艺复兴运动中,不仅文学、艺术、音乐、绘画等方面取得了
伟大成就,自然科学方面也同样成就非凡。波兰天文学家哥白尼的
《天体运行论》,首次建立了"太阳中心说";德国的开普勒在其著作
《新天文学》和《世界和谐论》中阐述了行星运行的三大定律;意大利
科学家伽利略发现了落体定律,为近代动力学的建立奠定了基础,

---

① 刘文龙,等.世界文化史:近代卷[M].杭州:浙江人民出版社,1999:73.

另外,他还发明了温度计和天文望远镜。这些科学成就不仅为人们认识世界提供了理论依据,而且为人们确立科学的世界观提供了方法。

不仅如此,文艺复兴运动时期,数学、物理学、地理学等科学研究领域都取得了巨大成就,不仅为现代自然科学体系的形成奠定了基础,而且为资本主义经济贸易和工业生产创造了条件。正如美国科学技术史、人类思想史权威刘易斯·芒福德所说:"现代技术的曙光可以追溯到公元 1000 年至 1750 年。在这个时期,零零星星的技术进步与对外来文明成果的吸纳融为一体。各种发明和实验室里的改进一直在缓慢进行,但又有所加速,使机器体系得以普及,全球的核心技术绝大多数都在这段时间得到了巨大发展。"①

15 世纪,欧洲人发明了风车和水车,使人类的汲水能力和效率大大提高,不仅为农业生产提供了技术,减轻了劳动强度,而且为工业生产如纺织业和城市生活提供了方便。"据马克思估计,即使到了 1836 年,荷兰全境也还有 12 000 台风车,提供的动力高达 6 000 马力。但显然这个估计偏低了。有权威数据表明,荷兰风车的平均动力在 10 万马力左右……当然,这些估计并未包括水车的贡献。从潜力上说,风力和水力所提供的能量要比以往任何一种文明都要高……多亏有了不起眼的水力和风力,人类才产生了一大批有智慧的人才。在无须奴隶的情况下,诞生了伟大的艺术作品、高深的学识,也产生了科学和工程技术。这是人类创造力的释放,也是人类精神的胜利。衡量这些成就的不应该是最初使用了多大功率,而是最终产生了何种成果"②。其他领域的技术发明和创造也是如此,脚踏纺车和织布机的发明推动了纺织业快速发展。

技术进步促进了工业和农业生产效率的提高,使欧洲经济发生了显著变化,生产增加、商业活跃,促使新兴的资产阶级萌发了对外扩张

① 刘易斯·芒福德. 技术与文明[M]. 陈允明,等,译. 北京:中国建筑工业出版社,2009:102.

② 刘易斯·芒福德. 技术与文明[M]. 陈允明,等,译. 北京:中国建筑工业出版社,2009:107 – 108.

的念头。尤其是新航路的发现,刺激了造船业发展,为欧洲资本主义扩张打下了基础。从 16 世纪开始,西班牙、葡萄牙、英国、法国、意大利、德国、荷兰等国的征服者和殖民者纷纷从海上开辟了贸易之路和海外掠夺的战场,为欧洲资本主义发展积累了雄厚的资本。其中,英国在亨利八世(1491—1547)时期创建了国家正规常备海军,最大的一艘军舰命名为"上帝的亨利"号。它的吨位约有 1 000 ~ 1 500 吨,拥有 80 门火炮。到亨利八世去世时,英国海军约有 50 艘帆船,排水量总共有 12 000 吨,水兵和海军陆战队队员共有 8 000 余名。由此可见,近代科学技术发展不仅促进了资本主义工业生产和贸易流通,也促进了军队建设,为资本主义发展提供了安全保障。

三、近代欧洲的社会生活方式

欧洲资本主义生产发展为社会创造了源源不断的产品,使社会生活包括衣食住行各方面发生了巨大变化。其中,玻璃的生产与应用就是一个典型的例证。

玻璃是古埃及人的一项发明,早在公元前 1800 年,古埃及就出现了玻璃珠子。后来玻璃制造方法传入欧洲,在古罗马时期就有玻璃制作的镜子。到公元 12 世纪,欧洲新建的教堂已经使用了玻璃窗户。"最初的玻璃还是十分稀罕的奢侈品,人们窗户上的玻璃块是可以拆卸的。如果房屋主人因故出门,则把玻璃拆卸下来置于安全的地方。高昂的成本使玻璃只能用于公共建筑,但随着时光的推移它也开始进入寻常百姓家。"①直到 17 世纪末,由于生产技术和制作工艺水平不断提高,玻璃的成本大大降低,取代了房屋上的木质百叶窗和贴在窗户上的油纸或平纹细布。

在生活方式方面,"中世纪单调重复的饮食变成了一道道排列有序的菜肴。从能够充分调动人们消化器官运行起来的开胃食品,到让人真正体会到饮食快乐的甜点。人们的触觉也变得敏锐起来。丝绸变成了司空见惯的服饰,从印度达卡运来的最细腻的棉布取代

---

① 刘易斯·芒福德. 技术与文明[M].陈允明,等,译.北京:中国建筑工业出版社,
2009:114.

了粗糙的羊毛和亚麻制品。同样,精致光洁的中国瓷器取代了笨重的荷兰代尔夫特陶器、意大利产的花式陶器以及普通的土制陶器。"①由此可见,科学技术发展不仅推动了资本主义生产进步,又使人们的生活水平和生活方式得以改善。

需要强调的是这种生活方式的变化主要体现在贵族阶层以及新兴的资产阶级企业主阶层。相对而言,农民和手工业者的生活水平虽有改善,但同贵族和新兴资产阶级相比,贫富差别越来越大。一方面,在资产阶级和贵族之间出现了一种新的生活方式的竞争,他们各自炫耀自己的服饰、车辆以及府第的豪华,以便突出自己的社会地位。另一方面,工人的生存状况改善缓慢,与贵族阶层相比有着天壤之别。但是,"从整个人类文化发展的角度看,始生代技术时期②尽管在政治上多变,而且在它的晚期产业工人的地位也不断恶化,但它仍不失为人类文明史上最辉煌的时期之一。除了它创造的机械成就外,它还建起了城市,开发了荒地,建造了各种建筑,诞生了绘画艺术。在人类的思维和享乐的领域里,这些成果满足了人们在实际生活中稳步增长的需求"③。

因此,在中世纪晚期,科学技术发展和文艺复兴运动的思想传播使社会民众尤其是贵族和资产阶级一族的生活发生了巨大变化。在观念上,封建教会所倡导的禁欲主义受到质疑,人们不再相信苦行僧的生活是一种美德,而认为享乐思想不是一种罪恶,它是人类

---

① 刘易斯·芒福德. 技术与文明[M]. 陈允明,等,译. 北京:中国建筑工业出版社,2009:136.

② 美国著名人类思想史和科学技术史权威刘易斯·芒福德在《技术与文明》一书中将人类技术分为三个发展阶段,即始生代技术时期、古生代技术时期和新生代技术时期。例如,鹅毛笔必须由使用者自己削尖,属于典型的始生代技术时期,从它看到的是手工业劳动基础以及与农业密不可分的联系。它廉价、技术粗糙,但很适合使用者的个人风格。钢制笔则代表古生代技术时期,廉价、形式统一,但并不耐用,是典型的矿山、钢厂和大规模生产的产物。在技术上是鹅毛笔的改进型产品。自来水笔尽管在17世纪就已经发明出来,但它属于新生代技术时期的产品,它有着橡胶或树脂做的内胆,金色的笔身自动汲取墨水的功能,这一切都标示着它是新生代技术的产物。

③ 刘易斯·芒福德. 技术与文明[M]. 陈允明,等,译. 北京:中国建筑工业出版社,2009:103.

对于新生活的一种追求。所以,社会民众对生活中的美的追求也变得多种多样,人们认为:"使生活充满乐趣的事物古今如一。这些东西是:阅读、音乐、美术、旅行、欣赏自然美景、运动、时尚、社会虚荣(骑士团、荣誉职位、社交聚会等)和感官的陶醉。对大多数人而言,高低层次的分界线似乎在于欣赏自然美景和享受运动之间。"①也就是说,尽管不同社会阶层的人有不同的生活方式,但追求幸福和享乐的愿望是一致的。

第二节 近代欧洲游戏的内容

欧洲中世纪晚期,资本主义生产以不可阻挡之势向前发展。社会财富不断增加,生活水平不断提高。尽管贵族和贫民之间的经济状况相差悬殊,但这并不影响人们对于美好生活的追求。人们努力致富是为了能像贵族那样享受,"生活得像王子一样"已成为当时的一句格言。所以,在这种观念的影响下,无论贵族还是平民心中充满了生活动力。贵族生活自不待言,各种享乐应有尽有。而平民生活虽然艰难、辛苦,但难中有趣、苦中有乐。因此,社会生活中的游戏活动此起彼伏、生生不息。正如芒福德所说:"无论贫富,在人的一生中,游戏精神都能够得到认可和弘扬。如果说推崇工作的习惯是在这个时代开始形成的话,至少在当时还没有占据统治地位。"②因此,游戏在当时是不可或缺的重要活动。

一、传承的游戏

游戏是一种生活方式和娱乐方式。自古以来,凡是有人群的地方就有游戏,任何时代概莫能外。但是,不同时代的游戏内容又各有不同,其中,一部分游戏属于传统游戏,通过继承的方式代代相

---

① 约翰·赫伊津哈. 中世纪的秋天——14 世纪和 15 世纪法国与荷兰的生活、思想与艺术[M]. 何道宽,译. 桂林:广西师范大学出版社,2008:37.
② 刘易斯·芒福德. 技术与文明[M]. 陈允明,等,译. 北京:中国建筑工业出版社,2009:137.

传。这类游戏既包括宫廷游戏,又包括民间游戏。

(一)宫廷中的传承游戏

所谓宫廷中的传承游戏,并不完全是指游戏内容,也是指游戏场所和游戏人群。宫廷游戏中的确有极少部分游戏如板球、早期的网球属于宫廷专有游戏,但更多的游戏无所谓宫廷和民间,适用于社会中的所有人群。但是,在等级森严的欧洲社会中,贵族不可能同平民一起玩游戏,甚至有些游戏只能是平民游戏,贵族及上流社会的人并不参与其中。

中世纪晚期,欧洲各国的宫廷游戏依然盛行,达官贵人热衷于各类游戏娱乐活动。"在11世纪末的欧洲宫廷庆典上,人们常常喜欢倾听诗歌朗诵,观看表演和杂耍等。小丑、戏子、杂耍艺人和游吟诗人是宫廷娱乐的主角,这些表演者多才多艺,既会讲故事、演唱自己写的和他人写的诗歌,又能充当音乐家,演奏多种自己制作的乐器——竖琴、小提琴、笛子等。所以,他们既是游吟诗人、舞蹈者,又是走钢丝的人、杂技演员和驯兽人,他们要击鼓、飞刀、弹拨琴弦、演木偶、跳四圈舞、学鸟叫、驯狗和猴子等。"[①]这些艺人所表演的游戏均来自民间,而且这类游戏的历史相当久远。

例如,演奏乐器、诗歌朗诵等娱乐活动早在两河流域文明时期以及古希腊时期就很盛行,在中世纪早期的庄园生活中业已成为习惯。村民娱乐方式包括两种,"一种方式是人们成群结队地到城镇市场或市集上去,在那里和熟人相聚,开开眼界,打发时光;另一种便是在结婚、洗礼及圣日,人们聚集在城堡或教堂,吃喝之余,享受节日的乐趣。那时,音乐已成为人们生活中的一部分。唱诗班和合唱已经非常普遍,风琴、风管等乐器已经风行各地,弦乐器如竖琴、吉他以及敲击乐经常配合诗歌朗诵而使用。年轻人有了捉迷藏游戏;在宴会或宴会后表演业余或半职业性的戏剧已很普遍。无论穷富,人们都爱玩儿掷骰子赌博的游戏。追逐或射猎动物亦为上至国王下到百姓的人们所喜爱。

---

① 大卫·尼科尔. 中世纪生活[M]. 曾玲玲,等,译. 太原:希望出版社,2007:141.

在田间耕作休息时,村民们便在田间小路上组织追逐活动。人们还用木头、皮革制成各种各样的球,或踢或掷或拍"①。所以,这类游戏娱乐方式不仅在民间代代传承,又成为近代欧洲宫廷中的表演项目,为贵族们提供娱乐。

另外,射箭狩猎游戏是一项从古流传至今的游戏活动,不同的是民间的射箭狩猎既是一种生活方式的补充,又是一种游戏活动,而贵族的射箭狩猎则是一种纯粹的游戏。贵族们衣食无忧,无须通过狩猎改善生活。有时为了满足国王或贵族的狩猎需求,甚至建设专门的狩猎场,饲养动物供贵族进行狩猎游戏。此外,还有一些游戏则是纯粹的民间游戏,贵族不能参与其中。例如,在 17 世纪的法国,"波姆球被认为过于粗俗,不是什么人都可以问津。一个法官玩了波姆球,就可能显得不严肃,会有损尊严。同样,一个教士也不能玩波姆球,他必须严格遵循教区制定的一系列法令,即禁止教士玩台球、波姆球或其他什么公众游戏,不论他们是否和非宗教人士一起玩。禁止教士穿衬衣和短裤出现在公众场合,甚至禁止教士观看其他人游戏。禁止的原因是游戏行为和(他们的)社会地位不相符,游戏者的态度与其身份属性有所冲突"②。所以,宫廷与贵族的游戏虽然内容与民间无异,但游戏场合与游戏方式有着严格的区分。

(二)民间的传承游戏

民间的传承游戏无所不在,各国、各民族的民间游戏大多有着历史的传承性,或者说,普及范围越广的游戏越具有传承性,因为在近代乃至现代,游戏虽然在生活中不可或缺,但始终没有登上大雅之堂。所以,游戏的传承大多是通过人际传播方式进行,这就需要经历时间的考验。

在近代欧洲,苏格兰及其他各国的各种聚会中,人们喜欢展现自己的才艺,常常举办击剑舞会、骑马比武等游戏竞技活动。孩子

---

① 张广智,等.世界文化史:古代卷[M].杭州:浙江人民出版社,1999:366.

② 乔治·维加雷洛.从古老的游戏到体育表演:一个神话的诞生[M].乔咪加,译.北京:中国人民大学出版社,2007:37.

们的游戏有古代流传下来的捉迷藏、弹石子等。"在捉迷藏游戏中，有一个人必须将风帽反过来盖住双眼，其他人用折叠的风帽不断地偷袭和挑逗他，直到他抓住别人才被替换下来。当时还有从东方传入的新游戏，例如放风筝和用稻草秆吹肥皂泡……此外，还有骑马比赛、溜冰、魔方比赛、射箭和摔跤。人们围观斗牛、斗熊、斗鸡游戏或还有各种动物和杂技团表演。在城堡里，女士们借助各种游戏来消磨时光，特别是掷骰子……中世纪后期人们开始偏爱一些团体游戏，如蒙上眼睛的捉人游戏；对撞游戏——女士和男士都抬起一只脚，单脚跳跃着相互对撞，直到对方被撞倒；或者是在当时风行的一种游戏———一位男士把头埋在一位女士膝间，猜出是谁在后面打了他一下。"①各种游戏活动可谓五花八门、无所不有。

在法国，"大众竞技游戏形式很多，随时随地都可以进行。尽管这类游戏极为普遍，但相关评论却不多。在路易十四时期，有一个普通的羊毛梳理工沙瓦特，住在里尔。这位17世纪末的里尔工人在回忆录中提到了自己玩过的游戏，其数量多得惊人，有波姆球、克罗斯球、滚木球、九柱戏、游泳、滑冰、射箭等，甚至还有'木马长矛比武'，这些游戏多在大街上或护城壕堑中进行"②。法国近代游戏分为两类，"一类是赌博游戏，游戏者自己掏钱下赌注；另一类属于有奖的游戏，对游戏者颁发奖品进行鼓励，这类游戏主要在节日或集体庆典时进行"③。颁奖游戏在宗教节日进行得比较多，如主显节、封斋节和圣枝主节等节日中，教区举办各种游戏活动并对优胜者颁奖，这类游戏不存在赌博，颁奖主要是为了吸引社会民众更多参与教区活动。

在中世纪的法国，各种竞技活动丰富多样，新鲜有趣，如波姆球、九柱戏、滚球、槌球等，上至国王，下至家庭主妇无不陶醉其中。不过，这些游戏竞技活动大多与赌博活动联系在一起。但尽管如

---

① 大卫·尼科尔.中世纪生活[M].曾玲玲，等，译.太原：希望出版社，2007：139－140.
② 乔治·维加雷洛.从古老的游戏到体育表演：一个神话的诞生[M].乔咪加，译.北京：中国人民大学出版社，2007：30.
③ 乔治·维加雷洛.从古老的游戏到体育表演：一个神话的诞生[M].乔咪加，译.北京：中国人民大学出版社，2007：29.

此,为了维护这些竞技游戏的秩序性,弗朗西斯一世(1515—1547,又译弗朗索瓦一世,法国国王)曾就此颁布过法令:与按劳取酬一样,打波姆球的赢钱合情合理,必须把钱付给赢球人。

除此之外,欧洲近代还出现了从印度经伊斯兰国家传入的国际象棋,从伊斯兰国家和埃及传入的扑克牌游戏等。

二、演变的游戏

所谓演变的游戏,是指游戏或其他竞技活动在传承过程中不断得到修正,祛除不良性质,保持或生发出娱乐性、竞技性的游戏。这类游戏最具有典型性的当属由欧洲中世纪的骑士竞技比武演变而来的骑士竞技游戏。

(一)骑士竞技游戏

骑士阶层产生于公元6世纪末的法国,后逐渐出现在欧洲各国。早在古罗马帝国时代末期,北方的日耳曼民族出现了骑兵作战方式,他们组成雇佣兵,谁出钱就替谁打仗。相对于陆军而言,骑兵作战速度快、居高临下杀伤力强,所以,骑兵作战在当时具有很大优势。但是,这些散兵游勇的雇佣骑兵,缺乏忠诚,有时对方出钱多就可能导致他们临阵倒戈。所以,各国国王希望组建自己的骑兵队伍,但又因为骑兵装备昂贵,饲养马匹耗费巨大,因此长期无法实现。

后来,法国国王通过"采邑制"的方法,即改变以往将土地无偿分配给中小地主的方式,以土地换取他们为国家服兵役,组建骑兵。这些中小贵族们获得了国王的恩赐,得到了大片土地,建立了自己的庄园。由此产生了骑士阶层。骑士是忠于国王、为国作战的下层贵族。骑士产生后,为适应战争需要,他们自发地组织进行"比武大会","最早有记载的比武大会在1127年……但在早期,比武大会并没有裁判,如果一方不正当地击打对方,也没有什么补救措施,最后往往落到打群架的地步,所有参加的人一起动手,战斗粗暴而又残酷,四五个人围打一个人是常有的事。"①所以,这种竞技比武大会同战争无异,血腥场面处处可见。

直到 16 世纪,这种混乱、残酷的竞技比武依然盛行,参加比武的骑士受伤、死亡是很正常的事情,甚至连国王也不能幸免。例如长矛刺到了腋下、腿根部或面盔缝隙处,或者比武者跌下了马,后果难以预料。1514 年著名骑士普利耶在比武中跌到了马下,便一命呜呼了。同年,武艺高强的圣奥班在圣安托万街的长矛比武中也摔下马丧命。"多东在 1506 年的米兰长矛比武后对受伤人数进行了统计,就像战后对伤病进行统计一样。几年后,也是在米兰,弗勒朗热在弗朗西斯一世的竞技比武中也进行了伤员统计。当然,最值得一提的还是亨利二世的死亡,在 1559 年的长矛比武中,蒙哥马利一枪刺中了他的面盔,导致了他的死亡,成为 16 世纪的重大事故之一。"②由此可见,骑士比武中充满了残酷性。

16 世纪后,在社会民众强烈反对声中,各国国王开始颁布法令,禁止这种骑士比武。之后,这种群战比武和长矛比武逐渐演变为跑马刺环和长矛击靶。

跑马刺环就是在栅栏上挂一个圆形圈,竞技者在骑马奔跑过程中将长矛刺入圈中;长矛击靶就是用长矛猛击一个固定的靶子。这种竞技方式取代了人与人之间的直接对抗和较量,避免了伤亡事件的出现,同时,也能够在竞技过程中提高骑士的作战技能,所以,逐渐成为一种新的竞技比赛方式。而且,跑马刺环除了作为骑士的竞技方式以外,也成为重大节庆、宫廷仪式中的娱乐竞技内容。由于摆脱了人与人的直接对抗,不存在更多的伤亡危险,所以,对跑马刺环的技术要求、动作审美要求也相应提高。例如:"普吕维耐尔是路易十三的骑术教练,他在罗浮宫训练国王时,强调动作要自如,详细讲解了如何保持骑马的风度,要求动作规范准确。最后,还特别强调了国王在跑马刺环中的公众形象,建议国王在臣民面前要表现出

---

① 张广智,等. 世界文化史:古代卷[M]. 杭州:浙江人民出版社,1999:373.
② 乔治·维加雷洛. 从古老的游戏到体育表演——一个神话的诞生[M]. 乔咪加,译. 北京:中国人民大学出版社,2007:17.

极尽理性化的完美品质:国王应该常常在公众面前展示他的骑术:
'不仅使您的大臣,而且使您的人民都能够了解您神奇的精神力
量。'"①所以,骑士竞技本是一种作战手段和作战方式,经过对竞技
方式和要求修正后,变成了一种具有游戏性的竞技活动,因此,这种
骑士竞技游戏受到欧洲各国民众喜欢,也成为一些重要节日活动的
游戏内容之一。

(二)击剑游戏

早在古罗马时代,击剑就是一种作战方式和竞技手段。剑在战
争中的作用不言而喻,但同时,击剑又是贵族青年必须学习的技能
之一,以展示贵族精神。所以,古罗马人有着悠久的击剑传统。众
人皆知的古罗马竞技中,长剑就是重要的竞技工具。相传早在古罗
马对外扩张伊始,古罗马士兵将战争中俘获的大型动物和战俘及奴
隶带回罗马,并集中起来统一杀死,以鲜血祭祀那些战争中死去的
战友和同胞。久而久之,他们认为这样做费时劳神,于是,就发明了
一种游戏,让战俘和奴隶手持长剑与动物搏杀,并且在专门的场合
进行,让贵族和市民一睹为快。之后,为了追求刺激,在动物被杀完
时,又让战俘和奴隶相互搏杀,并对获胜者进行奖励。后来,这种惨
无人道的竞技活动逐渐形成惯例,在古罗马延续了几百年之久。

到欧洲中世纪,剑仍然是一种战争武器,各国骑士手持长矛或
长剑,横刀立马,威风不已,立下赫赫战功。17 世纪后,随着长枪、火
炮在战争中越来越广泛应用,长矛、长剑等武器逐渐退出战争,骑士
阶层作为骑兵也渐渐淡出战争。但是,历时千年之久养成的骑士精
神即勇敢、忠诚、正义、博爱的精神并没有消失,逐渐演变成为一种
绅士精神。所以,一些贵族子弟和中产阶级为了培养健壮的身体,
塑造绅士精神,继续练习剑术。

在意大利,17 世纪以后逐渐出现了一些剑术训练馆,这些剑术
训练馆并不是为了适应战争而开办的,完全是为了培养绅士精神和

---

① 乔治·维加雷洛.从古老的游戏到体育表演———一个神话的诞生[M].乔咪加,
译.北京:中国人民大学出版社,2007:21.

身体能力。所以,击剑由战争手段演变成为一种竞技方式或游戏方式。正因为如此,剑术在近代意大利的发展水平是世人有目共睹的。在早期的奥运会击剑比赛中,曾出现意大利击剑馆教练参赛的情况,因违反了国际奥委会规定的奥运会只能是业余选手参加的比赛,所以被取消了资格。

击剑在中国的发展过程同样如此,早期的击剑也是一种战争方式,后逐渐演变为一种塑造精神的手段。"击剑在隋唐时更为普遍。当时社会有侠义的风尚,所以佩剑上街更是一种浩气的象征。李白在《与韩荆州书》中曾经说自己'十五好剑术,遍干诸侯'。当时的文人学士中有佩剑、击剑之风,除了以友好气氛比试、对决之外,也盛行个人的剑术表演,称之为'剑器浑脱',据说有民间的'剑器浑脱'和军中的'剑器浑脱'。杜甫开元三年(公元715年)时曾在郾城观看公孙大娘舞剑器,后来又在四川夔州看到她的弟子表演,写下了《观公孙大娘弟子舞剑器行》的名作。另一位书法家张旭也曾观看过公孙大娘舞剑器,并因此受到启发,使狂草书法更加精进。"①不难看出,剑的功能与作用在不同时代、不同社会环境中体现的意义完全不同,这是由时代进步和人类的认识进步所决定的。所以,从战争手段演变为游戏方式,竞技方式并没有改变,而竞技性质则发生了变化。

三、工业时代的游戏

近代欧洲资本主义工业革命是人类历史上的一次伟大变革,社会生活在工业革命的推动下发生巨大变化。工业革命取得了丰硕的物质成果,高楼大厦拔地而起,工业产品进入家庭,使社会民众的生活条件不断改善,生活水平日益提高。正如马克思所说,资产阶级在它不到一百年的阶级统治中所创造的生产力,比过去一切时代创造的生产力还要多,还要大。

社会物质水平的提高不仅改变了人们的生活方式,也推动了人们观念的进步。生产是为了生活,生活就要享受。因此,在工业革

---

① 赵珩.古代的击剑与舞剑[N].北京:光明日报,2011-09-08.

命过程中,一种新的观念——运动与休闲观念产生了。对于资产阶级和普通社会民众来说,虽然运动与休闲的内容不乏各种游戏娱乐活动,但它不同于以往节日和茶余饭后进行的一些游戏活动,而是一种不可或缺的生活方式。所以,运动与休闲观念的产生促进了游戏的发展,其中的一个重要标志就是各种新的游戏内容,即具有工业时代特征的游戏不断出现。

(一)乒乓球游戏

各种球类游戏在古代、近代的任何一个历史时期都存在,不同的是球的质量各异。古代的石球、鞠球,近代的板球、波姆球、滚球等,因不同时代的制作技术水平所限,只能就地取材,进行简单的加工,制作成简单的游戏工具。但是,进入工业时代后情况就有所不同,在工业技术的推动下,各种球包括乒乓球、足球、篮球、排球等应运而生,为游戏活动提供了丰富内容。

乒乓球起源于19世纪的英国,最早的球拍类似于网球拍,球拍是用线穿成的,球台是用桌子拼起来的。它是英国人根据网球游戏的启迪发明的,适于室内进行。所以,最初的名字是"table tennis",即桌子上的网球,以区别于"lawn tennis",即草地网球。当时的"table tennis"不过是"lawn tennis"的浓缩版,除了将草地换成了桌子外,其他如球拍和球都没有变,因此,该游戏引起了很多人的兴趣。后来,又有人将用软木制作的网球换成了橡胶球,其弹性优于网球,所以,玩的人越来越多。

之后,这种"table tennis"又传入美国,美国制造商在1890年前后,发明了一种用赛璐珞材料制成的球,比起以往使用的软木和橡胶球,这种材料制作的球弹性好、重量轻,增加了运动的趣味性。球的质量改变后,不适合使用穿线球拍,所以便产生了用木板制作球拍。这样用木板球拍打赛璐珞球会发出"乒乒乓乓"的声音,因此,"table tennis"又被更名为"乒乓球",一直沿用至今。

乒乓球游戏的出现无疑是近代轻工业发展的结果,没有工业技术发展,就不会有以新型材料赛璐珞制成的球,那么,"table tennis"即使搬到了室内,也不过是"lawn tennis"的翻版,换汤不换药而已。

早期乒乓球游戏中使用的球台是因地制宜由桌子拼凑而成,后来发展到一种全木结构的两个长方形台子,对接起来就构成了球台。现在的乒乓球台则更加多样化,由金属结构的支架加上木板制作的平台构成,这种球台的支架还带有微调装置,能够随时调整球台的水平度。球台简洁又大方,实用又美观。由此可见,社会发展不能脱离以社会技术为标志的物质进步基础,同理,游戏发展亦然。

(二)自行车游戏

自行车是欧洲工业革命中产生的又一件生活用品,发明自行车的初衷是将它作为一种代步工具。18 世纪末,法国人西夫拉克发明了最早的自行车。这辆自行车是木制的,结构比较简单,既没有驱动装置,也没有转向装置。之后,英国、德国又有人不断对自行车进行改进。到 1888 年,带活动车把和链条的自行车开始生产,相比最初的木质自行车,这种自行车要灵活得多,有了金属车架、充气轮胎、特制的轴承、滚珠、刹车等。

但是,自行车价格比较昂贵,因此没有迅速在日常生活中普及。而法国却将自行车引入竞技运动之中,"法国《汽车报》于 1903 年率先组织了第一届环法自行车赛,并负责安排赛事和筹措资金。《汽车报》主编德格朗热原是一位公证书记员,也是自行车比赛记录的保持者。他建议组织一项规模巨大的赛事,目的很简单,就是想借此扩大报纸的销售量,战胜他的对手《自行车报》。环法自行车赛是第一个分阶段进行的比赛,道路崎岖坎坷,赛程长达 2 460 公里,其目的就是为了造成轰动效应。结果,德格朗热的创举获得了巨大成功。比赛吸引了公众,报纸的发行量在几天之内增长了三倍,从 2 万份增加到 6 万份,而《自行车报》则失去了大量读者。随后《汽车报》的发行量继续翻番,在早期的环法自行车赛期间,每次赛后,《汽车报》的发行量便会增加。"①虽然《汽车报》主编筹办环法自行车赛事的初衷只是为该报制造广告效应,但不料想,自行车比赛不仅满足

---

① 乔治·维加雷洛.从古老的游戏到体育表演——一个神话的诞生[M].乔咪加,译.北京:中国人民大学出版社,2007:106 - 107.

了社会民众的娱乐需求，又为奥运会比赛增加了新的项目。而且，自20世纪初举办环法自行车赛事以来，这项赛事已经固定化，每年举行一次，一直延续至今，成为一项具有世界影响的自行车运动。

不仅如此，20世纪后，随着各国轻工业的不断发展，自行车价格逐渐降低，成为各国民众便利的交通工具，同时，各种类型、不同功能的自行车出现，为青少年及儿童提供了游戏娱乐工具。所以，自行车作为工业革命的成果不仅满足了社会民众的交通工具需要，而且满足了竞技运动以及儿童玩耍的需要，成为工业革命为人类社会贡献的又一产品。

第三节　最伟大的游戏——体育运动

近代欧洲工业革命在人类历史上留下了不可磨灭的印记，不仅使社会经济发生了飞跃式发展，而且使社会文化产生了巨大变革。在物质进步的基础上人们的观念和生活方式不断变化，休闲娱乐的需求日益增加，因此，各种游戏娱乐活动如雨后春笋般纷纷出现，使社会生活变得丰富多彩。在各类游戏产生过程中，体育运动的诞生成为19世纪的标志性事件之一永久载入史册。

体育运动是游戏吗？毫无疑问，体育运动首先是一种游戏，但又不仅仅是游戏，它还是人类共同追求的一项事业，即人类挑战自我、战胜自我的一种身体和精神追求。所以，体育运动诞生以后，由小到大，由弱到强，已经普及到世界各国、各民族，成为人类共同的运动，共同的游戏。

一、体育与运动

体育是什么？运动以及体育运动又是什么？体育与运动是同一种概念吗？长期以来，我国很多人尤其是从事体育理论研究的人对体育与运动的定义认识有误以及对英语中的"physical education"与"sport，sports"运用不当，造成了社会民众体育与运动不分、体育一词与运动一词混用的现象，导致人们对体育与运动的认识不可避免地产生了误区。因此，我们有必要重新认识体育与运动。

体育是欧洲近代(15世纪)教育过程中产生的旨在促进身体发育、保持身心健康和塑造精神,培养全面发展的人的一种教育思想和手段。而运动与体育运动是欧洲近代(19世纪)产生的一种具有游戏性、娱乐性、休闲性和竞技性的身体运动方式,它一部分是由古老的游戏活动和竞技活动演变而来,一部分是由新发明的新式身体运动所构成。

(一)体育是游戏吗?

　　体育不是游戏,体育是一种教育思想和手段。但是,在进行体育教育的过程中可以将游戏和各种竞技活动作为体育的内容。

　　体育思想或者说体育教育思想出现在欧洲的中世纪晚期。公元1400年,意大利教育学家韦尔杰里奥(又译韦杰里乌斯)发表了《高尚性格与自由学科》一书,首次提出教育的目的在于养成"知识、道德、身体三方面调和发达的人",即教育的目的是培养"德智体"全面发展的人。韦尔杰里奥提出:"在道德方面,戒儿童说谎、排斥肉体的感觉、节饮食、慎睡眠、破除迷信、重视礼仪等;在智育方面,主张养成高尚优美的言语技能,授以自由科,其他如诗学、图画、物理、医学、法学等,均认为有学习之价值;在体育方面(即在身体方面,因为当时'physical education'一词尚未出现),则用竞争、角力、打拳、弓术、骑马、跳跃等为锻炼身体的手段,游戏亦被认为大有价值。"[①]这一教育思想提出后,即应用于教育中。1424年,意大利教育家维多里诺在孟都亚受聘开办了"怡悦的家庭"(又译"快乐之家")学校,实践这一教育思想。

　　1.古希腊时代有体育吗?

　　在我国,自清末民初以来,不仅体育院系的教科书一直认为,古代即已经有体育或体育运动,而且教育科系的教科书中也认为古希腊时代就已经出现了德智体全面发展的教育思想,实际上这是一种谬误。

　　在古希腊的学校中,的确有跑步、跳跃、游泳、击剑、摔跤等身体和技能练习,但它只是一种军事训练手段,是为培养和造就合格军

---

　　①　雷通群.西洋教育通史:上[M].福州:福建教育出版社,2011:128.

人而进行的身体训练。"斯巴达是古希腊历史上数一数二的城邦，今天只是一个不足 5 000 人的小村镇，然而在公元前 5 世纪的时候，它却是扼守伯罗奔尼撒半岛要冲、横跨 6 大部落、人口近 10 万的大城市。在整个历史时期，真正的斯巴达人只意味着战士。虽然斯巴达是典型的农业城邦，斯巴达人基本上都保留着传承下来的土地，但传统和习惯禁止他们耕种，'劳动'是可耻的深深植根于他们的思想中，'战争'是真正斯巴达人的唯一合理选择。"①所以，这种观念使斯巴达成为了一个纯粹的军事城邦。

斯巴达身体训练的指导思想是基于人类生产和生活经验以及战争经验，与教育中的促进学生身体发育，使之健康成长的理念不可同日而语。正如雷通群评价古希腊教育时所说："在古希腊，单就一般的市民教育而言，仅课以体操、音乐及简单的'主智'的学科，至高等教育一段，则有文法、修辞、哲学乃至几何、天文等。及至希腊末期，则有所谓'三学'（Trivium，即指文法、修辞、伦理三主要学科）、'四科'（Quadrivium，即算术、几何、天文、音乐）、'七艺'（Seven Liberal Arts，即文法、修辞、伦理、音乐、算术、几何、天文）等名称，交迭流行。统计希腊时代，实可认为未有严密意义的教育学说出现。真正的教育技术，亦未出现。"②由此可见，古希腊教育中的游戏与竞技活动只是一种应对战争的手段，对身体训练非常有益，但并不成为一种全面发展的教育思想和学说。

在古希腊，尤其是斯巴达教育中，培养忠勇合格的军人是唯一的教育目的，这与德智体全面发展的教育思想具有完全不同的性质。柏拉图在他的《理想国》一书中说："几何学它在军事上有用是很明显的。因为，事关安营扎寨，划分地段，以及作战和行军排列纵队、横队以及其他各种队形，指挥官有没有学过几何学是大不一样的。不过，为了满足军事方面的需要，一小部分几何学和算术知识

---

① 柏拉图，尼采，弗洛伊德. 经典十讲［M］. 苏龙，编译. 北京：中国言实出版社，2004：109 - 110.

② 雷通群. 西洋教育史［M］. 北京：东方出版社，2007：41.

也就够了。"①所以,古希腊的教育究竟是一种全面发展的教育还是一种军事目的的教育一目了然。

2. 体育是近代教育发展的产物

在15、16世纪早期,一些资产阶级教育家、思想家提出的教育思想反映出人文主义思想的人本观念。教育中的人本观念首先就是要注重人的个性及其发展,这样才能培养出适应资产阶级需要的人才。这一时期在教育中注重学生的身体训练,身体训练的目的是培养骑士精神适应战争需要。训练内容包括骑马、射箭、击剑、角力、游泳及各种游戏等。不过,这种注重人本观念的教育思想为全面发展的教育思想奠定了基础。

17世纪,捷克教育家夸美纽斯提出,教育的终极目的是为永生做准备,教育的直接目的是为现实的人生服务。夸美纽斯的这一教育思想相比以往诸多教育家的教育思想有了质的飞跃,显示出伟大教育家的高瞻远瞩。夸美纽斯在他的《大教学论》中又提出了客观自然主义的教学原则,即从适应自然秩序的原理和感觉论出发,提出了直观性、彻底性、自觉积极性、系统性、循序渐进和量力性等一系列教学原则。这些教学原则理论不仅在当时影响很大,而且直到今天仍然是各国教育中遵循的原则。

在身体教育方面,夸美纽斯指出:"承认身体的价值,而注意于其发育。彼说明身体不可不养护之理由,谓其为精神之寓所也。例如,脑髓有病,则思想为之'窒碍',肢体柔弱时,则精神亦柔弱,是二者密切相关也。然则养护之道如何?①饮食之选择,②饮食之节制,③关于作业与休息,须充分加以注意及考虑。"②所以,夸美纽斯认为,从婴儿开始就要注意身体健康,建立合理的生活方式,养成良好的生活习惯。同时,要保证幼儿生活有规律,情绪愉快;要给儿童充分活动、游戏的机会,利用玩具、音乐、看图画等促使他们活泼健康地成长,因为游戏可以使儿童自寻其乐,并可以锻炼身体的健康、精神的活泼和各种肢体的敏捷。他说:"只工作,不玩耍,聪明的孩

① 柏拉图. 理想国[M]. 张斌和,等,译. 北京:商务印书馆,2007:253.
② 雷通群. 西洋教育史[M]. 北京:东方出版社,2007:188.

子也变傻。"①因此,夸美纽斯的《大教学论》一书的出版,不仅标志着体育教育思想的确立,而且标志着教育学作为一门学科由此诞生。

(二)运动是游戏吗?

运动以及体育运动是游戏吗?当然是。不过,运动与体育运动是游戏并不等于所有不同时代的游戏都是运动与体育运动。这里的逻辑关系不容混淆。而在我国体育史中,很长时间以来一直认为,体育教育的内容不过是一些游戏活动和竞技活动,所以,就将古老的游戏活动和一切竞技活动统统视为运动与体育运动,因此才产生了所谓的古代体育史和古代体育说,甚至有学者孜孜不倦地研究古代体育断代史。其实,这是混淆概念、偷梁换柱,从本质上说是对体育与运动的概念认识不清。

1.运动与体育运动的文化性

运动与体育运动以及游戏活动同属人类文化的范畴,但是,文化作为一种社会现象,其产生是以一定的社会发展水平为基础的。也就是说,在社会生产力水平还没有发展到一定程度时,相应的文化观念不可能产生,相应的社会活动也不可能出现,这是唯物辩证法认识论的基本规律。

弓箭文化的确是在旧石器时代的原始社会中产生,但是,当时的弓箭只是一种生存工具和游戏工具,标志着人类的工具文化产生和游戏文化出现,除此之外,弓箭没有任何其他意义。正如司马云杰在《文化价值论》中所说:"原始人创造一种文化,如石刀、矛头、鱼钩、弓箭等,只是为了饱腹,才进行采集、渔猎等经济活动,才产生出各种情感和意趣。这种原始的心理,主要产生于生存的需要,产生于满足生存需要的追求,带有浓厚的生物学色彩。他们创造了这些文化,并不对是否合理进行价值反思,而是为了生存的目的急急忙忙地向自然界生杀掠夺,只是在这一点上,他们才感觉到这些文化

① 乔伊·帕尔默.教育究竟是什么?——100位思想家论教育[M].任钟印,等,译.北京:北京大学出版社,2008:57.

对自己生存的价值和意义。"①

所以,原始社会虽然产生了弓箭,但不过是为了生存,在那之后,随着人类认识水平的提高,它又成为一种游戏方式。但是,此时作为游戏方式的射箭,与运动和体育运动没有丝毫联系。作为文化标志的文字尚未产生,人类何以就有了运动与体育运动的观念?

2. 运动与体育运动的时代性

文化的产生总是与一定的社会发展水平相联系的。美国文化史与思想史权威刘易斯·芒福德说:"人类的各种文明都不是孤立的体系。现代文明,如果没有从历史上各种文明以及现在还在不断发展的周围文明中大量吸取养分,是不可能发展出自己特有思维方式,也不可能发明现代的技术设备的。"②文化的产生亦是同理,前一时代文化是后一时代文化的基础,没有前一时代的文化就不可能产生出更进步的文化或更高级的文化。运动与体育运动文化的产生正是在游戏文化的基础上演变而来。正如芒福德所说:"新式体育项目的发明以及游戏转变为体育运动是 19 世纪的两大明显特征。棒球是前者的一个例子,网球和高尔夫转变为观赏性锦标赛是后者的例子。体育(运动)不像游戏,它甚至以极抽象的方式存在于我们的机器文明中。"③所以,运动与体育运动的产生有着鲜明的时代性,石器时代和农耕时代不可能产生运动与体育运动。

运动与体育运动是资本主义时代大工业生产的产物,大工业生产方式首先为社会生活提供了丰富的物质产品,满足了生产者及社会民众的基本生活需要,使人们有了更多的闲暇时间参与运动与体育运动。其次,生活水平的不断提高使人们的观念发生了变化,休闲享乐不再是一种可有可无的需求,而是成为一种生活方式。因此,在 19 世纪的英国出现了一种新的游戏方式,即户外运动。户外运动的产生不仅为社会民众提供了一种休闲游戏方式,又为体育运

① 司马云杰. 文化价值论——关于文化建构价值意识的学说[M]. 合肥:安徽教育出版社,2011:59 - 60.

② 刘易斯·芒福德. 技术与文明[M]. 陈允明,等,译. 北京:中国建筑工业出版社,2009:99.

③ 刘易斯·芒福德. 技术与文明[M]. 北京:中国建筑工业出版社,2009:267.

动的诞生创造了条件。

二、古希腊奥林匹克竞技会是古代体育运动吗？

长期以来，无论是我国的体育院系教科书还是其他各类书籍，无不将古希腊奥林匹克竞技会视为古代体育运动，其实，这不能不说是一种遗憾。古希腊奥林匹克竞技会根本就不是体育运动，它是古希腊人的一种宗教竞技活动。古希腊人为什么以竞技方式进行宗教活动？这是由古希腊人的宗教思想和宗教观念所决定的。

（一）古希腊竞技会的宗教理念

在古希腊人的观念中，神人同一、神人合一，神不过是放大了的人，人只要勇敢、忠诚，死后就会变成神。在这种观念的支配下，古希腊人在连续不断的战争中，无所畏惧、勇敢作战。对于战争中死去的人，古希腊人也以他们独特的方式悼念。

一种观点认为，这是一种为了"安抚坟墓里死者的灵魂"而举行的竞技比赛。这种理论认为，竞技比赛源于人们在头领的坟墓周围举行的某种竞技活动，"因为死去的武士希望后人能够记住他们，假如受到冷落，他们会给后人带来灾难"①。因此，后人为了纪念这些武士就在他们的墓地旁举行各种竞技活动。

"现代犹希迈罗斯主义②者认为，戏剧和竞技会一样都是源于葬礼。换句话说，只要我们发现英雄崇拜及其仪式多多少少跟纪念'英雄'有关，我们都应该认为英雄崇拜及其仪式源于一些纪念性的仪式，而这些仪式又始于历史上某个或某些人的葬礼；人们就是在这些人的坟墓（或至少是衣冠冢）周围举行这些仪式的。"③因此，公

---

① 简·艾伦·赫丽生. 古希腊宗教的社会起源[M]. 谢世坚，译. 桂林：广西师范大学出版社，2004：207.

② 一种理论认为，神话是从真实历史事件演变而来。根据这一理论，古代讲故事的人反复述说一段历史，年深日久，故事中的人物被神格化。希腊神话学家犹希迈罗斯是持这一理论的最有名的人，此类思想也被称为"犹希迈罗斯主义"。

③ 简·艾伦·赫丽生. 古希腊宗教的社会起源[M]. 谢世坚，译. 桂林：广西师范大学出版社，2004：209.

元前 776 年,古希腊人首次在位于伯罗奔尼撒半岛西北部的奥林匹亚举行了一次盛大的竞技运动会,据说是希腊大力士英雄赫拉克利斯为祭祀宙斯而创办的,古希腊奥林匹克竞技会由此诞生。

(二)古希腊竞技会的意义和作用

希腊人的宗教观既体现了一种理性主义的人生观,又表现出一种现实主义的价值观。希腊人的理性精神表现在他们客观冷静地对待人生中的一场场悲剧,不管命运让他们承受多大的不幸,他们都敢于抗争,殊死搏斗。在对生命执着不休的追求中,人格力量得以提升,人的精神境界得以升华,人的价值得以充分体现。所以,古希腊的宗教祭祀活动不同于其他国家和民族的宗教祭祀,不是以祈祷或烧香、磕头的方式进行的,而是以竞技方式开展的,以这种方式为现实生活中的人们树立榜样,激励他们成为勇敢的人,成为英雄。

同时,古希腊竞技会集人类的各种游戏活动和竞技活动及古代作战方式于一体,能够在专门的时间、专门的地点、采用专门的形式进行周而复始的比赛。这种形式在世界其他国家或民族是极其罕见的,显示出了古希腊人的智慧,也是古代奥林匹克竞技会的伟大之处。因此,古代奥林匹克竞技会获得了公认与赞美。在 19 世纪,欧洲一些知识分子为培养具有高尚精神和健康体魄的青少年,极力倡导举办复兴古希腊奥林匹克竞技会,继承古希腊人的精神并借鉴古希腊奥林匹克竞技会的形式,现代奥林匹克运动即运动与体育运动由此诞生。

三、体育运动诞生

运动与体育运动的产生是 19 世纪的一项伟大创举。从性质上说,运动与体育运动是由部分游戏活动和新发明的运动项目所构成的,仍是一种具有游戏性的身体活动。但是,这种游戏活动在游戏方式、游戏范围和游戏制度等方面超越了以往的各种游戏活动,成为一种崭新的游戏,成为人类共同的游戏,同时又成为人类社会中的一项伟大的事业,这是以前所有时代的游戏不可比拟的。

(一)游戏演变为运动与体育运动的基础

运动的概念不是从来就有的,虽然从身体活动方式上说,运动与游戏都是通过一定的身体活动完成的,但运动与游戏各自的意义不同。"'sport'是英文单词,1828 年以'disport'的形式首次出现,法国人将他转变为'desport',意为带来各种娱乐,最后英国人将它一分为二取'sport'一词。今天,在整个西方世界,人们以'sport'一词统称能带来娱乐、轻松、欢快的身体活动。只要这种身体活动符合某些书面规则,便没有任何人研究它究竟是什么,是什么方式实施和完成娱乐的。"①而"sports"是指具有比赛意义或分出胜负的运动,后又被译为体育运动。由此可以看出,作为符号标志的运动一词是19 世纪才出现的,而游戏"play""game"等早在古代就已经存在。

1.运动的产生是生活方式变化的结果

运动与体育运动作为一种生活观念和生活方式是欧洲资本主义工业革命的产物,资本主义生产方式改变了以往自给自足的农耕生活方式,使社会物质产品不断丰富,生活需要不断得到满足,因此,人们有了更多的闲暇时间,有了自我享乐和自我发展的条件。

在欧洲工业革命期间,生活观念变化首先出现在资产阶级企业主阶层,资本积累的过程中,他们的生活方式发生了很大变化。"在这里,我们发现个人对生活艺术的最高要求,唯有精英能够用游戏的艺术生活来达到这样的要求。然而,并非人人能够效法英雄和圣贤,用英雄色彩和田园色彩描绘生活是昂贵的消费,而且通常只能够事倍而功半。追溯本源,在社会本身的形式里努力去实现美的梦想,这样的追求带有贵族生活的性质。"②所以,资产阶级企业主以及企业中管理阶层的人开始寻求各种各样的休闲方式,户外运动由此产生。而一般市民阶层的生活水平也逐渐发生改变。

① 赛莫斯·古里奥尼斯.原生态的奥林匹克运动[M].沈健,译.上海:上海人民出版社,2008:35.

② 约翰·赫伊津哈.中世纪的秋天——14 世纪和 15 世纪法国与荷兰的生活、思想与艺术[M].何道宽,译.桂林:广西师范大学出版社,2008:35.

在英国,"对于一般工人家庭来说,19世纪40年代的资料显示,工人们购买的食品限于面包、干酪、黄油、糖、茶、盐和马铃薯等,少量的咸肉或其他肉类仅用作调剂口味,尚未被大量使用。如果工人无暇做饭,他们可以在街上买到现成食品。货摊和流动商贩出售咖啡、柠檬水、啤酒、薯片和薯条、豌豆汤、三明治、肉饼、盐渍鳗鱼、熏鲱鱼、水果馅饼、姜饼,以及橙子、柠檬、菠萝等奢侈的待客食品。当然,在货摊前常常可以见到工人捏着瘪瘪的钱袋犹豫不决的情景。……19世纪80年代的调查显示,工人家庭的日常饮食中增加了果酱、人造黄油、蛋类、牛奶、咖啡和可可等种类,并且开始消费鱼罐头、沙丁鱼罐头和更多的黄油和干酪"[①]。从城市工人的饮食情况就可以判断出当时的英国民众最起码是处于一种衣食无忧的状态,这种生活状态为从事运动与体育运动建立了基础。

2. 运动的产生是体育(教育)的需要

体育(教育)思想自15世纪初提出后,就一直成为教育过程中不可或缺的内容。在运动与体育运动产生之前,体育(教育)中一直引入各种游戏活动和竞技活动作为教育的内容。应当承认,各种游戏活动和竞技活动在运动与体育运动诞生之前,的确为促进学生身体发育和成长、培养学生勇敢坚毅的意志品质起到了重要作用,但是,各种竞技活动尤其是作为战争方式的骑马、射箭、摔跤等活动不仅没有统一的规则和要求,而且旨在培养学生的战争技能,存有极大的时代局限性,与"教育的终极目的是为永生做准备;教育的直接目的是为现实的人生服务"的观点不相适应。因此,体育(教育)需要一种既轻松快乐又强健身体的身体活动方式,而19世纪英国兴起的户外运动首先成为学校体育(教育)的内容,并得到各国教育家的广泛认同。

1883年,顾拜旦穿越英吉利海峡,前往英国进行学生体育运动的实地考察。"顾拜旦的考察从中学开始,因为他认为中学时期是塑造一个人的关键时期,对人的一生都有着重要影响。顾拜旦先后考察了英国最具声望的三所私立贵族中学:哈罗公学、伊顿公学、威

---

① 陈宇.维多利亚时代英国人的日常生活[J].世界文化,2005,8:38.

灵顿公学。在这些学校里顾拜旦看到了宽阔的体育场,各种运动同时开展,互不影响;顾拜旦还看到学生宿舍和餐厅张贴着各种赛事的海报,招募参赛或者啦啦队;顾拜旦看到这里的教师一个个精力旺盛,走路昂首挺胸,学生们洋溢着青春的活力,充满快乐和自信。"①所以,顾拜旦深受感动,决心将英国的学校体育(教育)传到法国,传到全世界。后来,顾拜旦不仅成为法国体育运动的倡导人,又成为国际奥林匹克运动的创始人之一。

(二)运动与体育运动的作用和意义

在社会生活中,运动与体育运动具有多方面的作用与意义,不同领域、不同需要决定了运动与体育运动的适用性。

1. 运动作为游戏在生活中的作用

运动与体育运动的游戏性质在儿童、少年活动中表现得尤为明显,孩子经常相互追逐、跑跑跳跳,这种活动形式是所有人都经历过的最初的游戏活动。户外活动能够使小孩呼吸新鲜空气并产生一定的身体活动量,促进孩子成长。

孩子逐渐长大,玩的内容渐渐增多,有跑步、拍球、踢球等活动,这些活动虽然属于运动与体育运动项目内容,但很少有人说孩子在从事运动与体育运动,不过用一句"孩子在玩儿"就概括了,因为小孩子进行这些运动时,并没有严格的规则概念,甚至更谈不上运动技术水平,所以,运动也是一种玩的方式。运动就是游戏,游戏也是运动。很难界定运动与游戏有什么区别。因此,运动作为游戏是所有儿童、少年成长过程中必然经历的一种身体活动,对于他们的成长发育有着积极的促进作用。

2. 运动作为内容在教育中的作用

运动与体育运动产生后,即成为学校体育(教育)的内容。由于小学生身体机能发育尚不成熟,身体能力较弱,所以,小学体育课的内容仍以游戏为主,即以运动项目作为体育内容。在运动要求方面也不严格,目的不是提高运动水平,而是发展身体,促进学生发育和

---

① 皮埃尔·德·顾拜旦.奥林匹克宣言[M].北京:人民出版社,2008:89.

成长。

但是,随着学生年龄增长,体育教育的要求也逐渐提高,除了促进学生身体发育,使之健康成长之外,更注重培养学生的意志品质和团队精神。顾拜旦指出:"对精神的塑造、意志的培养、品格的熏陶,如果没有体育运动这条重要途径,一定是不完整的,不健全的。文艺复兴和启蒙运动的大师们早已告诉我们,健全的思想寓于健全的身体,灵魂与肉体应当是统一、和谐的,怎么能够设想一个学识丰富、目光远大的思想者,却是一个病魔缠身的人呢? 虽然这样的人并不少见,但那是有理智的人应该竭力避免的,绝不是值得仿效的榜样……"①因此,通过运动与体育运动强身健体、塑造精神是体育(教育)永远的追求目标。

3.运动作为事业在社会中的作用

运动与体育运动不仅是生活中的游戏、教育中的内容,还是社会中的一项事业。在运动与体育运动产生之前,没有任何一种游戏活动能够成为一项人类共同的追求,只有运动与体育运动成为人类共同的追求和共同事业。

正如《奥林匹克宪章》所说:奥林匹克精神就是相互了解的、友谊、团结和公平竞争的精神。奥林匹克精神对奥林匹克运动具有特别重要的指导作用,没有奥林匹克精神,奥林匹克主义就不可能得到贯彻,奥林匹克运动也无法实现其促进世界和平和建立美好世界的目标。

在奥林匹克精神所强调的友谊、团结和互相了解基础之上,人们才有可能摆脱各自的文化带来的种种偏见,在不同文化的展示中看到的不再是各种文化间的差异、矛盾和冲突,而是人类文化千姿百态的壮丽图景。有了这种精神境界,人们才能跳出各自狭隘的民族局限,以世界公民的博大胸怀,去认识和理解自己民族以外的事物,领悟到各个民族都有着的神奇的想象力和巨大的创造力,学会尊重其他民族,学会以比较客观和公正的态度去看待别人和自己。只有这样,奥林匹克运动所提倡的国际交流才能真正得以

① 皮埃尔·德·顾拜旦.奥林匹克宣言[M].北京:人民出版社,2008:87-88.

实现。

4.运动与体育运动的意义

当今时代,运动与体育运动已经遍及世界各国、各民族,成为社会生活中的一项重要内容。可以这样认为,绝大多数人即使没有条件和机会参与运动,也至少可以通过媒介传播接触和了解运动与体育运动的信息。所以,运动与体育运动的影响力不言而喻。运动与体育运动的意义在不同领域、不同层面的体现程度各不相同。具体来说,可以简单分为三个方面。

(1)教育的意义。运动与体育运动首先是在体育(教育)思想的指导下,于教育实践中产生的。早期的体育教育虽然只是运用游戏和竞技活动实现体育(教育)的目的,但这种教育方式对促进学生身体发育和健康成长起到了积极作用。因此,运动与体育运动产生后又使体育(教育)内容进一步丰富和规范,为体育(教育)发展提供了更丰富的内容和更广阔的空间。

体育(教育)是一项育人工程,早在17世纪,英国教育家洛克在《关于教育思想》一文中指出:"对于人世幸福状态的一种简洁而充分的描绘是:健康的精神寓于健康的身体。凡是二者都具备之人就不必再有其他的奢望了。……我们日常所见到的人中,他们是行为端庄或品质邪恶,是有用或无能,十分之九都是由他们的教育所决定的。人与人之所以千差万别,均仰仗教育之功。我们童稚时所得到的印象,哪怕极其微小,乃至无法察觉,都有极重大、极久远的影响。"[1]这一思想得到了各国教育家的广泛认同,促进了各国体育(教育)发展,直至今天,体育(教育)发展仍方兴未艾。

(2)生活的意义。运动与体育运动诞生之初,虽然许多国际体育运动先驱都有一个美好的愿望,即通过发展体育运动为社会大众提供一种锻炼身体、相互交往、增加友谊的手段和方式,但由于各国经济发展的不平衡,运动与体育运动的发展不尽如人意。

第二次世界大战结束后,各国政府在恢复和重建家园的过程

---

① 乔伊·帕尔默.教育究竟是什么?——100位思想家论教育[M].任钟印,等,译.北京:北京大学出版社,2008:60.

中,对因战争造成的国民体质下降状况深感忧虑,于是,欧洲各国政府积极倡导发展大众体育运动,以适应国家建设需要。这使得运动与体育运动进入迅速发展时期。运动与体育运动由此成为欧洲各国的一项国家事业。这一观念逐渐为世界各国政府和公众接受。

大众体育运动发展不仅提高了国民体质水平,促进了竞技体育运动发展,而且和谐了社会关系。世界各国、各民族为什么鼓励民众参与体育运动?除了促进身体健康的理由之外,更在于形成一种和谐的社会氛围,使人们处于一种其乐融融的环境中,享受运动的快乐。

(3)自我挑战的意义。对于一般社会大众而言,体育运动就是一种休闲生活方式,人们通过参与体育运动获得身心的愉悦,同时,也能够达到锻炼身体的目的。但是,对于竞技运动员而言,参与体育运动的目的不只如此,他们有更高的目标追求,也就是挑战人类的运动极限,证明和展示人类的能力。所以,更快、更高、更强成为所有竞技者的奋斗目标和终极追求。

从社会和人生的层面来说,更快、更高、更强的体育运动格言同样适用于任何领域的人生追求,只是追求的目标和任务不同而已。从普遍意义上说,生活中的每一个人都有自己的追求,这种追求常常是一个螺旋形的上升过程,就如同马斯洛的心理需求层次说所揭示的那样,是一个由低到高的不断上升的过程。而在这一过程中,更快、更高、更强的精神同样适用。所以,我们看到体育运动的竞技成绩从早期较低的水平不断攀升。许多运动项目纪录曾被认为是运动的极限,但运动员经过几年的奋斗,新的纪录还会产生。这种永无止境的自我挑战精神正是人类进步的真正动力。

第四节　近代游戏的文化特征

随着人类社会步入近代,欧洲社会发生了一系列变化。中世纪晚期,资本主义商品经济的萌芽首先在意大利产生,一个具有先进思想的资产阶级知识分子群体逐渐形成。他们追求自由、思想解放,对欧洲中世纪封建教会的黑暗统治深恶痛绝。因此,他们发起

了一场伟大的思想解放运动,即"文艺复兴"运动,由此揭开了欧洲近代史的序幕。

"文艺复兴"运动在欧洲社会中产生了巨大影响,人本主义思想广泛传播,打破了封建教会思想的禁锢,使欧洲各国在文学、艺术、哲学、教育以及科学、技术等方面取得了巨大成就。作为社会生活和社会文化内容的游戏活动同样有了很大发展。享受生活,享受游戏,逐渐成为一种为大众所接受的生活观念。这不仅推动了游戏进步,也使游戏文化发展具有了新的特征。

一、游戏在教育的推动下传承

游戏离不开生活。游戏以生活为基础,游戏只有满足人们的生活需要,才能在社会中赖以生存。这是游戏发展和传播的基本规律。所以,生活需要决定了人类的游戏能够生生不息、代代相传。在欧洲,随着学校教育的发展,一种新的教育思想,即德智体全面发展的教育思想得以产生,不仅为教育发展确立了方向,也为游戏发展和传承开辟了新的道路。

德智体全面发展的教育思想提出后,体育运动尚未产生,那么,以什么内容和方式进行体育教育呢? 为此,资产阶级教育家将各种游戏和竞技活动引入教育过程。例如:在低龄儿童中开展跑步、跳跃、捉迷藏、跳绳等活动,既为学生增添活动的乐趣,又促进他们的身体发育,使之健康成长;为高年级学生增加骑马、剑术、格斗等活动,旨在让他们学习作战本领,以适应战争需要,同时培养了学生顽强的意志品质并增强学生体质。所以,教育实践证明,进行体育教育无论是对于个人成长,还是对培养合格人才都具有重要意义。因此,教育的需要使游戏和竞技活动在教育中的地位和作用得以提升,为其发展与传播奠定了基础。

游戏和竞技活动成为教育内容并在学校中传播,改变了以往传播形式的生活化状态,使游戏和竞技活动在社会中的传承方式又多了一种渠道,而且,这一传播渠道具有相对的固定性,即受教育制度规范,这使游戏和竞技活动的传承效果大大增强。

以往的社会传播中,各种游戏和竞技活动充满了赌博因素,使其在一定程度上被污名化,但是,这种现象的发生在学校体育教育中被避免。利用游戏和竞技活动进行体育教育既能够培养学生的身体素质和技能,又能够促进学生养成优良的道德品质,使游戏和竞技活动的纯粹性在教育过程中不断被强化。

所以,从体育教育思想提出后到19世纪末的近500年时间里,各种游戏和竞技活动始终成为学校体育教育不可或缺的内容,不仅推动了学校体育教育的发展,也为游戏的发展与传承起到了重要的促进作用。

二、游戏在社会进步中演变

游戏与竞技活动的发展过程是不断演变和进步的过程,这既表现在游戏方式的不断变化上,又表现在游戏意义的不断更新上。各种游戏和竞技活动之所以从古至今能够薪火相传,一个重要的原因就在于游戏和竞技活动有益于生活,有益于人的发展。因此,恶俗的游戏逐渐被淘汰,高尚的游戏不断被传承,形成了游戏和竞技活动的良性循环,推动了游戏和竞技活动的发展。

游戏和竞技活动的演变过程是与一定社会发展状态相适应的,与人们的社会观念相联系的。也就是说,一些游戏与竞技活动本身属于中性事物,无所谓好坏,在不同意识观念的作用下,游戏和竞技活动的效果不尽相同。欧洲中世纪晚期,骑士竞技演变为游戏竞技的过程就是如此。骑士竞技原本是一种战争方式,骑士为了适应战争的需要进行训练和比武无可厚非,但是,在比武中以近乎实战的方式相互残杀则有违人性。所以,这种延续了近千年的骑士比武大会在中世纪晚期遭到了欧洲各国民众的强烈反对,各国国王不得不颁布法令,禁止这种实战方式的骑士比武大会。之后,骑士竞技逐渐成为一种游戏性很强的竞技活动,内容包括"跑马刺环"和"长矛击靶"等。这是文艺复兴运动中资产阶级人本主义思想广泛传播的结果。人本主义思想强调人权至上、人性至上,每一个人的生命和人格都应受到尊重。而草菅人命的骑士比武大会不仅践踏了生命,又视人的尊严而不顾,必然受到社会民众的批判和唾弃。

由此可见,游戏和竞技活动的发展总是受到不同社会思想观念

的影响和制约,有益的游戏和竞技活动被传承发扬,无益的游戏和竞技活动被改进修正,从而使各种游戏和竞技活动随着社会的发展而发展,随着社会的进步而进步。

三、机器文化推动了游戏的发展

所谓机器文化,是指近代产生的资本主义大工业生产方式以及在这种生产方式影响下产生的生活方式和生活观念的新形态和新变化。资本主义生产方式不同于以往任何一个时代的生产方式,其重要特征之一就是生产过程的规模化和机器化。在生产过程中,要求所有工人遵守统一的秩序和规则,相互协作,步调一致,以适应机器化生产的需要。这种制度化要求改变了以往农耕生产方式的自由散漫状态,使生产效率大大提高。

同时,资本主义生产方式不仅为社会提供了越来越丰富的物质产品,又为社会民众提供了日常所需的各种食品和生活用品,既满足了人们的生活需要,又改变了人们的生活方式,生产之余的闲暇时间相对增多,个人自由发展空间增大。这样,作为闲暇生活内容之一的游戏和竞技活动成为许多人的消遣方式。

当然,这种消遣方式的普及是一个缓慢的过程。在资本主义大机器生产早期,大批的中小企业主首先成为有钱有闲一族,他们渴望社会贵族的生活方式,渴望享受美好的生活。所以,在进入富人阶层之后,他们开始模仿贵族生活模式,建豪华的房子,买华丽的马车,进出剧院看歌剧、听音乐,甚至在游戏和竞技活动方面也不甘落后,他们乐于打牌、钓鱼、击剑、拳击等,培养自己的绅士风度。在他们的影响下,许多城市中产阶级一族也逐渐改变了生活观念,在业余时间开始从事各种有趣的活动,包括游戏和竞技活动。因此,一股游戏享乐之风在欧洲各国相继出现。游戏和竞技活动不再是一种单纯的玩乐,而成为一种阶层划分的方式。

当然,对于广大的普通市民而言,虽然生活水平不断改善,但劳作之苦使他们没有更多精力享受业余生活,不过,茶余饭后的传统游戏也是他们调剂生活的一种方式。

在这种社会背景下,游戏和竞技活动有了更大的发展空间,逐渐成为社会生活的一部分,这促进了游戏和竞技活动的发展。而这其中的重要动力之一就是机器文化的效应。

四、体育运动是机器文化的产物

运动与体育运动是近代产生的一项伟大的游戏与竞技活动。在近代社会中,机器文化不仅推动了各种传统游戏和竞技活动的发展,又促进了各种新游戏、新竞技活动的产生,运动与体育运动就是其中之一。

运动与体育运动的产生经历了一个漫长的发展过程。在资本主义大机器生产之初,只有少数贵族阶层、企业主阶层和城市中产阶级一族热衷于业余休闲生活。到了19世纪,这一状况发生了变化。许多产业工人和城市市民随着生活水平的提高和工作之余时间不断增多,生活方式渐渐发生了改变,为参与游戏和运动提供了条件。运动作为体育课的内容首先在英国出现,成为体育教育方式的一种补充。在英国,低龄儿童课余时间在老师的带领下走到郊外的山野、草坪上,一起唱歌、做游戏和进行各种形式的玩耍,既锻炼了身体,又享受了大自然的风光。这种游戏方式逐渐被广大市民所接受,每逢周末,一家人一起到郊外活动,体验休闲快乐,感受家庭温暖。这种活动后来逐渐成为人们习惯性的休闲方式,产生了英国独特的生活方式,即户外运动,为运动与体育运动的产生奠定了基础。正如体育运动的先驱顾拜旦所说,英国的户外运动久负盛名,与德国体操、瑞典体操并列成为体育运动诞生的三大基石。

但是,机器文化作为运动与体育运动诞生的基础条件,不只是表现在改变社会生活方式,提高人们的认识观念方面,更重要的是它为游戏和竞技活动演变为运动与体育运动提供了制度借鉴和保证。众所周知,为使整个生产过程有序进行,机器生产需要严格的制度保障。这一点同农耕时代的生产方式有着天壤之别。而游戏和竞技活动在以往缺乏制度性,进行游戏和竞技活动只需游戏者之间商量规则即可,或是在有限的范围内形成约定俗成的规矩。这种规则难以适应运动与体育运动的竞赛需要,所以,需要建立严格的竞赛制度才能保障运动与体育运动的顺利进行。不仅如此,运动与

体育运动组织的建立更为重要,它不仅有利于推动运动与体育运动的发展,还能协调不同地区、不同民族以及不同国家之间的关系,使运动竞赛在规定的制度下进行。这是以往各种游戏和竞技活动中所没有的。

机器文化的制度性是运动与体育运动产生的重要因素之一,因此,我们说运动与体育运动是机器文化的产物。

本章小结

本章主要阐释了四个方面内容:一是近代游发展的基础,包括思想基础、科学文化基础、物质发展水平,即生活方式基础;二是近代欧洲的游戏内容,包括传承的游戏和演变的游戏;三是由游戏演变而来的运动与体育运动诞生,成为人类共同的游戏;四是近代游戏的文化特征,主要表现在游戏在教育推动下传承、游戏在社会进步中演变、机器文化推动了游戏发展,以及体育运动是机器文化的产物。

本章思考题

1. 游戏发展的社会基础包括哪些因素?
2. 体育是游戏吗?
3. 近代游戏的文化特征表现在哪几个方面?

游戏的分类与性质

学习目标

本章学习游戏的分类与性质,认识和了解游戏分类方法,具体包括从游戏的产生过程进行分类,根据不同类型游戏进行分类,以及运用社会学方法对游戏进行分类等,并探讨了游戏的性质,旨在从不同层面更好地认识游戏。要求掌握游戏的产生过程中可将游戏分成哪几类,重点掌握游戏的性质。

游戏是人类生活中一项自始至终的活动,在人的一生中没有谁会脱离游戏而生活。然而,世界上的各种游戏活动又数不胜数,谁也不可能一一经历和体验所有的游戏,这就难免造成认识游戏、认识游戏文化时的困难。但是,游戏同其他一切社会活动一样,有其自身的发展规律和方法,对某种游戏有一个基本的认识和了解之后,完全可以达到触类旁通的效果,所以,有必要对各种游戏进行一个大致的分类,为认识游戏和游戏文化做一个铺垫。

第一节　游戏形成的分类

人类的游戏由何而来?简单地说,始于本能,成于生活。赫伊津哈说,游戏是一种自主的存在。其实,本能的游戏可以认为是一种自主的存在,而除此之外的大多数游戏并非是一种自主的存在。因此,从游戏的形成过程来说,大致可以分为本能的游戏、学习的游

戏和创造的游戏。不同的游戏在人的不同成长阶段表现得各不相同，这与人的生理和心理状态有密切关系。

一、本能的游戏

本能的游戏是一切动物都具有的天然本性，它是由各种动物在进化过程中形成的基因所决定的。各自不同的基因不仅决定了物种的不同、生存方式不同以及生存能力不同，而且决定了游戏方式不同。"龙生龙，凤生凤，老鼠生来会打洞"，就是如此。

（一）本能游戏形态

无论是小猫和小狗，还是小羊和小狮子，在吃饱喝足之后，都会主动地和自己的爸爸妈妈嬉戏玩耍，这种行为不需要学习。一只嗷嗷待哺的小狗即使被带离了狗妈妈，它在稍稍长大之后，也仍然会和主人嬉戏玩耍。小猫的游戏行为更为明显，一个线团儿或是一块小木板都能够成为小猫的玩具。其实，小猫扑线团，既是一种本能的生存练习，又是一种娱乐游戏。

人类也是如此。人在婴儿时期虽然不会说话，但各种感知和思维能力在发育，婴儿既有心理活动，又有应对外界刺激的反应。婴幼儿的游戏形态的表现形式可谓多种多样，从注视自己的小手小脚到咬手啃脚等。很多人以为咬手是婴儿的坏习惯，其实，这未尝不是一种玩儿的方式。随着游戏能力不断增长，婴幼儿还会主动同母亲嬉戏。

妈妈无法每时每刻陪着自己的孩子，给孩子一个玩具或者其他任何一件东西，他（她）会在好奇心的驱动下玩上一段时间，表现出幼儿的游戏能力。尽管婴幼儿的意识能力有限，但这并不妨碍他自娱自乐。如果和大人一起玩耍，婴幼儿会表现得兴高采烈。由此可见，进行本能的游戏活动是人和动物共有的一种天性，无处不在，无一例外。

在本能的游戏中，还有一种成人游戏，即性交活动。性交既是一种人类生育繁衍的手段，又是一种成人游戏。男女到了一定的年龄，身体发育趋于成熟，体内会分泌雄性激素或雌性激素，这种激素不仅强化了各自性特征的发育成长,又使之产生交媾的冲动。这种冲动和性交行为完全是一种本能行为,无师自通。不过,人类的性交不同于其他动物就在于人的文化性,即人在性伦理和性道德的规范下进行性交游戏。

但是,对于本能游戏这一观点,荷兰历史学家赫伊津哈并不认同。他认为:"造化赋予我们游戏的能力,游戏本身就具有紧张、欢笑和乐趣的属性。"而"游戏的乐趣,是不能够分析的,一切逻辑的解释都无能为力。乐趣这个概念不可能放进任何一个类别的概念"[①]。他接着指出:"既然游戏的现实情况超越了人类生活的范围,它的基础就不可能扎根于任何理性的关系中,因为理性这个词局限于人类。游戏的发生并不和文明演化的具体阶段相联系,和人类的宇宙观也没有关系。凡是有思维能力的人都非常清楚,游戏是一种自主的存在,即使这个人母语里没有表达游戏概念的词语。游戏的存在是无法否认的。"[②]

赫伊津哈并不否认游戏能力是一种本能,但他却说"游戏是一种自主的存在",那么,这种"自主地存在"又是源自哪里?赫伊津哈没有给出解释。其实,我们可以这样理解,本能的游戏作为一种天赋的能力本身就是一种"自主的存在"。

(二)本能游戏机制

本能行为是人类和所有其他动物共有的行为,看得见,摸得着,但是,解释起来却给人一种抽象无力的感觉。小猫、小狗甚至羚羊和马从来没有学过游泳,也没谁教过它们,但是,将这些动物扔到水里,它们自然会游到岸上。这不是本能又是什么?

人类的本能行为更是多种多样,遇到危险会立即离开,无意中手碰到热源会下意识将手抽离。几乎人人都有过这样的经历和经

---

① 约翰·赫伊津哈.游戏的人——文化中游戏成分的研究[M].何道宽,译.广州:花城出版社,2007:4.
② 约翰·赫伊津哈.游戏的人——文化中游戏成分的研究[M].何道宽,译.广州:花城出版社,2007:5.

验。下意识是什么？就是一种本能，没有思维分析，没有逻辑判断，瞬间即能做出动作。

那么，这种本能的机制何在？奥地利精神分析学家弗洛伊德（Sigmund Freud，1856—1939）认为，人有一种"生活本能"，他把这种本能的能量或势力称作"利比多"（libido），认为它是人们一般行为的动力。他指出："人们不想放弃某些东西，因为它能带来快乐，但这些东西却不是自我而是对象；人们想极力避免的某些痛苦实际上却与自我不可分割，因为这些痛苦来源于内部。人们逐渐掌握了一种方法，通过感觉活动的目的性及适宜的肌肉活动，可以区分什么是内部的（什么属于自我的），什么是外部的（什么是来自外界的）。这样，人们就向在将来发展中占据主导地位的现实原则迈出了第一步。这种划分当然具有现实意义，它使人们能够抵御所感受到的，或者可能降临到头上的不快感觉。"①从弗洛伊德的精神分析理论来看，本能不是意识活动，而是由身体内的"利比多"作用的结果，"利比多"通过肌肉活动感受是否能够带来快乐的行为。

同样，我们平时常说的"好奇心"也是人类的天性，即本能。对于婴幼儿来说，一旦面临新奇的、神秘的、自相矛盾的事物，就会产生三种形式的探究行为：感官探究、动作探究、言语探究。正是通过这些探究行为，婴幼儿有选择性地了解周围事物，并积累大量生活经验。那么，"好奇心"的出现也是"利比多"作用的结果。但是，人类的"好奇心"同样能够在本能的基础上刻意培养，所以，一些人爱好广泛，而"好奇心"程度较低的人往往对新事物缺乏认知兴趣。

婴幼儿的游戏活动也是如此，没有什么理由，没有意识控制，就是好奇，想玩儿。所以，婴儿时期的游戏属于本能的游戏。

二、学习的游戏

人类本能的游戏是一种客观存在，但是，本能的游戏又极其有限。更多的游戏则是在思维能力和身体能力生长发育、逐渐长大的

---

① 西格蒙德·弗洛伊德. 文明及其缺憾［M］. 傅雅芳,等,译. 合肥:安徽文艺出版社,1987:7.

过程中通过学习而了解的。需要说明的是,即使是学习的游戏也是在本能和意识的共同驱动下进行的。没有本能的好奇心,就缺乏游戏动力,而好奇心的满足又提高了参与游戏的积极性。

学习的游戏主要包括三个阶段,即模仿游戏、练习游戏、参与游戏。不同阶段各有特点,主要体现在不同年龄有不同的学习方式。

(一)模仿游戏

游戏活动多种多样,并且千差万别,不可能全部来自本能。除人之外,其他动物的游戏仅仅限于本能的活动。虽然一些动物可以通过训练掌握一些游戏内容,如马戏团的狗、猴子,甚至狮子、老虎等,但一般而言,动物的游戏活动的内容和范围是极其有限的。而人类则不同,人类的游戏活动随着人类的思维发展而进步,而且这些游戏活动大多是从生存和生活方式演变而来的,因此,我们称之为学习的游戏。

学习的游戏首先从模仿开始,这既是学习各种身体动作的一般规律,也是建立各种动作概念的基本要求。从幼儿时期起,模仿游戏就已经开始。妈妈会教幼儿拍手游戏,捉迷藏游戏。有时候,妈妈会用一块小毛巾挡住孩子的脸,然后突然拿开毛巾,往往逗得孩子哈哈大笑。在反复做游戏的过程中,幼儿逐渐会模仿游戏动作。稍大之后,幼儿学习各种游戏也无不是在父母的指导下进行,如搭积木、玩拼图等。

其实,不只是孩子,成人学习游戏也是从模仿开始。例如,初学舞蹈者要模仿教练的每一个动作及动作顺序,学会之后才能慢慢提高水平。

(二)练习游戏

练习不仅是学习和掌握知识不可缺少的重要环节,也是学习游戏必须经历的过程,甚至是从事任何社会工作都不能省略的一个环节。

游戏是一种技能,除了本能的游戏之外,所有的游戏都需要由意识过程和身体技能的统一才能够完成。当然,身体技能达到一定

的熟练水平时会出现一种"技能自动化"现象,这是技艺水平较高的表现。而一般来说,学习游戏只是懂了、明白了还远远不够,因为意识活动和身体的肌肉活动是两种不同的活动形式,二者要协调统一才能够完成游戏,所以,练习过程实际上就是一种思维与身体活动的协调过程。

以人类早期的射箭活动来说,射箭既是人类维持生存的一种手段,又是一种游戏方式。而无论射箭是作为一种生存方式还是作为一种游戏方式,都离不开练习过程。在这个过程中,射箭游戏便是一种学习的游戏活动。对于成人而言,开展这种游戏活动,可以不断学习或练习各种新的射箭技巧;对于未成年人来说,练习射箭既是一种学习游戏的机会,又是一种学习生活本领的机会。古代战争出现后,射箭成为一种作战方式。最早的军事训练伴随战争而出现。军事训练其实就是一种练习作战的过程。

自石器时代起,通过练习方式学习游戏、学习生存本领、学习打仗就已经成为人类的一项重要活动。虽然石器时代的人的思维水平远不及农耕时代、近代或现代人这么高,但他们并不缺乏实践能力和经验水平,因为,包括游戏在内的各种技能练习在当时就已经存在了。

(三)参与游戏

参与游戏既是一个学习游戏的过程,又是一个练习游戏的过程。学习游戏从模仿开始,通过一定的练习使游戏能力和水平得到一定的提高,目的在于参与游戏,并在参与过程中感受愉快,满足心理需求。

参与游戏在人的不同年龄阶段有不同的表现和意义。尽管儿童的游戏水平较低,但他们的游戏欲望强烈。生活中经常可以见到,大人玩牌,小孩子也想玩,尽管他根本就不懂玩牌的规则和技巧。儿童玩游戏的天性高涨,对各种与年龄相适应的游戏能够基本熟悉和掌握,所以,参与游戏的兴趣很高。而且,在这一阶段,小孩子逐渐疏于与父母一起游戏,更喜欢和同龄的小伙伴一起游戏,因为小伙伴之间的游戏没有与父母一起游戏时的那种"谦让"和"照顾",更能体现真实的游戏能力和水平,在游戏中获胜更有尊严。所以,儿童阶参与游戏的热情很高,这一阶段甚至是人的一生中对游戏最痴迷的阶段。

参与游戏是提高游戏水平的最佳方式,如同在战争中学习战争是最好的提高战斗力水平的途径。但参与游戏需要具备一定游戏水平,也就是与同伴的游戏水平没有太大的差距才有资格参与。我们时常见到儿童在游戏时,不愿意和比自己低龄且游戏水平较差的人一起玩,因为会影响自己的游戏兴致。成人也是如此,在一些具有竞赛意义的游戏中,如单位举办的班组之间的乒乓球比赛中,如果有名额限制的话,水平较差的人就没有资格参与。所以,要想有更多机会参与游戏,就需要通过练习提高游戏水平。

三、创造的游戏

游戏的历史伴随着人类社会的发展而发展,游戏的内容和形式也伴随着人类社会的进步而不断翻新,反映出人类的创造力。创造的游戏活动是以社会生产力发展为前提的,以游戏工具为标志的。早在原始社会的狩猎生活阶段,人类为了生存发明了弓箭,此时,弓箭并不是游戏工具,而是生产工具。在狩猎之余,人类用弓箭进行射箭的技巧练习,培养下一代的狩猎本领,这些射箭活动便具有了游戏的意义,此时,射箭活动便成为人类狩猎之余的一种游戏活动。

(一)农耕时代的创造游戏

进入农耕时代是人类社会飞跃发展的一个重要标志,生产方式的改变以及文字的产生是农耕文明的重要标志。所以,社会发展进步的同时,游戏内容和游戏方式也发生了很大变化,人们创造出许多前所未有的游戏,丰富了人类的生活。

但是,创造的游戏并不是始于农耕时代,早在旧石器时代,就已经出现了创造的游戏,但这一时期的历史记载极少,我们只能根据有限的岩石壁画描绘判断那时的游戏内容和游戏方式。

农耕时代,人类开始了定居生活,基本的物质生活得到满足之后,人类便有了安定的生活和闲暇的时间,这为开展游戏活动提供

了更好的条件。同时,随着社会文化的发展和物质生产技术的提高,各种游戏工具被不断制造出来。

例如,中国的蹴鞠,早在公元前两千多年就已经出现,起初,游戏工具是一个充气后的动物膀胱,人们用脚踢着玩。随着制作技术的提高,游戏工具变成用动物皮内加填充物缝制成的球状物。皮革制作技术出现后,游戏工具又采用皮革做球面缝制而成。

蹴鞠游戏同本能的游戏和由生产工具衍生的游戏活动不同,它同生产劳动没有任何直接关系,是一种纯粹的游戏,目的在于使人们通过游戏活动获得愉快,因此,这种创造的游戏意义非同以往,既标志着人类生产和生活方式的变化,又体现出人类思维能力的提高和思维水平的上升。

(二)机器时代的创造游戏

机器时代是一个创造的时代。大工业生产中,人们为了提高劳动效率,首先发明了机器(机械),尤其是蒸汽机的发明为工业发展提供了动力,使社会生产迅速发展。在这一过程中,工业技术不仅应用于生产,也在游戏玩具制造方面发挥了作用,为游戏发展和游戏创造做出了贡献。

16世纪末,瑞士出现了钟表制造技术。17世纪中叶,日本出现了利用钟表技术发明的自动机器玩偶。1738年,法国人发明了一只机器鸭,它会嘎嘎叫,会游泳和喝水,还会进食和排泄。1773年,瑞士钟表匠在利用齿轮和发条原理发明制造了自动书写玩偶、自动演奏玩偶等。虽然在18世纪之前,生产玩具的机器尚未出现,各种机器玩具大多依靠手工制造,但是,机器玩具的出现标志着游戏进入了一个创造的时代。18世纪中叶后,欧洲发明了各种制造玩具的机器,使玩具生产规模扩大,机器玩具游戏逐渐开始在社会中流行。

机器时代还产生了一项伟大的运动,即运动与体育运动,它成为世界各国、各民族的一项共同的游戏。机器对于运动与体育运动这种游戏的贡献,不仅表现在为社会民众提供了一种休闲生活方式,而且表现在运动与体育运动的场地建设,以及各种设备与运动器械的发明等各个方面。可以这样认为,如果没有工业生产技术的介入,运动与体育运动只能停留在以往的游戏状态,不可能产生规范的、制度化的运动方式。虽然在现代奥林匹克运动会举办之初,各种场地、设施还很简陋,运动器械也不标准,但进入 20 世纪之后,奥运会很快就出现了另一番景象,不仅专属的体育场馆雄伟矗立,而且各种器械设备齐全规范,无不体现出机器时代所创造的伟大成果。

第二节　游戏类型的分类与特点

不同的游戏方式,外在表现不同的游戏特征,构成不同类型的游戏。根据这一特点,又可以对不同游戏进行分类,如可以将游戏分为身体(肢体)的游戏、智力的游戏、语言的游戏以及电子游戏和互联网游戏等。其实,需要说明的是各种游戏相互关联,没有绝对的分离。例如,身体的游戏不能脱离智力的控制;智力游戏的载体又是身体;言语游戏过程既离不开智力活动,又是身体活动的一部分。所以,对游戏进行分类只是为了认识游戏方式的特征,而不可将彼此之间的联系割断。

一、身体(肢体)游戏

人类的游戏始于本能,本能的游戏首先是由身体完成的。所以,人类的游戏从一开始就以一种身体活动方式进行。之后,随着人类社会发展,社会生产力水平不断进步,人类的认识水平不断提高,又产生了各种创造的身体游戏以及以文字方式进行的智力游戏和言语游戏等。游戏方式呈现出多种多样的特点,既丰富了游戏内容,又为不同人群提供了适宜的游戏方式。但是,在所有游戏中,身体(肢体)的游戏是最古老、最主要的游戏,一般平时所说的游戏如果不是特指,那就说的是身体游戏。

身体的游戏是游戏活动中最广泛的一种活动,在一般意义上说,大部分游戏活动都是通过身体的活动完成的,如射箭、摔跤、踢毽子、荡秋千、追逐游戏(老鹰捉小鸡等)、舞蹈、杂要以及古希腊的赛跑、掷标枪、格斗和古罗马的斗技等都属于身体游戏的范畴。

身体的游戏是建立在本能基础上的一种源于生活并超脱于生活本身的一种生活方式或生活内容。但是,在不同的历史发展阶段,身体游戏的这种功能和作用及其意义体现的程度有所不同。早在石器时代,游戏与生存方式相联系,也可以这样说,人类石器时代的一切活动都是围绕着生存活动进行的,游戏当然不能例外。石器时代的游戏主要是身体的游戏,人类通过身体游戏既满足本能的需要,又适应生存的心理需要。所谓本能的需求,即身体的游戏总是在一定程度上使人的肌肉、神经处于适度的紧张状态,肌肉、神经的紧张状态在生理意义上说就是一种兴奋状态,使身体获得一种愉悦的感受。所谓心理的需求,即身体的游戏在特定的时间内满足人的意识需要,个人或群体通过游戏达到或实现了既定的目的,使人获得一种满足感。

不过,在石器时代,虽然人类学会了说话、使用和制造工具以及使用火,由此而成为"人",但这一时期人类的生存状态同其他动物相似,完全靠捕杀猎物或采食为生,只是人的生存能力已经开始超越其他动物。所以,人类对于身体的游戏的认识在很大程度上仍然处于一种本能的体验状态,而不可能从理性层面加以阐释。但是,他们在游戏中能够获得愉悦的感受,这一点毫无疑义。

进入农耕时代后,身体游戏的发展为什么能够突飞猛进? 游戏内容和游戏方式为什么能够呈现出丰富多彩的局面? 根本原因在于:一是社会生产力发展水平提高,使人类从采食生活状态过渡到生产生活状态,基本生活有了保障,这为游戏的发展提供了条件;二是游戏不再与生产方式相联系,成为一种专门的活动,即生活方式的一部分,所以,生活的需要促进了游戏发展。德国哲学家叔本华在研究人的幸福与快乐时指出,人类具有三种基本力量,"第一种是满足'生命力'而得的快乐,代表生命力的有食、饮、消化、休息和睡眠;在世界的'某部分',这种基本快乐是典型的,几乎人人都要得到这种快乐。第二种是满足'体力'而得的快乐,此种快乐可以自散步、奔跑、角力、舞蹈、击剑、骑马以及类似的田径和运动中得到,有时,甚至可以在军旅生涯和战争里消耗过剩的体力。第三种是满足'怡情'而得的快乐,诸如在观察、思考、感受、诗与文化的体会、音乐、学习、阅读、沉思、发明以及自哲学等中所得的快乐"①。所以,身体的游戏既满足了人生快乐的本能需求,又满足了陶冶灵魂的心理需求。因此,身体的游戏在生活中不断发展,成为人类自始至终的一种活动。

二、智力游戏

所谓智力的游戏,主要是指通过人的智力完成的游戏活动。那么,也许有人会问,难道身体的游戏就没有智力参与吗?肯定有,人作为一个有机体,身心始终协调和一,没有心智的支配,身体也不可能完成各种活动(下意识动作除外)。我们之所以将智力的游戏单列出来,是因为这种游戏不是以身体或肢体的活动方式完成的,而是通过大脑的思维完成的。

智力的游戏有多种多样,如纸牌游戏、围棋、象棋、跳棋、猜谜语、拼图、脑筋急转弯、魔术等,这类游戏不是依靠身体的速度、耐力和力量进行的,而是以人的智力活动的能力和水平为基础进行的。

智力的游戏究竟从人类发展的何时开始?实在难以考证,但可以肯定的是智力的游戏至少与人类的生存状态无关,而与人类的思维发展和文化发展有着密切关系。也就是说,智力的游戏是在人类处于一种衣食无忧的生活状态下产生的。迄今能够发现且有考古根据的智力游戏首先就是棋类游戏,如古埃及的"斯奈特"棋、古印度的"图兰卡"象棋,以及中国的围棋、象棋等。

以围棋为例,围棋是一种博弈游戏,"但博弈又不同于一般游戏,拿中国古代游戏来说,风筝需要旷野微风,秋千需要荡板立架,蹴鞠依赖于体力,射戏、丸戏依赖于臂力。因此博弈当是智力游戏的一种……博弈是带有强烈思维特征的一种游戏。这种思维游戏的本质于中国传统文化而论,是在不变中求变,在变中的不平衡中求衡,如达到平衡和谐的境地,就是完美和结局"②。因此,自围棋产生以来,历代文人雅客对其情有独钟,各种围棋研究成果汗牛充栋。

---

① 叔本华. 叔本华人生哲学[M]. 李成铭,等,译. 北京:九州出版社,2010:21-22.
② 宋会群,苗雪兰. 中国博弈文化史[M]. 北京:社会科学文献出版社,2010:285.

围棋游戏不仅充满了辩证法、哲理观,更具有强烈的艺术性。

古埃及和古印度的棋类游戏,虽然在棋理和方法上与围棋不同,但它们毫无例外地都属于思维游戏,即体现智力的游戏。而且,棋类游戏不是一种简单的思维游戏,它与当时的社会战争联系在一起,人们通过游戏演练用兵之法。如古印度的"图兰卡"象棋,就是根据当时军队作战的骑兵和步兵以及作战武器战车和大象而设置了四种棋子,由四个玩家一起玩儿,大家轮流掷骰子,凭点数来下棋。中国的围棋也将兵法哲理运用于其中。例如,东汉的桓谭在《新论》中说:"世言围棋颇类兵法,上者张置疏远,多得道而为胜;中者务相遮绝,争便求利;下者守边隅趋作罫,自生于小地。"①意思是说,对弈中,上级玩家控制全局,不战而屈人之兵;中级玩家与人扭断厮杀,争夺小利;下级玩家守一隅卑屈求和。

在智力游戏中,还值得一提的是魔术游戏。魔术游戏诞生于古埃及,大约产生于公元前2600年。当时,魔术的产生是出于宗教和信仰需要,因为在古代人们相信自然界中所有的事情都有精灵或神灵操纵,巫师或祭师运用人类迷信的心理,运用人们所不知道的原理制造神奇魔术,让人们相信这些奇异的现象是由精灵或神灵所导致的,以此强化宗教的仪式,使信众们更加确认他们的信仰。到了中世纪,魔术很受民众欢迎,当时的魔术师也被称为杂耍者,他们与乐师、诗人、杂技表演者一起四处旅行、表演,为人们提供娱乐。其实,魔术游戏不过是通过一些特制的道具,利用人们视觉和听觉的瞬间错位,运用娴熟的手法技巧制造出的一种奇妙景象。魔术是一种典型的智力性游戏,这种游戏已经传遍了世界各国,成为各国民众喜闻乐见的游戏形式。

此外,西方很多民族还有掷骰子的游戏,掷骰子游戏也是他们宗教信仰的一部分。"古印度人的骰子和箭镞有惊人的相似之处。在印度史诗《摩诃婆罗多》里,世界被想象成一场掷骰子的游戏,湿婆(婆罗门教和印度教主神之一)与神后一道掷骰子,四季用六个神

---

① 宋会群,苗雪兰.中国博弈文化史[M].北京:社会科学文献出版社,2010:254.

来表现,他们玩的骰子是金骰子和银骰子。日耳曼神话里也有一个神用游戏板玩骰子的游戏:当世界创生时,神聚集起来玩骰子;世界毁灭之后再生时,复活的埃塞斯神要找到他们起初玩过的游戏板。"[1]掷骰子游戏在很多人看来不过是一种依靠运气的游戏,其实不然,在古代人的宗教思维中,他们不认为这是运气,而认为是上帝的恩赐,只要虔诚膜拜神灵,一切都会如愿。

总之,智力的游戏不同于身体的游戏,除了游戏兴趣需要本能的驱动外,游戏过程完全处于理性的控制之下,体现出人类的思维能力和思维水平。

三、语言游戏

语言游戏是指通过语言(言语)来表达或完成游戏的内容,包括吟诗、唱歌、讲故事、猜谜语(既是一种智力游戏,也是一种语言游戏)等。有人或许会有疑问,猜谜语是一种游戏活动可以理解,吟诗、唱歌、讲故事怎么也能列入游戏的范畴呢? 其实,我们从这类活动的过程和目的上稍加思索就可以理解。现在我们一般会把这类活动看作一种严肃的文学或艺术的创作活动,很少会把它们与游戏活动联系在一起。但是,文字产生后,语言的游戏功能始终存在于生活之中。例如,对语言文字的不同排列组合产生了不同的文章,一些文章使人感到振聋发聩,一些文章让人感到索然无味,其中的奥妙在于"文字游戏"的水平不同。

唐诗宋词是国人普遍认为的诗词创作的最高水平,然而,并非所有的文人骚客都拥有为发展祖国文学事业而奋斗的境界,一些人不过是在"对酒当歌,人生几何"的游戏状态下有感而发,却一不小心为后人留下了不朽的名作。

唱歌也属于游戏活动吗? 的确是。研究表明,唱歌起源于劳动号子,是人类在劳动时的一种娱乐方式,而后逐渐演变为一种歌唱形式。唱歌本身就是一种语言的表达,只不过是将语言以一种韵

---

① 约翰·赫伊津哈.游戏的人——文化中游戏成分的研究[M].何道宽,译.广州:花城出版社,2007:60.

律、节奏的形式表现出来,使之富有感情的色彩。我国广西壮族的山歌就是典型的例子。传说很早以前,一个壮族老歌手的闺女长得很漂亮,又很会唱山歌,远近的小伙子都想向她求婚,于是老歌手提出赛歌择婿。各地青年歌手纷纷赶来赛歌,以期望被老歌手和姑娘挑中。从此,形成了定期的赛歌集会——歌圩。

歌圩有日歌圩和夜歌圩之分。日歌圩在野外,以青年人"倚歌择配"为主要内容。夜歌圩在村子里,主要吟唱传授生产、生活知识和技能的生产歌、季节歌、盘歌和历史歌等。自古以来,无论是在田间地头、劳作之余还是在红白喜事上,总能听到壮族人悠扬的山歌,各种大小节日更是少不了山歌助兴。

除此以外,语言的游戏还包括猜灯谜、断字句等形式。例如,儿童谜语"会说没有嘴,会走没有腿"(打一家庭日常用品,谜底:闹钟)和"白门楼,红围墙,里面住了个红姑娘,酸甜苦辣她都尝"(打一人体器官,谜底:舌头),断字句游戏"下雨天留客天留人不留"等,就是人们经常进行的文字游戏。

在西方,语言的游戏也是多种多样、不胜枚举。赫伊津哈说:"希腊人曾经有这样一个习俗:凡是有可能提供打斗机会的事情,他们都要展开竞赛。男子选美比赛是雅典娜节庆和忒修斯节庆必不可少的一部分。酒宴要举办歌唱、猜谜、熬夜和饮酒的比赛。"①可见,语言的游戏活动在人类生活中处处可见,既表现出人类运用语言的聪明才智,又显示出人类对于生活的达观心态。

四、玩具游戏

玩具的范畴极其广泛,可以这样说,所有可以作为游戏工具的物品都可以成为玩具。棋类游戏中的棋子、棋盘,魔术游戏中的各种道具等都可以称为玩具。但是,我们在此所说的玩具是指对一些无法具体归类的游戏工具的统称。

玩具游戏的历史久远,在石器时代,就已经有了各种石器工具,

---

① 约翰·赫伊津哈.游戏的人——化中游戏成分的研究[M].何道宽,译.广州:花城出版社,2007:73.

它们既是生存工具,又是游戏工具。在古埃及时代,各种木制、陶制的陀螺以及飞镖和靶子等就已经存在。古印度的秋千,古巴比伦的滚铁环以及中国古代的蹴鞠、风筝、跳绳等都是古代人类的游戏工具。

在近代,不仅有很多古代传承的游戏和游戏工具,而且各种新的游戏和游戏工具又不断产生,包括法国的波姆球、索尔球,英国的橄榄球、网球等。各种游戏不仅在成人中间流行,也受青少年欢迎。但这时的游戏工具与现今的家庭游戏工具,即纯粹的玩具不可同日而语。19世纪之前,虽然欧洲工业革命促进了游戏发展,但家庭玩具因生产成本较高,并没有进入普及阶段。家庭玩具生产和玩具游戏普及是进入20世纪以后的事。

1923年,美国生产了物美价廉的儿童小汽车玩具,这是一款用金属板模具压制而成的玩具,售价只有3美元,受到广泛欢迎。1928年,米老鼠动画片在美国问世。两年之后,米老鼠形象的玩具出现,大受欢迎,此后玩具厂商开始大批量生产各种米老鼠玩具,直至今天米老鼠玩具已成为世界各国儿童喜欢的玩具。美国、德国和日本的玩具厂商在家庭玩具生产方面领世界之先,为儿童和家庭提供了各式各样、功能各异的玩具,不仅使儿童和家庭的游戏丰富多彩,又为儿童的成长创造了良好的条件。

对于儿童来说,玩具游戏不只是一种游戏方式,更是一种认识世界的方式。不同的玩具如玩具娃娃、玩具动物、玩具士兵以及汽车、火车、飞机,甚至锅碗瓢盆刀叉剪、树木房屋锄镰锤,无不为儿童提供了模拟生活情境的工具。尽管儿童的思维能力有限,但他们以仅有的生活经验为基础,发挥充分的想象力,使游戏过程有声有色,情趣盎然。

因此,现代以来,先进的机器生产技术不仅改变了人类的生活方式,也改变了人类的游戏方式。虽然玩具游戏在古代就已经存在,但古代玩具制作受生产技术所限,根本无法与当今相媲美。而机器时代生产的玩具不仅为儿童创造了各种各样的游戏活动,又使游戏的世界充满了乐趣。

五、电子游戏

电子技术是19世纪末20世纪初开始发展的新技术,它的产生成为近代科学技术发展的一个重要标志。20世纪40年代末,集成电路的出现和应用,标志着电子技术发展到了一个新的阶段。20世纪50年代后,电子技术不仅在工业中广泛应用,也出现在民用中,晶体管和集成电路的发明为收音机、电视机进入家庭提供了技术基础,同时为电子游戏的产生做了技术准备。

20世纪70年代中期,日本的一家电视游戏厂商雅达利(Atari)首先开发了一款家用游戏机,游戏内容是"打网球",由一种软件和相应的硬件设备共同构成的一种游戏方式。随后,日本京都玩具厂商又推出了任天堂游戏机,由此揭开了电子游戏的序幕。在当时的电子游戏中有一种俄罗斯方块游戏曾博得众多游戏者青睐,成为风靡一时的大众游戏。

20世纪80年代初,我国第一台电子游戏机诞生。随后,全国各地相继开设电子游戏厅,电子游戏在我国遍地开花。当时游戏机主要有驾驶类、炮战类、火箭袭击类、趣怪类等。这些游戏都具有紧张激烈的对抗特点,所以深受游戏者爱戴。

电子游戏将声、光等技术与游戏内容结合在一起,相比以往的身体游戏、玩具游戏等具有新颖性、趣味性、故事性和虚拟性等特点,而且游戏情节紧凑、严谨,完全按照一种既定的设计程序进行,由易到难,由简到繁,过程充满了悬念,既适应了青少年好奇的心理特点,又满足了他们争强好胜的心理需要。因此,电子游戏自20世纪80年代兴起后,发展迅猛,势不可挡。互联网出现后,电子游戏又被互联网游戏接力,占据了青少年群体游戏的半壁江山。所以,如何面对这类游戏?或许是时代对人们的考验。

六、网络游戏

网络游戏(online game),又称"在线游戏",简称"网游",指以互联网为传输媒介,以游戏运营商服务器和用户计算机为处理终端,以游戏客户端软件为信息交互窗口的旨在实现娱乐、休闲、交流和取得虚拟成就的具有可持续性的个体性多人在线游戏。

网络游戏是在电脑游戏的基础上延伸和扩展而来的,20 世纪 60 年代早期,"由史蒂夫·拉塞尔(Steve Russell)在麻省理工学院制作的《太空侵略者》(Spacewar)是世界上第一款电脑游戏"①。20 世纪 70 年代末,美国苹果公司推出了世界上第一台个人电脑 Apple Ⅱ (1977),之后,许多厂商也相继开始生产个人电脑,但是,由于当时的电脑程序需要由用户自己编写,而且电脑的价格远远高于普通游戏机,所以,电脑游戏的时代尚未到来。

1994 年前后,日本任天堂和美国的硅谷图形(Silicon Graphics)公司联合开发了一款配备 64 位 CPU 的游戏机,为游戏机与电脑游戏兼容准备了条件。与此同时,日本其他游戏机厂商也在积极开发新产品,市场上开始出现了多媒体终端产品。2001 年,ADSL 和光纤等宽带网络迅速普及,不仅游戏机可以通过网络下载游戏,电脑同样可以下载游戏。因此,网络游戏时代来临了。

网络游戏相比游戏机游戏具有优势,它可以通过计算机网络在虚拟的环境中多人一起游戏,增加游戏的乐趣。因此,在网络游戏出现后,游戏者不断增多。网络游戏参与者主要是青少年一族,老人和儿童也占有一定比例,可以说网络游戏是一种大众化游戏。虽然网络游戏为社会大众提供了一种新的游戏方式,为众多游戏者带来了愉悦和享受,但是,网络游戏的弊端或由此而引起的负面作用也不可小觑,尤其是儿童和少年群体沉迷于网络游戏已成为一个严重的社会问题。

网络游戏的诞生为网络经济发展提供了一个新的增长点。一方面,国家鼓励发展网络经济,包括发展网络游戏;另一方面网络商家为了获取巨大利润不择手段,对国家关于网络游戏的法律法规置若罔闻,在游戏创作与传播中,利用人性的弱点,采取打"擦边球"的手段,任意妄为,产生了极坏的社会影响,备受社会大众诟病。

如何发展网络游戏已成为当下不可忽略的社会问题。网络游

① 戴安娜·卡尔,等. 电脑游戏:文本、叙事与游戏[M]. 丛治辰,等,译. 北京:北京大学出版社,2015:4.

戏究竟应当如何传播？商业利益和社会责任孰重孰轻？这不仅是网络传播者应当思考的问题，也是每一个有责任感的社会人不能熟视无睹的问题。

第三节　游戏的社会学分类和意义

　　游戏在社会生活中具有广泛的作用和意义，它不仅是人类的一种生活内容和生活方式，也是人类的一种社会活动。不同的游戏内容和不同的游戏方式在社会中有不同的作用和意义。对于游戏分类，不仅要从游戏的形成过程和游戏的类型方面进行认识，还要从游戏的社会学方面进行考证，这样才能够从社会发展的层面更好地引导和控制游戏，使之为社会服务，推动社会发展进步。

　　游戏的社会学分类主要包括个人游戏、伙伴游戏、组织游戏和社区游戏等，这是每一个人在不同的年龄阶段所经历的游戏过程，伴随着这一过程，个人不断成长，社会不断进步。所以，游戏与生活、游戏与社会从来就是紧密联系在一起，相互促进、共同发展的。

一、个人游戏

　　个人游戏是游戏的最基本形式。在每个人的成长经历中不可能缺少个人游戏。个人游戏不仅是认知世界的起点，还是贯穿一生的生活方式。所以，从社会的层面认识个人游戏具有重要的理论和实践意义。

（一）个人游戏的发展过程

　　每个人自来到这个世界之日起，除了维持生命的本能的吃喝拉撒睡以外，较早接触的就是游戏。婴儿时期，手舞足蹈的本能游戏最先出现，婴幼儿以其作为最珍贵的礼物献给母亲，献给这个世界。随后，学习的游戏出现，母亲是婴幼儿的第一个游戏老师。不过，学习的游戏内容各不相同。其中，在母亲的教导下，有学习指向眼睛、鼻子、耳朵和嘴的游戏，即母亲一边说眼睛、鼻子、耳朵和嘴，一边抓住婴幼儿的小手指向这些部位,如此反复,一段时间后婴幼儿便有了游戏意识,听到母亲一说,就能够准确地指向这些部位。在这一过程中,婴幼儿学习了游戏,母亲增添了一份成就感。

儿童时期,学习游戏的内容不断丰富。

成人以后,还有个人的游戏吗?当然有。只是游戏内容和游戏方式不同于儿童时代。青年时期,会喜欢一些运动类游戏,打乒乓球、打羽毛球、踢足球、打篮球是很多年轻人喜欢的运动,既有游戏的乐趣,又能锻炼身体。当然,一些人不喜欢运动这种游戏方式,那么,网络游戏、棋类游戏(一个人可以读棋谱,并按棋谱摆棋)、魔术游戏等同样可以满足不同人的不同需求。总之,个人的游戏贯穿于个人一生中的任何一个年龄阶段,只有不想玩的游戏,没有不能玩的游戏。

(二)个人游戏的意义

个人游戏表面上看起来微不足道,其实不然。婴幼儿及儿童学习游戏不仅是快乐成长的需要,还是他们认识世界、学习生活的重要环节。母亲在孩子的婴幼儿时期教他们做眼睛、鼻子、耳朵和嘴的指向游戏,看起来就是一种玩的方式,但意义远不止于此。婴幼儿虽然不会说话,但已经具有了一定的思维能力,反复教他们,就能使他们在言语和身体动作之间建立一种思维联系,并形成一定的"动力定型"。在游戏中孩子既学习了言语,又发展了思维能力,对孩子的成长起到了积极的促进作用。

儿童时期学习各种游戏活动,其意义又有提升。任何游戏活动都是在一定的规则要求下进行的,规则再简单,也需要遵守,否则游戏无法进行。因此,父母不仅教儿童学习游戏方法,也教他们游戏规则。虽然儿童对游戏规则的认识和理解只是针对游戏,但这种潜移默化的规则观念已经在他们心中形成,无论在以后的伙伴游戏中,还是在从事游戏之外的其他活动时,遵守规则逐渐成为他们的基本认识。因此,对于儿童来说,游戏的目的及意义不只在游戏本身,而在于通过游戏手段培养他们的各种意识和能力。

二、伙伴游戏

伙伴游戏是自幼儿时期起,在人的一生中的任何一个年龄段都存在的一种游戏方式,只是不同年龄阶段的伙伴游戏的内容各不相同。儿童、少年时期的伙伴游戏单纯无邪;中青年时期的伙伴游戏与邻里关系、职业、环境等因素交织在一起,动机不同,目的各异;老年时期的伙伴的游戏是一种心理慰藉和精神寄托。

(一)伙伴游戏的美好记忆

伴随着游戏成长是每个孩子的必经之路,游戏在多数人的童年都留下了幸福美好的记忆。

童年的伙伴游戏相对简单。条件好一点的家庭会购置各种玩具,但儿童独自玩耍常常感觉无趣,会要求与家人或小伙伴一起游戏。条件差一点的家庭往往自制玩具。小伙伴一起跳绳、跳皮筋、踢沙包、跳方格等,这些古老的游戏方式经历了几千年的传承,常玩常新、永不衰败,展示出游戏的魅力。伙伴游戏的快乐与游戏方式无关,只要大家一起游戏,就会乐趣无穷。

老年的伙伴游戏是一种享乐,半生的辛勤后,儿孙满堂、家庭幸福,夫复何求?唯有心底里那一抹童真未曾消失。老邻居、老同事和老伙伴聚到一起,聊天、说笑、忆往事,下棋、打牌、玩游戏,不是神仙,胜似神仙。

中青年的伙伴游戏是一种追求,成为一种生活调剂方式,使人生活充实。同时,游戏伙伴又通过游戏过程显现个人的品质魅力,彼此影响,相互促进,为人生追求提供动力。但是,不可否认,生活中还有一些人,借伙伴游戏之名,行谋取利益之实,不仅玷污了伙伴感情,也为游戏蒙上了阴影。

(二)伙伴游戏的生活意义

伙伴游戏在生活中具有重要的作用和意义,对于儿童的成长尤其如是。正如某位社会学家对游戏进行定义时所说,"游戏是低龄动物为准备对付生活而进行的训练"。动物如此,人皆亦然。

从社会学的观点来说，儿童少年在未成年之前，不具有独立生活的能力，也没有养家糊口的义务，所以，他们在帮助父母做一些力所能及的事情之后，可以尽情游戏和玩耍。而游戏和玩耍表面上看起来似乎与生活无关，其实不然，对于儿童少年来说，游戏就是生活，是为准备未来生活而进行的学习。

首先，游戏是儿童认识世界的起点。或许儿童并不懂得游戏的意义，只是通过本能享受游戏的乐趣，但是，游戏意识却在下意识中慢慢形成，成为儿童最初具有的意识。由此开始，与父母家人的关系意识逐渐产生，这种关系意识又在伙伴游戏中不断被强化。同时，游戏意识中的规则意识也慢慢养成。从游戏中，儿童开始慢慢认识这个世界以及在这个世界中生活的规则和要求。

其次，游戏是一种技能。儿童学习游戏技能，能够为未来学习生活技能打下基础。儿童除了稍有游戏能力，其他生活技能极其有限。而在未来生活中，每个人需要有一定的生活技能才能立足社会，维持生活。儿童不可能直接学习生活技能，这既不符合生活规律，又泯灭了儿童的游戏天性，所以，儿童可以首先学习游戏技能，之后使游戏技能向生活技能迁移。儿童掌握了简单的生活技能之后，才可以逐渐转为以学习生活技能为主，为未来的生活做准备。

最后，游戏是一种交往方式。游戏可以独自进行，但不是所有的游戏都可以独自进行的，更多的游戏需要与伙伴一起进行。伙伴游戏不仅增加了游戏气氛，又为彼此配合、相互学习提供了机会。儿童在伙伴游戏中不断提高游戏水平，同时增加了伙伴之间的感情，所以，从建立社会关系的意义上说，交往方式寓于游戏之中。而且，儿童时期建立的伙伴游戏关系，没有掺杂任何利益，纯真无邪。因此，儿时的友谊常常终生相随，永不褪色。

不同的生活环境、不同的人生际遇以及不同的世界观、人生观和价值观决定了每个人对游戏的认识和理解不同，所以，游戏的意义决定了每个人的参与方式和参与热情。

三、组织游戏

所谓组织，是人们为了合理、有效地实现目标任务而有计划、有

组织地建立起来的一种社会机构。这种机构有组织,有领导,成员间有明确的分工和职责范围,并且组织内部有制度,有明确的目标任务。

组织亦可称为集体,所谓集体,就是一种有组织的群体。组织和群体之间既有联系,又有区别。从广义上说,组织也是一种群体,但它是一种制度化、规范化的群体,在组织内有严格的制度和目标任务,形成组织的目的就是实现自己的目标任务。这与自然形成的初级群体有很大不同。组织游戏不同于伙伴游戏,不仅表现在游戏方式方面,也体现在游戏意义方面。

(一)组织游戏的目的和方式

社会中任何一个组织如学校、工厂、机关、军队等都有各自不同的工作和任务,为完成工作和任务需要在组织机构的领导下统一部署。这说明组织集合众人之力,形成了大于个人的合力,推动了社会发展。

各个组织的工作任务和既定目标不同,实施计划和方式不同,但方向一致,即为完成既定的工作任务而齐心协力、共同奋斗。这就要求每一位组织成员具有使命感和凝聚力。任何组织无不重视内部的文化建设,通过文化的驱动力激励组织成员投身于共同的事业之中。

在组织文化建设中,不乏各种有效措施,包括举办读书会、演讲会以及开展调研、访谈、交流和各种娱乐活动等,旨在使组织成员形成共同的世界观、人生观和价值观,推动集体文化的发展,促进共同目标的实现。其中,游戏在组织文化建设中是一项不可忽略的内容。游戏不仅能协调成员关系,激发成员热情,同时又能使组织的凝聚力不断增强。许多单位的工会每年会举办各种不同的游艺活动,包括运动类的各种比赛,娱乐类的唱歌、跳舞和各种演出以及配合节日进行的猜灯谜、投飞镖、顶气球等游戏,并设有一些小奖品鼓励获胜者和参与者。开展这些游戏活动,使得组织文化氛围浓郁,集体成员心气高昂。

（二）组织游戏的作用和意义

游戏不仅是一种个人的娱乐方式，也是组织文化建设的手段。游戏活动既满足了个人的娱乐需求，使人心情舒畅，又为组织中向心力和凝聚力的形成起到推动作用，增强了组织的发展动力。

首先，集体荣誉感增加了游戏乐趣。游戏的特征之一就是具有竞争性，每个游戏者都期待在游戏中获胜，以满足个人的自尊和荣誉感。这种自尊和荣誉感在不同的游戏范围内有不同的感受程度，在个人和伙伴游戏中的这种感受，相比在组织游戏中是微不足道的。而且，在组织游戏中，规模越大，获胜或参与的荣誉感就越强烈，因为组织游戏中这种荣誉感不只属于自己，更属于组织。为集体争得荣誉，必然会受到大家的认可和赞誉，这使得游戏过程更有乐趣。

其次，成员亲和力增添了游戏魅力。在组织游戏中，大家为了一个共同的游戏目标倾尽全力。在单人参与的游戏竞赛中，场外同伴会欢呼助阵，犹如自己参赛一般情绪高昂。在多人参加的游戏竞赛中，同伴之间会相互鼓励，希望共同成为游戏的胜利者。参与者之间的亲和力在游戏的激发下产生。游戏伙伴的亲和力包含信任、尊重、鼓励和包容等各种情感，是个人和伙伴游戏中难以体验到的一种感受，它不仅使参与者力量倍增，又使游戏过程紧张激烈，既塑造了游戏者形象，又增添了游戏魅力。

最后，协作共同心提升了游戏境界。其实，任何游戏不过是一种玩的方式，但是，游戏一旦与组织联系在一起，成为一种组织荣誉的象征，其魅力会陡然增加。在多人游戏中，游戏效果不仅取决于游戏者的个人水平，更取决于相互之间的协作配合，所以，协作共同心是任何多人游戏不可缺少的一种品质，它不仅可以弥补游戏技术的不足，更有利于特长技术的发挥。正所谓众人一心，无坚不摧。出神入化的游戏境界只有在这样一种状态下才可能产生。

四、社区游戏

相比学校、工厂、机关和军队组织而言,社区组织相对松散。社区组织有自身的特点,如人员居住比较集中,人员年龄结构分布较广等。所以,开展社区活动、建设文明社区不仅关系到家家户户的切身利益,而且对于形成良好的人际关系和促进社会发展具有重要作用和意义。因此,世界各国无不重视社区工作。

社区工作千头万绪,涉及日常生活的方方面面,其中,社区游戏又是不可或缺的内容。在我国,为成功举办 2008 年奥运会,国家制定了各种措施普及奥运知识、宣传奥运理念,并通过社区活动贯彻执行。因此,北京乃至全国的各个社区开展了各种形式的迎奥运活动,包括普及奥运知识、宣传奥运理念,建设文明环境、搞好社区卫生,规范个人行为、倡导文明之风等。除此之外,各个社区还开展各种社区运动类游戏活动,活跃社区居民生活。国家通过各种渠道集资,在社区修建了各种运动设施,方便居民锻炼身体。可以说,社区活动为成功举办北京奥运会做出了贡献。

除此之外,一些社区在寒暑假期间积极组织社区学生开展各种文娱活动,包括写字、绘画、手工制作和游戏活动等,既为因上班无法照看孩子的家长解决了后顾之忧,又为就读不同学校的学生提供学习交流机会,受到了社会的广泛好评。

但不可否认的是,我国现阶段的社区活动包括社区游戏的发展状况极不平衡,一些工厂、机关和军队所属的社区由于单位重视,且经费相对充裕,社区活动开展情况较好,而一些隶属街道管理的社区因种种原因尤其是经费短缺,社区活动开展情况不容乐观。

在美国,社区游戏活动是社区管理委员会的一项重要工作,每年春天,社区管理委员会都会在周末或假日在社区公园举办各种游戏活动,参加者以家庭为单位,受到社区居民的广泛欢迎。周末一早,一家人带着食品和水,从居住区涌向公园。孩子们眉飞色舞、兴高采烈,期待享受与父母一起进行的游戏活动。游戏结束后,一家人在草坪上铺一块餐桌布,共同享用午餐。在各个社区,都有常年开放的健身馆、游泳池和各种娱乐室,居民们一年四季随时可以进行自己喜欢的各种游戏活动。

在德国、英国及其他一些欧洲国家,政府在大力发展社会福利事业的同时,在社区建设各种运动场地和休闲娱乐设施,为居民进行各种游戏活动提供方便。

我国自改革开放后尤其是新世纪以来,随着社会经济发展,政府对社区工作的重视程度越来越高。仅从社区游戏方面来说,国家不仅拨款资助社区文化娱乐设施建设,还以国家补贴的方式鼓励学校、机关的运动场馆向社会开放,为社区居民从事休闲运动提供方便。同时,在各个社区建设了社区之家,设置学习室、娱乐室、小图书馆等,开设游戏娱乐项目,如棋牌、乒乓球、唱歌、跳舞等。

社区游戏不仅有利于邻里沟通,建立家庭之间的友谊,而且在丰富社区文化生活、改善居民的精神面貌方面同样具有重要的作用和意义。

第四节　游戏的性质

游戏是各国、各民族共通的一项活动。在世界的任何角落,只要有人存在,就有游戏活动。但是,游戏作为一种文化现象必然受到不同民族、不同生活方式的影响,所以,游戏方式及其性质和特点各有不同。

认识游戏的性质是为了更好地理解游戏、从事游戏,引导和控制游戏的发展。尽管世界上游戏的种类繁多、不计其数,但是,同为游戏必然有其共同的一面。我们从以下几方面对游戏的性质做简要的阐释。

一、游戏的竞技性

游戏的竞技性即游戏活动所表现出的对抗性与竞争性。除了一个人自娱自乐的游戏活动外,大多数游戏活动都需要两个人或两个以上的人一起进行,那么,这种游戏的竞技性由何而来?

（一）竞技性的产生

关于竞技性或者说竞争性起源于何处，长期以来有各种不同的观点。生物学的观点认为，竞争性是所有动物在进化过程中产生的一种天性。弗洛伊德也认为，人的本能中具有进攻倾向，这是一种原始的、自我生存的本能的属性。

而人类学家则认为："人们的思想和行为在很大程度上是在某一社会环境中习得的，这种观点实际上包含着这样的意思：如果我们改造社会，我们就能改变人性。这似乎是一个乐观的观点，因为它为有可能产生的更加正义的社会、更加正直的民众，扫除贪婪、偏见和侵犯提供了某种指望。但人类可塑性的概念，也包含着规定某物为人们的条件这种观念的萌芽。人类如能变得更加高雅，当然也会变得愈加残忍；如能学会无偿共享，当然也可学得自私自利。"①

所以，人的竞技性或说竞争性无论起源于"本能说"还是"环境说"，都能够很好地解释人类的竞技性。按"本能说"的观点，人生来具有潜在的进攻性，当生存或生命受到威胁时能够爆发出巨大的攻击力进行抵御，表现出一种强烈的竞技性或竞争性。按"环境说"的观点，人类的竞技性从古代狩猎为生开始就在恶劣的生存环境中表现得淋漓尽致。正如英国生物学家赫胥黎在《进化论与伦理学》一书中所说："物竞天择，适者生存。"这是一条颠扑不破的大自然法则。人类及其他动物千百万年的进化过程证明了这一点。

（二）竞技性的演化

人类以及动物的竞技性只是适应于外界环境的一种潜在能力，这种能力不会在生活中的每时每刻都表现出来，只有在特定的场合和特定的环境下，这种能力才会被调动起来。

在游戏活动中需要人发挥竞技能力，虽然游戏活动并不需要游戏者你死我活，但缺乏或隐匿竞技能力仍然不会获得胜利。所以，

① 罗伯特·墨菲.文化与社会人类学引论[M].王卓君,译.北京:商务印书馆,2009:22.

游戏活动中的竞技性是不可或缺的。

为什么在游戏中人类能够体现出强烈的竞技性？其原因在于人的"心理内驱力"。赫伊津哈对此说道："什么叫'获胜'？什么叫'赢'？获胜的意义是显示自己比别人优越。不过，这种优越的证据往往给获胜者制造了普遍优越性的假象。就此而言，他赢得的东西超过了那场游戏的胜利。他赢得了尊敬，还赢得了荣誉。这样的尊敬和荣誉同时又增进了他所在群体的利益。我们在此看到了游戏的一个非常重要的特征：竞争的'本能'首先不是夺取权力的欲望或凌驾于他人的意志。竞争的首要欲望似乎是胜人一筹，是争第一，是受人尊敬。至于结果是否会增加个人或群体的权力，这个问题只能够屈居第二。重要的是夺取胜利，最纯粹的例子就是棋赛。除了赢棋这个结果之外，胜利本身并没有令人瞩目或令人愉快的东西。"①可见，游戏活动中的竞技性是在人的心理调控下的身体能力的表现。不过，这种游戏活动的竞技性主要体现在肢体运动类的游戏活动中。

二、游戏的文化性

文化是人类特有的一种社会属性，它体现在人的一切生活和社会活动之中。游戏活动不论是作为个人的生活方式还是一种社会活动都体现出文化的特征。

游戏的文化性是怎样表现出来的呢？这是由人的需要决定的。主要有两个方面，即生物性需求和文化性需求。

（一）生物性需求

人类和所有动物都有自身的基本需求，这是一种自然规律，称之为生物性需求，如生理需求中的饮食、睡眠、性爱，情感需求中的快乐、满足等。这些生物性需求都是在身体意识的控制下进行的，饥饿时要进食，干渴时要喝水，疲劳时要睡觉。同时，生理的需求得

① 约翰·赫伊津哈.游戏的人——文化中游戏成分的研究［M］.何道宽,译.广州：花城出版社,2007：54.

到满足后，又会产生情感的需求。

小动物吃饱、睡足后，会和妈妈一起嬉戏玩耍，日复一日，因此，动物的生活无所谓文化。而人类则不同，人类是具有文化属性的动物，"文化为人类提供了用途广泛的工具来满足所有人类的基本需求，即生物性需求……人类在进化过程中不断产生新需求、新欲望和新驱动力，例如知识上的疑惑、艺术性冲动以及进入超自然的宗教需求。生活标准的提高以及满足条件的提升同样也是自由被文化提升的一部分。人类发展的不同阶段有不同的分享标准，这与具有高度情感性但有点空洞和宽泛的幸福概念密切相关"①。

作为满足情感需求的游戏活动无论从游戏的方式还是游戏的过程都表现出不同于其他动物游戏的特点，即文化性。人类的游戏活动可以根据游戏内容的不同自定规则；旧的游戏被淘汰了又可以发明新的游戏；游戏可以徒手进行，也可以利用工具进行，新的游戏工具的出现本身就是文化的体现。

（二）文化性需求

文化是人类创造的，文化是人类认识世界和改造世界的结果，文化从诞生之日起就成为人类改造社会环境和自然环境、服务于人类的工具。

从宏观层面来说，文化的产生使人类区别于其他任何动物，从愚昧落后的状态逐渐进入文明的状态。工具的发明改变了人类的生产方式，提高了劳动生产率，使社会产生了分工，从而为诸如科学、教育、文学、艺术及宗教等社会文化的建立，为人类文化的研究与发展奠定了基础。

从微观层面来说，文化的产生改变了人的思维观念和思维方式，使人类的生活方式发生变化。从游牧生活到定居生活，从采集生活到生产生活，从农业生产到手工业生产再到大机器生产，社会发展的每一次工具变革都会使人类的思想发生变化，由此而产生的

---

① 布劳尼斯娄·马林诺夫斯基.自由与文明[M].张帆，译.北京：世界图书出版公司，2009：72.

是人类生活方式的不断变化。

由此可见,文化与人类息息相关。文化是人类创造的,并为人类服务,而人类的发展又离不开文化。因此,对文化的需求是人类在基本的生存需求满足之后不可或缺的一项内容。

就游戏活动而言,游戏是人类文化性需求的一部分,对每个人来说,虽然对游戏需求与对政治、经济、科学文化的需求比起来微不足道,但却是必需的。可以肯定地说,尽管每个人的职业不同、社会角色不同,但就游戏活动来说,没有一个人会有陌生感。

人在一生中的不同年龄阶段都会参与一些自己喜欢的游戏活动,对很多人来说,游戏是一种生活方式,是一种习惯。所以,人在追求各种科学文化知识的同时,也会对自己喜欢的游戏无论是肢体游戏、智力游戏还是语言游戏稍加关注,以此使生活充实美好。所以,游戏活动的文化性在人的文化性需求中得以呈现。

三、游戏的地域性

所谓游戏的地域性,是指游戏活动是各国、各民族都具有的一项活动。但由于各国、各民族处于不同的地理位置,具有不同的自然环境和文化环境,所以,表现在游戏活动中的特点亦有不同。此即游戏的地域性特点。

游戏活动究竟在哪个国家、哪个地区首先产生? 这是一个无法回答的问题。但是,游戏活动作为一种本能的延伸,首先是由生活技能演变而来的,这一发生过程是大致相同的。一个最典型的例子就是射箭活动,这是古代人类的一种谋生手段和生活方式,考察人类古老的国家和地区,大多有射箭活动,只是弓箭制作的材料因自然环境不同而不同,弓箭制作的式样和制作技术因文化环境的不同而不同。

(一)自然环境下产生的游戏活动

在中国,赛龙舟活动几乎无人不知、无人不晓,它广泛流行于长江中下游地区及西南各少数民族地区。千百年来,赛龙舟已成为一项规模宏大的民俗游戏活动。

相传在战国时期,楚国大夫屈原含恨投江(汨罗江)自杀。楚国人因舍不得屈原死去,于是划船追赶拯救,他们争先恐后,一直追到岳阳洞庭湖。这就是赛龙舟的起源之说。人们将屈原的投江日即每年农历的五月五日定为端午节,以赛龙舟的形式纪念屈原。借赛龙舟驱散江中之鱼,免得鱼吃掉屈原的尸体。也有的在赛龙舟的同时将鸡蛋、粽子抛入江中,意为把鱼虾蟹鳖喂饱,使它们不会吃掉屈原的尸体。

另外,也有人认为赛龙舟活动是古越族人祭水神或龙神的一种祭祀活动,祈求水神或龙神保护人间风调雨顺,年年有个好收成。

但是,对于游戏活动本身来说,起源并不重要,重要的是这种游戏活动历经了 2 000 多年的传承,至今依然在民间流行,其实际意义已经远远超越了其象征意义。为什么赛龙舟活动是在中国的长江中下游和一些西南的少数民族地区进行?除了传统文化方面的原因以外,另一个主要原因就是这些地区的江河、湖泊水资源丰富,且水流相对平缓,适宜于从事划船活动和游泳活动。因此,作为游戏活动的赛龙舟便在这种自然环境下产生。

(二)文化环境中出现的游戏活动

美索不达米亚文明是世界上最早产生的古典文明,过去很长时间我们将这一文明称为古巴比伦文明或巴比伦—亚述文明,但是,美索不达米亚文明既不是巴比伦人创造的,也不是亚述人创造的,而是苏美尔民族早在公元前 4000 年创造的。

"到公元前 3000 年,苏美尔地区已经出现了 12 个独立的城市国家。但是,由于各个城市国家为了争雄称霸而相互争战不休,结果大大削弱了苏美尔人的力量,致使他们很轻易地就被北方来的印欧人入侵者击败。实际上,美索不达米亚的历史,在很大程度上也就是一部印欧人入侵者与闪米特人入侵者为争夺这块肥沃的两河流域地区而展开的一场长达数千年的斗争史。"[1]在这些独立的城市国

---

① 斯塔夫里阿诺斯.全球通史[M].7版.董书慧,等,译.北京:北京大学出版社,2005:59.

家中,每一个城市都有一个手工艺人阶层,包括石匠、铁匠、木匠、陶工和宝石匠。

苏美尔人不仅擅长于金属工艺、宝石雕刻和立体雕像,制作出一些出色的艺术品,如兵器、器皿、首饰、动物图像等,而且在农具制造方面也独领风骚。"美索不达米亚平原最早出现的轮子只是一些圆形的板,它们被牢牢地钉在车轴两端。到公元前3000年,人们已经将车轴装到手推车上,而且轮子和车身也不再直接相连。此后不久,又出现了装有轮辐的车轮。这种原始的手推车虽然笨拙,但比以前一直使用的人的肩膀和驴子等驮兽却要方便得多。车轮也被用来制造战车。人们先是利用这种战车冲击敌阵,迫使敌人溃散;后来又用它作战斗平台,士兵可以站在车上投掷标枪杀敌。"①

但是,苏美尔人制造的推车也只是生产和生活中的一种运输工具以及作战工具。其后,这种战车传到埃及,这种战车不仅用于作战,闲暇时又成为一些贵族阶层娱乐的工具,他们驾驶战车、带着猎狗或驯服的猎豹到山林中、大河旁捕猎禽鸟、狮子、鳄鱼和河马,或进行钓鱼活动。

除此以外,古典文明中的印度文明也有着极富地域特色的文化,印度最早的文献《吠陀》记载了大量的宗教诗和圣歌,这些诗歌大概早在公元前3000年就已问世,但只是口头传诵,没有文字记录,几个世纪以后才收入汇编。《吠陀》反映了印度河上游及两河"河间地"原始雅利安诸集团的文化,年代大致在公元前2000—前800年,这个时期也就称为"吠陀"时代。

另外两部长篇史诗《罗摩衍那》和《摩诃婆罗多》也是人们口头传诵的诗篇,记录了一系列反映社会生活条件、习俗和信仰的事件。其中写道:"在早期吠陀时代,印度—雅利安诸部落经营简单的,主要以畜牧为基础的经济。他们种植大麦,可能还种其他谷物,使用牛拉木犁。他们吃绵羊肉、山羊肉和牛肉,这通常是在用这些动物祭祀是时候;经常食用的则是奶制品——奶、奶油、酥油(溶解的奶

---

① 斯塔夫里阿诺斯. 全球通史[M]. 7版. 董书慧,等,译. 北京:北京大学出版社,2005:52.

油)。牛是最贵重的财产,是用作交换的媒介物。显然,牛尚未受到崇拜,也没有禁止宰杀。家畜中还有马,用于牵引战车以及赛车。已经有了各种通常的手工业,包括金属加工。音乐,包括声乐和器乐(有笛、鼓、钹、琴),是一种流行的娱乐方式;舞蹈亦然。掷骰子赌博是全民族的消遣,全民族简直是嗜之入迷。"①

由此可见,在古老文明的初期,各种不同的游戏活动就在各国、各民族出现,并且由于自然条件和文化条件的不同表现出不同的地域性特征。

四、游戏活动的多样性

从游戏活动的分类中我们知道各种游戏活动大致可以分为肢体性的游戏、智力性的游戏以及语言性的游戏,每一类游戏中还包括各种内容的游戏。世界上究竟有多少种内容的游戏谁也数不清,这就是游戏的多样性。

赫伊津哈说:"游戏性质的竞争精神,作为一种社会冲动,比文化的历史还悠久,而且渗透到一切生活领域,就像真正的酵母一样。仪式在神圣的游戏中成长;诗歌在游戏中诞生,以游戏为营养;音乐舞蹈则是纯粹的游戏。智慧和哲学表现在宗教竞争的语词和形式之中。战争的规则、高尚的生活习俗,全都建立在游戏的模式之上。因此,我们不能不做出这样的论断,初始阶段的文明是游戏的文明。"②但是,赫伊津哈"初始阶段的文明就是游戏的文明"这一观点并不被唯物主义者所接受,因为他忽略了人类发展和社会进步中的其他诸方面因素。

尽管如此,赫伊津哈提出的游戏活动"渗透到一切生活领域"的论点还是有道理的。这一论点也反映出了游戏活动多样性的特点。

以舞蹈游戏为例,原始的舞蹈起源于人类在狩猎过程中对各种

---

① 爱德华·麦克诺尔·伯恩斯,菲利普·李·拉尔夫.世界文明史:第1卷[M].罗经国,等,译.北京:商务印书馆,1990:145-146.
② 约翰·赫伊津哈.游戏的人——文化中游戏成分的研究[M].何道宽,译.广州:花城出版社,2007:203.

动物动作的模仿,人们借以表达狩猎时或狩猎成功后的一种愉悦的情绪。而在巫术和宗教出现以后,舞蹈便成为巫术的一种表达形式,如古代驱鬼、降魔大都是以舞蹈形式进行。宗教活动也是这样,人们在宗教仪式上通过舞蹈形式表达对神的崇拜和敬畏,或对死去先人的缅怀。"舞蹈是最纯粹、最完美的游戏形式,在一切历史时期和一切民族中都是如此,无论我们心中想到的是什么舞蹈,无论野蛮人的神圣舞蹈和巫术舞蹈,希腊人的仪式舞蹈,还是大卫王在约柜(圣经里保存刻有"摩西十诫"石头的柜子)前的舞蹈,莫不如此,无一例外。事实上,一切舞蹈都有游戏的性质,只要舞蹈是一种表演、一种展示,只要它是有节奏的运动比如小步舞或四对舞,它就具有游戏的性质。"①从各国、各民族的舞蹈中可以发现,同为舞蹈仪式,但舞蹈的内容各不相同,呈现出多样性的特点。

祖尼人(即北美印第安普韦布洛人,居住在新墨西哥州中西部与亚利桑那州交界处)的舞蹈"就像他们在仪式上的祈祷诗一样,是靠单调的重复迫使自然的力量显出功效。他们的双脚在地上不知疲倦地'踏来跺去',以使天上的薄云聚集成浓浓的云雨,进而迫使甘露普降大地。他们根本不是在专心致志于那种出神的经历体验,而是如此彻头彻尾地致力于与自然的同一,这样自然的力量就会实现他们的目的。这种意图支配着普韦布洛人舞蹈的形式和精神。其中没有一点点儿癫狂。这是一种韵律力量的积累,四十几个人整齐划一的动作完美无缺,这使他们显得十分有力。"②

而在不列颠哥伦比亚(加拿大的一个省),"节日和舞蹈也完全是社会性的。那都是在节日场合,表演者模仿动物以取悦观众,但是绝不能模仿那些可能成为守护神灵的动物。这些节日没有宗教的意义,也不用来寻求经济交换的机会。一如既往,每一个行动都自成一体。它形成了自身的混合,它的动机和目标又都适合于它自

① 约翰·赫伊津哈.游戏的人——文化中游戏成分的研究[M].何道宽,译.广州:花城出版社,2007:189.

② 露丝·本尼迪克特.文化模式[M].王炜,译.北京:生活·读书·新知三联书店,1988:93.

身的有限的范围,而并不延及人们的整个生活,似乎没有任何独具特色的心理反应会出来把文化作为一个整体加以控制"①。

古希腊的舞蹈又不同,作为一种宗教形式和节庆内容,古希腊舞蹈所体现出的是一种英雄崇拜和神灵崇拜的理念,所以,它是以竞技的形式进行的。由此可以看出,舞蹈游戏活动无论在活动目的还是在活动方式上都表现出多样化的特点。其他各种游戏活动也有相同的特点。

由此可见,游戏活动因自然环境不同、文化背景不同,必然表现出多样性的特点。

本章小结

本章主要讨论了游戏的分类与性质,从游戏的产生过程可以将游戏分类分为本能的游戏、学习的游戏和创造的游戏。从游戏类型可以将游戏分为身体(肢体)游戏、智力游戏、语言游戏、玩具游戏、电子游戏和网络游戏等。根据社会学分类又可将游戏分为个人游戏、伙伴游戏、组织游戏和社区游戏等。游戏的性质可以简要概括为:游戏的竞技性、游戏的文化性、游戏的地域性和游戏的多样性。

本章思考题

1. 从游戏的产生过程可以将游戏分为哪几类?
2. 简述游戏的性质。

---

① 露丝·本尼迪克特.文化模式[M].王炜,译.北京:生活·读书·新知三联书店,1988:207.

游戏的演变与泛化

学习目标

本章学习和了解游戏的发展与演变过程。生存与游戏是人类最早的活动,而人类在社会发展中所创造的一切活动无不是建立在生存与游戏的基础上的。那么,这一演变和泛化过程是如何进行的? 为什么游戏能够演变为其他社会活动(事业)? 本章将详细阐释。同时,生活离不开游戏,生活中充满了游戏因素。那是不是说生活就是游戏? 游戏就是生活? 对此类问题,我们要有一种正确的认识。本章学习掌握游戏演变为其他社会活动(事业)的意义,重点掌握为什么其他社会活动中会有游戏方式。

游戏是社会生活中最普遍、最广泛的一项活动。一般而言,平时人们所说的游戏主要是指狭义上的游戏。但是从广义上说,人类社会中的很多活动也是一种"游戏"活动,或者说无不充满了游戏成分。常言道,人生本是一场戏,你方唱罢我登场。

但是,生活具有游戏性并不等于说生活就是游戏。生活中可以有幽默,以游戏的心态调侃生活也未尝不可。而如何认识生活? 以何种态度对待生活? 以何种具体方式生活? 这是一些严肃的问题。因此,我们讨论游戏文化不能只谈狭义的游戏,对广义的游戏或者说对各种社会活动的游戏性和游戏成分也应当有一个基本的认识。

第一节　游戏演变的社会事业

说到游戏的演变,很多人第一个想到的可能就是运动与体育运动,一部分游戏活动演变为运动与体育运动以及新式体育运动项目的发明是 19 世纪的两个重要特征。其实,除了运动与体育运动,社会中还有其他一些活动也是由游戏活动演变而来。如舞蹈活动、演艺活动、文学创作等活动无不是在游戏的基础上演变而来。甚至哲学研究、历史研究等也走不出游戏的圈子,所以,有人说哲学是一种思辨游戏。且不论这一说法正确与否,但至少可以肯定,所有社会活动都是人的活动,而人的活动尤其是通过主观意识进行的活动,必然存在一定程度上的游戏性质或游戏成分。

一、运动类游戏演变为社会事业

以运动与体育运动为例,游戏演变为运动与体育运动不仅是游戏泛化的结果,更是游戏发展的一次飞跃性进步。众所周知,"走、跑、跳、投"是人类共有的一种基于本能的活动,在这个基础上才有了各种游戏活动。古希腊人在人类游戏和竞技活动的基础上,创造了一种祭祀竞技活动,即古希腊奥林匹克竞技会,使游戏与竞技活动以一种前所未有的方式出现在古代历史中。所以,现代人继承古希腊人文化精神,借鉴古希腊人的竞技模式创造了以古希腊奥林匹克竞技运动命名的运动与体育运动。

演变后的运动与体育运动从本质上说仍是一种游戏和竞技活动,但与古老的游戏相比它具有鲜明的时代性和文化性。而且,运动与体育运动的诞生使游戏和竞技活动以一种新的方式成为人类的一项共同活动。这是以往历史上任何一项游戏和竞技活动不可与之相比的。

在物质方面,运动与体育运动产生后,成为人类的一项共同的运动游戏,得到了各国政府和社会组织的认同。随着工业的发展,各种运动类游戏产品及设施开始生产,为运动类游戏的发展奠定了物质基础。

在制度方面,运动与体育运动有了专门的组织机构,并制定了各个项目的比赛规则,使竞技比赛实现了制度化、规则化、统一化,不仅规范了运动与体育运动的发展,而且扩大了运动与体育运动的社会影响,提升了运动与体育运动的社会地位。

在认识方面,运动与体育运动的规范化改变了人们以往对其他类游戏的观念,使运动与体育运动不再与低级、粗俗的游戏联系在一起。这激起了人们的参与热情,使它逐渐成为一项人类共同的游戏活动和社会活动。

运动与体育运动诞生后,在世界各国、各民族发展迅猛。仅仅百余年的时间,从首届奥运会只有 13 个国家参赛,到现在已经有 200 多个国家和地区成为国际奥委会成员,足以显示出人类对于运动类游戏的热衷和向往。

正因为如此,运动与体育运动在游戏性质的基础上又增添了新的性质,即成为一种人类共同为之奋斗的社会事业。在社会主义国家,它成为一种游戏和上层建筑意识形态领域内容的一部分,与文教卫生等事业具有同等重要的地位。而在资本主义社会,它成为一种个人和社会组织的共同事业。

演变后的运动与体育运动实际上具有双重性。从游戏的层面来说,运动与体育运动只是游戏的一部分,又称为运动类游戏。从国家事务的层面来说,它又是国家事业的一部分。国家为什么将运动与体育运动作为一项事业?原因在于借助于运动与体育运动方式,培养青少年坚韧不拔的意志品质,塑造青少年的勇敢精神,使之成为合格的社会建设者。同时,运动与体育运动又为社会大众提供了一种健身方式和娱乐方式,这对于促进社会和谐发展具有重要意义。因此,这种运动类游戏在国家事务中的地位得以提升,在社会中的影响越来越大,并且成为推动社会发展的动力因素。

我国体育运动发展历程充分证明了这一点。1949 年 10 月,"全国体育工作者代表大会"在北京召开,会上提出对民国时期成立的中华全国体育协进会进行改组,并成立了中华全国体育总会筹委会。1952 年 11 月,中央人民政府委员会第 19 次会议决定成立"中央人民政府体育运动委员会",后又更名为中华人民共和国体育运

动委员会(以下简称"国家体委")。国家体委成立后,各省市自治区随之成立了地方各级体委组织。同时,各行业相继建立体育运动协会等群体组织,形成了一个全方位的组织机构网,为推动体育运动发展建立了组织基础。

体育组织在推动体育运动发展中的作用主要体现在两个方面:一是制定体育运动的方针政策,使体育运动发展有一个正确的方向和目标;二是组织实施各项政策以及具体的发展计划。正如中华人民共和国第一份体育杂志创刊词中所说,"首先,要把体育普及到千百万劳动人民中去。有步骤地从学校到工厂,从城市到乡村,从部队到地方,使体育很快成为广大人民的体育,融化到人民的生活中去,成为人民在自己伟大的建设事业和国防事业中获得胜利的一个有利因素和保障。其次,要系统地研究和总结旧体育,摒弃一切不合理的部分,细心地去发掘人民中已有的丰富的民族体育,切实改造旧体育界,使之能担负起建设新体育的重任。再次,要向苏联及各人民民主国家学习,根据我国实际吸取他们成功的经验,来充实我们的体育内容和启发我们的创造,使我们的体育,成为世界进步体育的一个构成部分"。

在这一思想的指导下,1951年11月24日,国家颁布"第一套广播体操",号召全国人民一起做广播体操;1954年,国家体委颁布了《准备劳动与卫国体育制度暂行条例和项目标准》(以下简称《劳卫制》),从1955年开始,《劳卫制》开始在全国正式推行。从城市到农村,从学校到工厂、企业、机关、部队,全民体育运动蓬勃展开。

中华人民共和国成立之初,为什么要开展全民体育运动?因为中华人民共和国成立之前,连年的战争使得到处一片废墟,百业待兴。而且,国际反华势力和战败的国民党集团企图对中华人民共和国发动新的战争,所以,建设祖国和保卫祖国成为中华人民共和国成立之初的头等大事。而要实现这一目标需要国民拥有健康的体魄,因此,通过国家控制发展体育运动,增强人民体质是一项重要的国家发展策略。事实证明,20世纪五六十年代发展全民体育运动对国家经济建设起到了重要的推动作用。

改革开放以后,随着社会物质生活的不断改善,运动类游戏逐渐成为社会民众的一种自觉的社会活动。另外,竞技类运动游戏发展迅速,多种竞技项目在国际比赛中赢得了霸主地位。尤其是在2008年的第29届北京奥运会上,我国首次获得了金牌总数第一,鼓舞了国民信心,为运动与体育运动发展创造了更好的社会氛围。

由此可见,运动与体育运动不同于以往的各种游戏,它的社会事业性质确立之后,在政府和社会控制下,发展大大增强,同时又反作用于社会,推动社会发展。

在资本主义社会,情况同样如此。在美国,虽然国家和政府不直接管理运动与体育运动,而由社会组织即美国国家奥林匹克运动委员会负责发展体育运动事业,但运动与体育运动同样得到政府以及其他社会组织的支持,所以,美国的体育运动竞技水平在世界上名列前茅,而且大众体育运动普及程度也领先于世界各国。

总之,游戏演变为运动与体育运动不仅未改变游戏本身的性质,而且增加了社会事业属性。这种二重性使运动与体育运动的发展优势倍增。

二、舞蹈游戏的演变过程

舞蹈是人类的一种情感表达方式,从本能的手舞足蹈到宗教舞蹈、娱乐舞蹈、宫廷舞蹈,近代末舞蹈艺术已成为一门学科,舞蹈的历史伴随着人类生活的自始至终。"舞蹈是一切艺术之母。音乐与诗歌存在于时间;绘画和建筑存在于空间;只有舞蹈既存在于时间也存在于空间。创造者和他们创造出来的事物,艺术家和他们的作品都是一个统一体。有节奏性动作的样式,空间的可塑性感觉,对目睹与想象出来的世界给予栩栩如生的展现——这一切都是人类在使用实物和语言表现他们的内心活动以前,就已经运用自己的身体通过舞蹈形式表现出来。"①

在婴幼儿时期,人类表达情感的方式除了哭、笑,就是手舞足蹈。儿童时期,兴高采烈之时会欢呼雀跃;失落沮丧的时候又会捶

---

① 库尔特·萨克斯.世界舞蹈史[M].郭明达,译.上海:上海音乐出版社,2014:序言2.

胸顿足。所以,这些本能的情感表达方式为舞蹈产生奠定了基础。猎人捕获了猎物之后,喜悦之情油然而生。一个人或一群人围绕着猎物蹦啊、跳啊,表达兴奋的心情。在一些部落,狩猎归来之后,人们会在晚饭之后点燃篝火,狩猎者会向家人以及村民叙述狩猎的精彩过程,并以舞蹈方式"重现"狩猎场景,让大家一起享受狩猎的欢乐,舞蹈游戏由此出现。

古代宗教产生后,舞蹈又成为一种宗教方式和宗教内容。古代宗教是古代人类认识世界的一种观念,即原始人类的世界观。他们认为,这个世界上存在各种不为人知的神灵,左右着人的生活和喜怒哀乐。所以,要想庄稼丰收,保证生活平安,就需要祈求不同的神灵保佑。于是,祭天求雨、祭神求生等不同的宗教形式产生。在宗教活动中,有杀牲献祭、念符咒、做祈祷等各种不同祭祀仪式,而舞蹈献祭则是一种广泛的宗教形式。"人们渴望舞蹈,因为跳舞的人能够获得魔力,为自己带来胜利、健康和生活乐趣。当同一部落的人手挽着手一起跳舞时,便有一条神秘的系带把整个部落与个人联结起来使之尽情欢跳——没有任何一种'艺术'能包含如此丰富的内容……跳舞的人摆脱了'原意'的束缚后,会投身于生活中常出现的令人产生极端喜悦的嬉戏而兴高采烈。这种欢悦使他摆脱了单调的日常生活,回避活生生的现实,无视他所经历过的严峻的事实——于是想象力、幻想力、洞察力都被唤醒,变成创造力。在狂舞时,人类能架通这个世界与另一世界之间的鸿沟,进入神鬼的领域。当他入迷而丧魂失魄时,会打碎尘俗的锁链,颤抖抖地感受到自己与所有的外界和谐共处。'谁理解舞蹈的魔力,谁就与上帝同在',波斯的苦行僧、诗人鲁米(Rumi)曾激动地高喊着这句话。"①所以,古代宗教的产生,推进了舞蹈游戏发展。在这一过程中,舞蹈游戏开始具有了艺术的意味。整齐划一的舞蹈动作,铿锵有力的跺脚方式,产生出一种震撼的力量。

古代音乐产生后,又为舞蹈游戏向舞蹈艺术发展起了助力作

---

① 库尔特·萨克斯.世界舞蹈史[M].郭明达,译.上海:上海音乐出版社,2014:序言2.

用。需要说明的是音乐与舞蹈的结合首先出现在宫廷中,也称为宫廷乐舞。宫廷乐舞虽然讲究审美,具有艺术的特征,但本质上仍是一种宫廷游戏方式。宫女们表演舞蹈、追求美,并不是为了艺术,只是为了博得皇帝和大臣的欢心。而统治者欣赏宫廷乐舞既是一种娱乐方式,又"醉翁之意"不在艺术。在宫廷之外,各种酒肆、茶楼也是舞女聚集的地方,通过舞蹈表演招揽生意,同样讲究舞蹈的"审美",但这种审美是一种风花雪月的审美,与当今的舞蹈艺术和舞蹈事业不可同日而语。

欧洲中世纪晚期,随着资本主义商品经济的产生,社会交往日益频繁,一些资产阶级小商品生产者和流通者随着资本的积累逐渐成为有钱有闲的新型贵族,他们开始崇尚贵族的生活方式交谊舞应运而生,为社会上流和中产阶级创造了一种新的交往方式和游戏方式。交谊舞在舞姿方面比较讲究,与资产阶级的绅士精神相一致,迅速在欧洲广泛流行。

与此同时,芭蕾舞产生。芭蕾舞最早产生于意大利,后在法国兴盛。1661 年,法国国王路易十四在巴黎创办了世界第一所皇家舞蹈学校,确立了芭蕾舞的五个基本脚位和七个基本手位,使芭蕾舞有了一套完整的动作和体系。芭蕾舞集音乐、哑剧、舞台美术、文学于一体,是用以表现一个故事或一段情节的戏剧艺术。芭蕾舞的产生标志着人类舞蹈发展到一个新的高度。

但是,以芭蕾舞为代表的近代舞蹈,从本质上说仍然是一种舞蹈游戏。芭蕾舞在宫廷舞的基础上发展而来,为贵族和上层社会服务。虽然在舞蹈技巧方面追求审美,表现出舞蹈的艺术性,但舞蹈艺术作为一门专门的学科和社会事业尚未产生。

20 世纪初,德国学者马克斯 · 德苏瓦尔(Max Dessoir,1867—1947)出版了《美学与一般艺术学》(1906)一书,标志着艺术学成为一门独立的学科。这部著作的内容分为两部分:第一部分是美学;第二部分是一般艺术学。所谓一般艺术学,就是我们现在所说的艺术学,说它"一般",是为了使它有别于特殊艺术学,如美术学、音乐学、戏剧学等。德苏瓦尔的基本出发点是:人对现实的审美关系和艺术活动仅仅部分地重合,因此,研究艺术的学科应当同研究美和

对美的知觉的学科区分开来。艺术学科诞生以后,不仅使艺术成为专门的社会活动,也使其成为一种社会事业。就舞蹈而言,舞蹈游戏演变成一种艺术舞蹈,但舞蹈的游戏性不仅没有消失,而且增添了新的社会事业性质。因此,舞蹈的演变过程同运动与体育运动的演变过程一样,演变后的舞蹈既是一种游戏,又是一种社会事业,具有双重性。

三、游戏演变为社会事业的意义

人类来到这个世界,经历了几百万年"人之为人"的进化过程。在这一过程中,除了维持生存的活动之外,人类的活动只有游戏。所以,生存和游戏成为人类发展的最初活动。人之初的游戏是一种本能的游戏,这与其他动物没有差异。但是,人类的游戏又在文化的作用下蓬勃发展。因此,人类的游戏以及人类所有的活动在旧石器时代结束后的万余年时间里发生了天翻地覆的变化。原因何在?主要可以归结为两个方面:一是为解决生存而进行的生产实践活动改变了人类的生活方式;二是除生产活动之外的各种社会活动又在游戏的基础上不断衍生,各种社会活动由此出现,使人类的生活逐渐变得丰富多彩。

(一)游戏为什么能够演变为社会活动?

游戏作为人类最初的活动,早在文化产生之前就已经存在。但是,人类的游戏不同于其他动物的游戏,其他动物的游戏只停留在本能游戏的水平,人类的游戏从本能的游戏开始,向文化的游戏发展,又在这一基础上不断衍生和扩展,演变为各种社会活动。游戏为什么能够演变为各种社会活动,其根本原因在于两点:一是人类的认识水平提高;二是社会的需要。

在旧石器时代晚期,人类战争开始出现。早期的战争同狩猎方式无异,除了赤膊上阵的身体较量之外,就是弓箭、梭镖等武器的对抗。所以,为了赢得战争,人类开始了早期的军事训练,而军事训练的内容就是摔跤、搏击以及训练射箭、投梭镖的使用技巧等。从活动性质上说,军事训练不同于游戏,军事训练的目的在于为战争做准备,但是,从训练方式上说,军事训练方式又与游戏方式大同小异,相差无几。因此,作为社会活动的军事训练既是一种游戏方式的迁移,又是一种游戏演变为社会活动的结果。这一演变过程完全是由人类的认识水平和游戏经验决定的。最初的人类没有战争经验,更没有军事训练经验,但是,人类在几百万年的生存中有着丰富的狩猎经验。所以,当战争出现后,人类本能的应对方式就是将敌人视为猎物,以狩猎方式作为战争手段。

进入农耕时代,人类的生产方式和生活方式发生了根本性变化,生产方式的改变为社会发展奠定了物质基础,生活方式的改变为社会文化发展创造了条件。作为生活方式内容的游戏活动有了很大发展,人类创造的游戏越来越多,使人类的生活更加多姿多彩。同时,各种社会活动又在游戏中不断产生。就绘画与雕塑来说,早在旧石器时代末期,就出现了人类最早的绘画。有人认为绘画艺术由此出现,其实这种观点是不正确的。史前人类虽然已经具有了绘画本领,但这种绘画只具有记录的意义或宗教意义,从本质上说不过就是一种游戏而已。与绘画艺术的观念没有任何联系。正如房龙所说:"农业知识极其贫乏的史前人,是个游牧人,靠打猎为生。如果他猎不到一只鹿,一只野猪,一只狗熊,他就要挨饿,问题就是这样简单。如果他挨饿,他的老婆孩子,也要挨饿。因此,他的全部人生哲学,全部宗教观念都围绕着野兽转。于是,他给我们留下在他们生活中,起非常重要作用的这些野兽的画……但是,从纯艺术的角度来说,我们有千条万条理由来感谢这些史前人,他们想出了表现巫术的这一特殊形式。因为人类最早的画派,毕竟是从表达这种情绪(且不问这是什么情绪)产生的,拿石凿作画的那批人,是头号的艺术家。"①虽然房龙赞美史前人为头号艺术家,但这不过是赞美史前人的一种无意识创造客观上开辟了人类的绘画与雕塑之路。

绘画与雕塑作为一种艺术是在农耕时代产生的,农耕时代阶级和社会分工的出现,为绘画艺术创造了条件。房龙说:"尼罗河谷的农民,聚居在很小的村庄里,生活情况几个世纪不变。他们已经有

---

① 房龙.人类的艺术:上[M].衣成信,译.北京:中国和平出版社,1996:33-34.

了工业,他们会制陶,会织布,会造粗糙的工具。但是,他们没有闲暇,也没有机会,进行艺术品的创作。由于他们终年辛劳,他们的工艺界的亲友才能够创造出一种以庞大和精细见称的艺术。这种艺术的特点是完美的,对人有普遍的感染力的。"①由此可见,绘画与雕塑艺术作为一种社会活动是随着人类认识的发展水平的不断提高而产生的。史前的绘画只是一种游戏方式。而且,在人类的古代时期,尽管绘画与雕塑已经成为一种社会活动,但仍是一种有钱有闲一族的游戏和消遣活动。

除此之外,机器时代的游戏演变为运动与体育运动以及舞蹈游戏演变为舞蹈事业同样是建立在人的认识水平提高和社会需求的基础之上的。

(二)游戏演变为社会事业的意义

游戏为什么能够生生不息、代代相传?这既是由一种本能的天性决定的,又是由游戏自身的功能、作用和意义决定的。而人类的游戏为什么能够在本能的基础上不断发展,不断丰富?这就不是本能的问题,而是人类社会文化作用的结果。所以,人类的游戏与人类社会文化是密切联系在一起的,从个人的成长需要到社会发展需要,游戏成为人类生活中的一项重要活动。

在人类古代的几千年中,尽管游戏早已成为一种社会活动,但并没有成为一项社会事业。而游戏演变为一种社会事业则始于近代末、现代初,并且成为世界各国调控社会生活,促进社会发展的一种重要手段。具体来说,作为一项社会事业的游戏活动,其意义主要体现在以下几个方面。

1. 丰富社会生活 满足民众需求

游戏是一种生活方式,其本质意义是为了满足个人的生活需求。国家或民族将演变后的游戏活动纳入社会事业管理范畴,它的作用和意义并没有改变。所以,无论是运动与体育运动,还是舞蹈艺术,以及棋类游戏、诗歌朗诵等活动都具有事业与游戏的双重性。运动与体育

---

① 房龙. 人类的艺术:上[M]. 衣成信,译. 北京:中国和平出版社,1996:45.

运动无论是作为一种事业还是作为一种游戏,对于社会民众而言意义都是相同的。舞蹈艺术也是这样,对于艺术工作者来说,舞蹈艺术既是一种事业,又是一种游戏。二者都是为社会民众提供一种观赏内容,丰富社会民众的生活,提高社会民众的艺术素质和鉴赏力。

2. 融洽社会关系 形成良好风尚

游戏是一种交流方式,除了个人游戏之外,大多数游戏都是在伙伴之间或组织之间进行的,游戏不仅为人与人之间的交往提供了机会,又为形成良好的伙伴关系、同事关系甚至朋友关系创造了条件。各级社会组织大力开展既具有游戏性,又具有事业性的各种活动,除了具有活动本身的意义之外,更具有提供交流机会、增进彼此友谊的长远意义。例如,举办运动比赛,一方面是为了倡导组织成员锻炼身体,增强体质;另一方面则是为了增进了解,和谐成员的相互关系,形成团结、文明的良好风尚。推而广之,如果每个社会组织都注重这种游戏类活动,那么对于促进社会关系发展就会具有积极的意义。

3. 树立社会榜样 引导个人追求

游戏具有竞争性的特征,尤其是运动与体育运动作为一项人类挑战自我的方式具有崇高的魅力。体育运动"更高、更快、更强"的竞技精神是人类精神的最高体现,人类从古老荒芜的世界历尽千难万险走到今天,就是凭借这种精神。所以,运动与体育运动成为一项国家和民族事业,有利于弘扬体育精神,展示人类的精神风采,为社会民众尤其是青少年群体树立榜样,确立追求目标。正如顾拜旦所说,"它将扩展到每个领域,形成一种清澈、健康的哲学基础。生活中重要的不是胜利而是奋斗,其精髓不是为了取得最终的凯旋而是使人类变得更勇敢、更强健、更谨慎和更落落大方。这就是我们国际奥委会的指导思想"[①]。

4. 控制社会秩序 促进国家发展

任何社会都是一个群体结构复杂的大家庭,不同肤色、不同信仰和不同观念的人构成了不同的社会阶层,观念碰撞和思想分歧难

---

① 皮埃尔·德·顾拜旦.奥林匹克宣言[M].北京:人民出版社,2008:123.

以避免。而从社会管理方面来说,开放的社会允许所有不同思想和观念的存在,保障所有人的社会权利。如何营造和谐的社会环境?不可能通过强制手段实现,这就需要通过各种社会活动包括以游戏方式进行的各种活动沟通群体与群体关系,个人与个人关系,使社会处于有序状态。所以,作为国家事业的运动类游戏和舞蹈艺术成为有效的调控手段。运动类游戏不分种族、无论信仰,是社会中人人享有的一种权利,舞蹈艺术亦然,传播舞蹈艺术不仅有利于提高国民的艺术素质,也有利于提高人们的审美水平,对于促进社会和谐和社会发展无疑具有积极的意义。

第二节　游戏泛化的社会活动

所谓游戏泛化,是指游戏在发展过程中对其他社会事物或社会活动产生一定作用和影响,这种受影响的社会事物或社会活动在自身的发展过程中在一定程度上打上了游戏的烙印或含有游戏的成分。

游戏是人类的一项自始至终的活动,游戏是人类的天性。人类从事一切社会活动无不受游戏天性的影响。当然,这并不是说人类的一切活动都是游戏活动,而是说人类的一切活动至少在活动方式上具有一定的游戏性。这既是由人类的游戏本性决定的,也是由社会活动自身的性质决定的。

一、体育运动规则中的游戏方式

运动与体育运动是由一部分游戏活动演变而成的一种运动类游戏,所以,运动与体育运动无论在性质方面还是在活动方式方面与游戏活动一致是必然的。但是,哪些方面一致?哪些方面又不一致?从游戏性质上来说,二者基本一致,差异不大。不同的是,运动与体育运动成为社会事业的一部分又被赋予了一道光环,成为人类共同的活动和共同的事业。而游戏规则则有很大的变化。运动与体育运动是由游戏活动演变而来的,演变的标志之一就是制度与规则的建立。制度与规则的建立使游戏活动更加规范,具有了组织性和规则性。这是以往任何一种游戏活动不能比拟的。

但是，以往的游戏就没有规则吗？也有游戏规则。不同的是这些游戏规则不具有同一性和统一性。一般由游戏者临时商定游戏规则或根据约定俗成进行游戏，它们不具有严格的约束性。16世纪初，法国盛行波姆球游戏。有时一些赢了钱的人不肯把钱分给队友，所以，弗朗西斯一世颁布法令规定"与按劳取酬一样，打波姆球赢钱合情合理，必须把钱付给赢球人"①。为了避免赛后争议，国王特设抵押金管理大臣，管辖王国所有的城市。不过，这同样不具有广泛的约束力。

运动与体育运动与其他游戏最大的一致体现为游戏的公平性。体育运动在规则方面的发展和完善体现了游戏的进步。但是，体育运动中仍然保留和沿用了一种古老的游戏方式，即优先权的选择。熟悉体育比赛的人都知道，比赛前，裁判员会以掷骰子的方式将一枚硬币或挑边器的正反面分配给双方队员，然后抛向空中，接住后由向上一面的队员优先选择场地或开发球。这对于优秀队或队员关系不大，但有时对把握比赛主动权还是有意义的。例如，乒乓球、排球比赛中，一般获得优先权的一方选择场地，把发球权留给对方，以争取主动。那么，这种优先权选择方式源自何处？其实，就是来自古老的游戏方式——掷骰子。

掷骰子游戏早在古埃及时代就已经产生，而且古代很多国家都有这种游戏，只是骰子的制作材料有所不同，有用大理石磨制的，有用动物骨如羊跖骨制作的，有用木制的，骰子的外形也不一样，但游戏方法大同小异，就是将骰子六个面标有数量不同的点，掷向桌面，向上一面的点多者为赢家。我国麻将中也用骰子决定谁先抓牌。掷骰子的道理很简单，就是为了保证游戏的公平性。但是，掷骰子的意义却不简单。掷骰子游戏的发明从一开始就与赌博联系在一起，而且，相比其他赌博游戏，掷骰子可谓是最简明扼要的游戏方式。那么，为什么以掷骰子决定胜负？这是由古代人的宗教观念决

---

① 乔治·维加雷洛. 从古老游戏到体育表演[M]. 乔咪加，译. 北京：中国人民大学出版社，2007：14.

定的。在古代人的心目中，神灵至高无上，人间一切事物的兴衰都由神灵决定。而且，神灵是公平的主宰，人类无法决定的事情，只能服从神灵的旨意。古人认为，赌博游戏的输赢不是由运气决定的，而是由神灵的喜怒哀乐决定的，因此，掷骰子游戏由此产生。

那么，掷骰子游戏方式为什么延续了几千年至今仍然存在于包括运动与体育运动在内的各种游戏中？很多当代人并没有神灵决定一切的宗教思想，却对这种游戏方式情有独钟，一个重要的原因在于这种随机出现的概率事件是人所不能控制的，所以不会出现人为的舞弊现象，这种游戏方式体现出公平性。

二、战争中的游戏方式

人类社会形成以后，战争就从没有停歇过，一直延续至今。从性质上说，人类的战争是一种利益和权力之争。从方式上说，人类早期的战争经历了狩猎方式—游戏方式—战争方式的过程。也就是说，早期的战争方式是狩猎方式与游戏方式的一种迁移和过渡，所以，战争方式从一开始就具有游戏的性质，并以游戏方式进行。

据资料记载，原始时期的几内亚山民有一种作战方式叫对阵战，"至少涉及200至多2 000名武士，在一个沿着作战群体边界的事先确定的无人地区进行。每方军队都由来自若干同盟村庄的武士组成，他们通常因婚姻而有亲属关系。虽然大量武士参与其中，但极少或根本不见军事行动，而只是从事几十场个人决斗。每个武士都叫骂其对手，投掷长矛或发射飞箭。在闪避矢上的敏捷受到高度赞扬，年轻的武士们四处跳跃。妇女们往往前来观战，会唱歌或激励他们的男人战斗。妇女们还拾取落地的敌箭，使得她们的丈夫能够回射敌人。在人口相当密集的先进部落族民中间普遍见到常发性对阵战"①。由此可见，这种战斗与游戏无异。

但是，并不是所有的早期战争都是如此。原始社会末期，部落间为争夺地盘和劳动果实发生的战争不断增多，战争的目的主要是征服和掠夺，获胜一方不但抢走对方的财产，还将俘虏带回部落，使

----

① 约翰·基根.战争史[M].时殷弘,译.北京:商务印书馆,2010:131.

他们成为自己的奴隶,因此,阶层分化开始产生,阶级社会由此形成。进入阶级社会后,人类的战争规模逐渐扩大,战争的惨烈程度不断加剧。但是,作战的游戏方式并没有改变。

在我国春秋时代,战争相对较少,而且非常讲究战争规则和礼仪:第一,打仗要师出有名,即说明开战理由。第二,要光明正大。春秋时候不容许趁敌国国君去世举办丧礼的时候发动战争,也不准趁敌国闹饥荒的时候发动战争。第三,不斩来使。打仗前,交战双方都要先派出使者交涉,陈述交战的理由,而且规定不斩来使。第四,战争有时限。战争一般是只打一天,分出胜负即可。第五,选择战争地点。战争一般只能在边疆,即国境线附近发动,双方的军队拉到各自的国境线,所以打仗的战场也叫疆场。第六,遵守战争规则。如果看到对方的国君,不但不能攻击,而且还要行礼。

据《左传》记载,公元前522—前520年宋国发生政治动乱。十一月初七,宋军联合诸侯援军和华氏在赭丘作战,向宜为公子城的御戎,庄董担任车右,干犨为华豹的御戎,张匄作为车右。两车相遇,公子城退了回去,华豹大喊说:"城!"公子城大怒,调转战车返回,将要装上箭,而华豹已经拉开了弓。公子城祈祷说:"父亲宋平公的威灵,还在保佑我!"华豹射箭,穿过公子城和向宜之间。公子城再次要装上箭,华豹又已经拉开了弓,公子城说:"不让我还手,真卑鄙啊!"华豹便从弓上抽下箭,公子城一箭射去,把华豹射死,张匄抽出殳下车,公子城一箭射去,射断了张匄的腿,张匄爬过来用殳敲断了公子城的车軨,公子城又射一箭,将张匄杀死,干犨请求公子城给自己一箭,公子城说:"我替你向国君说情。"干犨回答说:"不和战友一起战死,这是犯了军队中的大法,犯了法而跟从您,国君哪里用得着我?您快点吧!"公子城就把干犨射死了。

由此可见,春秋时代的战争在礼制的约束下,无异于游戏,甚至是舍生取义的游戏。但是,到了战国时期,这种状况荡然无存。战国时代战争的规模越来越大,战争的惨烈程度令人惊讶。战争方式则以另一种游戏方式出现。

《孙子兵法》是我国春秋战国时代的一部重要军事著作,也是世界上最早的兵书之一。书中探讨了与战争有关的一系列矛盾的对

立和转化,如敌我、主客、众寡、强弱、攻守、进退、胜败、奇正、虚实、勇怯、劳逸、动静、迂直、利患、死生等。认为战争胜负不仅取决于客观的形势,还取决于战争的主观指导是否正确。《孙子兵法》是在研究战争中种种矛盾及其转化条件的基础上提出其战争的战略和战术的。《孙子兵法》中的哲学思想不仅适用于军事,而且也受到各方面的广泛注意,被运用于其他许多领域。它的意义已经远远超出了兵书的范围。但是,《孙子兵法》的具体招式和内容又无不是一种游戏方法。例如,孙子曰:由不虞之道。意思是说,用兵作战,要走敌人意想不到的道路。公元263年,魏将钟会、邓艾率军伐蜀。蜀将姜维和廖化合师后,据守剑阁,魏军被阻于剑门外。此时,邓艾乘钟会与蜀军相持于剑阁时,自率精锐部队绕道阴平,越过350多公里的荒无人烟的小道,凿山开路,秘密前进,很快进入了蜀国腹地江油,直奔蜀都成都而去,从而置姜维大军于无用武之地,刘禅在魏军兵临城下的情况下,只好宣布投降。蜀国灭亡。

在《孙子兵法》中,还有"强而避之""半除二击之""散地则无战"等战术,每一作战方法都有其独到之处,既表现出古人的作战智慧,又与游戏方式相契合。因此,我们说战争方式就是一种游戏方式。

三、司法活动中的游戏方式

在古代社会,人类社会秩序的规范一方面是通过宗教实现的,另一方面则是通过部落德高望重者即族长或家庭长者以道德的方式进行的。但是,这种秩序规范随意性较大,又缺乏严格标准。所以,公元前3000年,两河流域的苏美尔人开始编制法律,其中,《汉谟拉比法典》是保存下来较为完整的法律文本之一。这部法典由序言、正文和结语三部分组成,序言中热情讴歌了汉谟拉比按神的意志颁布法典及他的丰功伟绩,并明示如后世国王不遵守法典,必将灾祸降身。这表明这部法典的编制首先是建立在宗教观念的基础之上。法典正文共有282条,内容涉及程序、盗窃、伤害、不动产占有、继承、转让、婚姻家庭、借贷、债权、奴隶等各方面,反映出当时的社会生活状况。所以,《汉谟拉比法典》的历史意义和现实意义都无可置疑。

但是,《汉谟拉比法典》无论是操作方式还是法条内容无不带有游戏的色彩,甚至有些内容和方法干脆就是一种游戏方式。如法典中规定,判定一个人是否有罪应以某种神的意志为立法的依据,方法是将人投入河水,浮上水面者无罪,沉入水中者有罪。而法条内容中有同态复仇法即"以眼还眼、以牙还牙"的惩罚原则,如果一个人伤害了贵族的眼睛,判还伤其眼。如果一个人折断了贵族的手足,判还折其手足。法律条文对于不同地位的人判罚标准不一样,如果贵族阶层的人打了贵族出身的人,须罚银"一名那"(钱币)。如果任何奴隶打了自由民出身的人,处割耳之刑。财产保护方面的条文规则是,如果一个人盗窃了寺庙或商行的货物,应处死刑,接受赃物者也应处死刑等。由此可见,《汉谟拉比法典》的编制基于宗教观念,对生活各个方面秩序规定了法律保护原则,尽管其中具有随意游戏的成分,但这由时代的局限性所致,完全可以理解,并不影响这部法典的历史意义和现实意义。

在欧洲中世纪,社会上又出现了一种解决意见和纷争的司法活动,即"司法决斗"。司法决斗的原因五花八门,凡是认为对方伤害了自己的尊严或是为了国家利益等都可以商量进行司法决斗。所以,从平民到国王,司法决斗屡见不鲜,每次决斗都会引来社会各阶层的围观,并且有专门人员监督决斗。这种司法决斗一直持续到近代末期。其中,俄国著名诗人普希金就是死于一场决斗。1831年,普希金与娜塔丽娅成婚。两年之后,娜塔丽娅偶遇法国青年中尉丹特士,之后,丹特士对娜塔丽娅展开疯狂追求。普希金为了妻子和自己的荣誉,决定同丹特士展开决斗。1837年1月,普希金在决斗中中弹受伤,两天后死亡。之后,军事审判委员会判处丹特士绞刑,而总检察院又改判,丹特士因挑起决斗和谋杀,剥夺其官职和贵族称号,降为列兵,到军中服役。

不仅如此,如果说古代、近代的司法活动中的游戏方式可以归咎为宗教原因和社会文化习俗的话,那么,现代的司法活动又如何?其同样存在着各种游戏方式。现代司法制度越来越完善,但是,作为语言形式的法条由于语言表达的局限性,不可能尽善尽美、滴水

不漏,难免不为司法活动的实践留下疏漏。我们常常可以看到,法院庭审中,控辩双方的代理人唇枪舌剑、据理力争,无异于一场你争我夺的游戏竞赛。结果又如何? 有些案子常常一审中判定被告败诉,而被告不服继续上诉,而结果峰回路转,反以胜诉告终。同样的法律条文,同样的庭审过程,结果为什么大相径庭? 当然,主要原因是审判人员对法律条文的认识和理解不同以及对事实的细节认识有误,但就审判过程和辩控方式来说,无异于一种游戏。

四、以抽签、抓阄为方式的社会活动

抽签、抓阄本是一种游戏活动,但在社会发展过程中又演变为一种社会活动,即许多无法人为决定的事情,不得不以抽签和抓阄方式直接决定结果。所以,抽签、抓阄就成了某一社会活动本身。"一签出结果,一阄定命运",公平合理,无人不服。

抽签和抓阄作为一种游戏活动从古至今司空见惯,很多单位在年终或节日活动中,为活跃气氛,常常搞一些抽奖活动。奖品大多分为一、二、三等,差别不大,但有时会特设一份大奖即特等奖,增加游戏的刺激性。另外,抽签和抓阄在社会生活中还有另一种功能,即决定某事、某物的机会或结果。农村土地分配中,有优质地块、边角地块和山坡地块,虽然分配之前需要经过大致合理的对优与劣、远与近(距离居住地的距离)以及灌溉等方面的因素进行考虑和搭配,以尽量缩小不合理的差距;但为了公平起见,搭配之后还需要经过抽签或抓阄决定结果。所以,抽签和抓阄就成了一种分配方式。城市中某一楼盘地理位置好、价格相对合理,会吸引更多的人购买,但因常常不能满足所有人的需求,只得采取摇号抽签的方式,中签者才有购买机会。所以,这种没有办法的办法大家已经习以为常。因此,抽签、抓阄等方式成为解决某些社会问题的方法和手段,所有参与者也都认同。那么,抽签和抓阄这种游戏方式为什么能够成为一种合理、合法的社会活动,并得到社会各阶层个人和群体的认同? 这与抽签和抓阄的产生和发展渊源有密切关系。

其实,抽签与抓阄是由人类早期的占卜活动演变而来的。在人类古代的原始社会,世界各国、各民族都有自己的宗教和信仰。虽

然宗教信仰方式各不相同,但普遍认为人间之外存在着一种神秘的力量控制和决定了人间世事。所以,占卜成为各国、各民族的一种共同的信仰方式。所谓占卜,"占"就是观察的意思,"卜"就是以火灼龟壳。火灼龟壳时会出现裂纹,占卜师根据裂纹形状预测吉凶福祸。后来又出现了除龟壳之外,用铜钱、竹签、纸牌或占星等进行占卜。

占卜是古代人类最初的一种信仰方式,并且作为一种观念文化一直延续至今。有人说,占卜是一种迷信,没有任何科学道理。但也有人认为,占卜虽不全部准确,但也有应验的情况。对此,我们无意评说孰是孰非,不过,作为一种文化现象,占卜之所以能够流传至今肯定有它的道理。占卜在发展过程中又逐渐泛化到各种社会活动中,如我国古代战争中,战前要请占卜师预测战争的时间、地点以及胜算的把握等诸多问题。在古希腊,占卜师成为军队中的固定编制,随时根据战争情况进行占卜,以确定继续作战还是撤退。同时,除战争之外,生活中各种方式的占卜活动也日渐增多。我国的四大发明之一指南针,其最初的功能就是用于占卜,用以测算和选择房屋、墓地的位置,以求好风水能够庇荫子孙、兴旺后代。除此之外,古代对于婚姻大事都要进行占卜,"对八字、看面相"以确定双方结婚是否顺天意、能否白头偕老等。这种占卜方式虽然在今天已经不提倡,但仍留有一定的痕迹,如结婚时大家一般会选择双日,以期成双成对、好事成双。

占卜的方法多种多样,抽签或抓阄只是其中的形式之一。后来,抽签与抓阄不仅仅用于占卜,而成为一种代表天意处事的方法。据记载,南宋奸臣秦桧在杀害了岳飞父子之后,又接受四狼主金兀术的密令,计谋杀掉抗金英雄韩世忠。宋高宗听信秦桧等人的谗言,果然中计,欲杀掉韩世忠。而坊间百姓和满朝大臣为韩世忠打抱不平,宋高宗犹豫,打算从轻发落韩世忠。此时,秦桧又生一计,让宋高宗派人制作两粒蜡丸,分别写上生与死,由韩世忠自己选择。选生得生,选死得死。宋高宗同意。而秦桧杀韩世忠心切,于是,重金收买了制作蜡丸的太监,将两粒蜡丸都写上死。不料,此事被宫女偷听到,就告诉了韩世忠妻子。次日,满朝大臣早朝,宋太宗要韩

世忠选择蜡丸。韩世忠一挥手指向左侧的一丸,太监刚要打开,韩世忠制止。对宋太宗说,我想先打开另一只蜡丸,如果是死,那么我选的这颗就是生。如果是生,那么,我选的就是死。臣就心甘情愿赴死。宋高宗一听,这不一样吗?于是,命太监打开了另一颗,写的死。所以,宋高宗只好赦免了韩世忠。

抽签和抓阄作为一种建立在占卜宗教和占卜信仰基础上的天意处事方式,逐渐被世人认同。在欧洲中世纪,神父汤姆斯·加塔克曾发表过《签的本质和使用》一文,文中说:"只有怀着极大的崇敬心情才能求签,因为签是直接由神来安排的……正如人们所断言的,签是神特别和直接裁夺的事情。这是神圣的预言者,是神的断语或判决。因此,轻率利用它,就是滥用神的名义。"①所以,占卜中的抽签和抓阄从一开始就具有宗教和信仰的色彩,令人崇敬和信服,才逐渐演变成为一种具有操作意义的社会活动。而占卜是什么?从本质上说,它是一种宗教或信仰的游戏。

五、为什么其他社会活动中会有游戏方式?

游戏方式广泛存在于各种社会活动中,其中,一些社会活动完全是以游戏方式进行的,而另一些活动则具有游戏因素或游戏成分。那么,原因何在?如果用一句话概括就是天性使然。展开而言,人类的所有活动都是建立在生存和游戏的基础上的,而生存和游戏是由天性所决定的行为或者说天性驱使的行为。所以,其他社会活动的产生和发展难免带有游戏方式。

但是,生存和游戏又是有条件的,不是谁想生存就能生存,谁想游戏就能游戏。这一条件就是规则。人之初的规则是一种大自然法则,即"物竞天择,适者生存",这是不以人的意志为转移的客观规律,没有生存,就没有一切。人之后的规则又是在生存规则的基础上的一种人类创造,人的一切活动都需要规则,正所谓"无规矩不成方圆"。

---

① 爱德华·泰勒.原始文化[M].连树声,译.桂林:广西师范大学出版社,2005:63-64.

（一）生存从游戏开始并寓于游戏之中

从进化论层面认识，人类的生存首先就是一种游戏。生存需要竞争，竞争就是游戏。但这种竞争的游戏既是一种人类与自然的游戏，又是一种人类与其他动物的游戏。自然赋予了人类生命的机会，而能否将生命维持和延续既有苍天的造化因素，又有人类的抗争能力的因素。人类在生存过程中不断抗争，终于获得了苍天给予的生命权。

美国历史学家斯塔夫里阿诺斯说："现在地球上大约有 4 000 万植物和动物物种，而在此前的不同时期曾经有 50 亿到 400 亿个物种。也就是说，只有千分之一的物种活了下来，而 99.9% 的物种灭绝了……不过这种统计却是误导性的，因为人类和灭绝了的物种之间存在着根本的不同。后者的灭绝主要是因为它们不能适应环境的变化，例如冰川世纪中发生的那些变化。相反，被赋予了高级智能的人类物种则能够通过使用火种、缝制衣物、建造房屋等方法让环境适应自己的需要。因此，人类是独一无二的、可以使环境适应自己需要的物种，他使自己成为命运的主人而不是奴仆。"[①]所以，人类在进化中经受住了苍天的考验，成为地球上能够主宰自己命运的物种之一。

同时，在漫长的进化过程中，人类除了适应生活环境的变化之外，为求生存还需要与其他动物进行抗争，甚至是殊死搏斗，这是人类维持生存不可回避的严峻现实。在所有动物中，人的能力并不占绝对优势，跑得没有一些动物快，跳得没有一些动物高，但是人类凭借思维能力和工具文化在这个动物世界中周旋，并使自身成为抗争的主动者。

那么，人类与其他动物的抗争又是如何进行的呢？这种抗争完全是一种本能驱使下的游戏方式，与其他动物的生存活动完全一致。所以，生存从游戏开始并寓于游戏之中。但是，人类的生存不同于其他动物就在于人类的文化性。工具文化产生以后，人类的生

---

① 斯塔夫里阿诺斯. 全球通史［M］. 7 版. 董书慧，等，译. 北京：北京大学出版社，2005：序 18.

存能力大大提高。同时,狩猎的生存方式又成为人类的游戏方式。在人之初,生存与游戏犹如一个铜板的两面,难以分开。这就为人类日后所有的社会活动建立了基础和模式,因此,游戏方式成为很多社会活动不可摆脱的方式之一。

(二)生活从规则开始寓于规则之中

人类的生活包括所有活动都是建立在一定规则的基础上,没有规则就没有生存,没有规则各种活动就无法展开,人类也无以为继。为什么说人类是一种理性动物? 这就在于人类的规则性,即文化性。

人类的规则由何而来? 英国生物学家赫胥黎在研究人类进化史时提出了著名的论断"物竞天择,适者生存"。这就是人类和其他所有动物最初的规则,所以,赫胥黎的这句名言又被称为大自然法则。其他各种动物自始至终遵循着这一法则而生存和生活。人类则不同,人类文化出现后,在自然法则的基础上又产生了各种各样的规则,规范着人类所有的活动,不仅使社会发展遵循规则,又使个人生活井然有序。追溯人类的生存和生活规则可以发现,最早、最原始的规则就是游戏规则。

人类在同其他动物相互厮杀的过程中,同样遵循"适者生存"法则,违背这一法则必将自取灭亡。对于人类来说,这一自然法则既是生存法则,又是游戏法则,因为人类早期的生存与游戏密不可分。正如赫伊津哈所说,"文化以游戏的形式出现,文化在游戏中展开"。所以,人类文化的产生以生存为基础,又与游戏相联系。人类的游戏除了本能的狩猎游戏之外,其他各种由狩猎游戏演变而来的游戏无不是在一定的规则制约下进行的,所以,游戏规则成为人类除自然法则以外的最早和最原始的规则。

何以为证? 考古发现的古埃及、古印度游戏不仅有游戏工具,还有游戏方法,游戏方法就是一种游戏规则的反映。不过,这是人类进入农耕时代的游戏规则。那么,更早的游戏规则或者说人类最初的游戏规则又有谁见过呢? 其实,这无须眼见为实,我们通过逻辑判断即可认识到这一点。人类早期的无论是射箭游戏、舞蹈游戏,还是其他各种游戏,都具有竞争性或竞技性。射箭游戏要比赛谁射得准确,舞蹈游戏要比赛谁跳得更好。这自然需要有标准即规则,虽然在人类早期,文字还没有出现,但人类已经学会了说话,所以,游戏规则当时是通过双方约定而形成的。久而久之,这种约定便形成了习惯。由此可见,人类早期的规则就是游戏规则。在此基础上,无论新的游戏产生还是其他各种社会活动出现人类便有了制定规则的经验。所以,人类的各种其他活动自然免不了具有游戏方式的特征和特点。

(三)游戏简洁而高效成为生活的借鉴模式

游戏是人类最早的活动,早期人类仅有的生存意识就是在游戏中建立的。人类有了生存意识,便有了不断积累的生存经验。这些经验又运用于狩猎游戏中,产生了很好的效果。在狩猎中,人类发现不能同凶猛野兽直接较量,便想出了在凶猛野兽的必经之路挖陷阱,设竹签,轻而易举使野兽成为自己的战利品。这种以智取胜的游戏方式不仅降低了狩猎的危险,而且大大提高了狩猎效率。所以,这种狩猎游戏的经验之道为人类其他活动提供了可借鉴模式。

在古代战争中,从来不乏以弱胜强、以少胜多的案例,战斗中以游戏方式取胜的例子更是不胜枚举。三国时期的官渡之战,曹操当时兵力仅三四万,面对袁绍的十万大军,显然处于劣势。但是,曹操采用声东击西的战略,引兵向延津,误导袁绍。袁绍果然中计,派兵增援延津。于是,曹操亲率轻骑直趋白马,阵斩颜良,袁军大乱溃散。袁绍又下令渡河追击曹操。在延津以南,曹操故意将辎重弃置路上,袁军纷纷抢夺。曹操乘机败袁军,诛袁军大将文丑,但战局依然在官渡相持不下。数月后,曹操出奇兵火烧乌巢,尽焚袁军粮草辎重,并趁机向袁军全力进攻,一举消灭袁军七万余人,袁绍和儿子袁谭率亲兵八百余骑逃过黄河。此一战役,曹操以少胜多,歼灭袁绍的主力,为统一北方奠定基础。

所以,以游戏方式通过计谋手段改变战争格局,以至于取得最后胜利是战争中屡试不爽的方法之一。古代战争如此,现代战争也不例外。不仅如此,战争之外的各种社会活动也无不借鉴这种游戏

方式,其效果同样具有简洁而高效的特点。正因为如此,游戏方式逐渐泛化到社会生活的各个领域,成为人类从事各种社会活动可借鉴的方式。

第三节　生活的游戏性与"游戏"生活

生活的游戏性是游戏在发展过程中演变与泛化的结果,其中,部分游戏内容直接演变为一种社会活动,如运动与体育运动的产生。而一些游戏方式又泛化于各种社会活动之中,使社会活动呈现出一种游戏方式。同时,游戏的泛化又使其他各种与游戏无关的社会活动不可避免地融进了一些游戏因素,或者说游戏成分。所以,才有了一种戏谑的论调,即生活就是游戏。生活果真是游戏吗? 其实不然。游戏离不开生活,生活是游戏的基础。但这并不等于说游戏就是生活。人类的生活虽然源于游戏,但生活追求的目标并不是游戏,人类更不是为了游戏而生活。游戏是一种不可或缺的生活方式,但不是生活的目的。因此,认识生活的游戏性,把握游戏与生活的关系具有重要的理论意义和现实意义。

一、理解生活的游戏性

生活的游戏性无处不在,它是由蕴含在各种不同的社会活动中的游戏成分所决定的。需要指出的是,虽然游戏成分广泛存在于各种社会活动中,使社会活动能够具有一定程度的游戏性,但是,这些游戏成分并不能改变社会活动的原本属性,只是能够在某种程度上促进活动或事物本身的发展,起着一种加速或制约事物发展的作用。

(一)社会生活中的游戏成分(因素)

游戏广泛存在于生活中,但这并不是说生活中的所有活动或所有事物都是游戏。而是说人类的一切活动都是建立在生存与游戏基础上的,一切活动必然与生存和游戏联系在一起,且具有游戏的性质。

游戏与生存活动相分离始于农耕社会,由于人类开始定居生活和以农耕方式维持生存,与狩猎相关的游戏活动逐渐减少,各种新的游戏方式开始产生,并且这些游戏大多与生产活动无关。因此游戏逐渐超脱于生活,成为一种独立的精神生活内容和方式。

　　劳动生产作为一种社会活动与人类早期生存的狩猎活动具有目的上的一致性,都是为了维持基本的生存和生活,使生命得以延续。但是,农耕生产与狩猎生产在劳动方式上完全不同。农耕生产劳动不仅没有游戏性,也不需要以游戏的方式培训未来劳动者的生产技能。因此,就劳动生产本身而言,它既不是游戏,又不能游戏,它是一种为生产食物而进行的专门活动。但是,劳动过程又不可避免地受到生活中游戏的影响,劳动过程中往往充斥着一些游戏活动。例如,歌的早期形式"劳动号子"就是伴随着劳动而出现的,耕作中,众人一起拉犁需要协作一致,"哼哟、嗨哟"的劳动号子开始出现。纤夫拉着木排逆流而上,艰难跋涉,同样需要劲往一处使,心往一处想,所以,他们的劳动号子更雄浑、高亢。

　　劳动号子是什么? 就是一种游戏。这种游戏对劳动本身没有直接意义。但是,从间接的意义上说,它不仅能够使劳动者的用力协调一致,又能够为劳动者带来一定的快乐,活跃了劳动气氛,增加了劳动干劲。很多劳动过程都融入了一些游戏活动,如田间劳动休息时,大家一起玩游戏,既使身体能够放松,缓解疲劳,又使精神获得愉悦,舒缓情绪。因此,作为一种调节方式的游戏活动,虽然与劳动本身没有任何直接关系,但却使劳动过程或者说劳动活动具有了游戏性。

(二)游戏成分(因素)对社会活动的促进作用

　　同样的道理,学习作为一种认识活动也不属于游戏范畴。学习是一种通过思维活动而进行的认知过程,具有很强的逻辑性和科学性。学习不是游戏,但可以以游戏的方式进行。而游戏方式只是手段,不是目的。另外,以游戏方式进行学习,只是对于低龄儿童具有一定意义,并不具有普遍性。

儿童在早期学习中,成人常常以游戏的方式引导他们学习,如看图识字,即通过图片的形象性加深儿童对字的记忆。在小学教育中,教师常常利用模具进行直观教学也是同样的道理。同时,在教学过程中,教师还会将一些概念性的知识变成朗朗上口的顺口溜,便于学生记忆。除学校外,工厂企业在工作中,也会采用一些游戏方式进行管理,如考勤制度,规定工人的上下班时间;生产中开展劳动竞赛,并对优胜者进行表扬或奖励,以调动大家的工作积极性,激励全体员工努力工作。

为什么要将游戏方式引入学习和生产中?就是为了提高学习和工作效率。儿童和青少年的神经系统正处于发育之中,注意力难以长时间集中,而且,他们的形象思维能力强于逻辑思维能力,所以,通过游戏方式进行教学不仅适应了儿童的游戏习惯,还发挥了他们的形象记忆优势。对于工厂、企业而言,员工素质参差不齐,道德的约束力不可能整齐划一,必须制定一定的规则进行强制约束。规则就是一种游戏方式。人类所有的规则都是建立在游戏规则之上的,所以,必然具有游戏性质。同时,规则的运用也有游戏性,对固定的生产线值班人员强调按时到岗、按时下岗,以保证机器的正常运转。由独立人进行操作的加工生产企业往往采取计件工作制,即按完成任务数量计算工资或奖金,以此争取工作效率的最大化。

由此可见,无论是人的学习还是生产活动,之所以采用游戏的方式进行,其目的不是因为游戏方式能够帮助人们完成学习和工作,而是因为游戏方式能够促进人们提高学习和工作效率,以此推动人们的学习和工作的顺利进行。所以,这些游戏方式只是人们的学习和生产活动中的游戏成分而已,而不是学习和生产活动本身。

(三)游戏成分的双面性

游戏成分(因素)在各种社会活动中有积极的一面,这是毫无疑义的。游戏成分(因素)在一定意义上说,它犹如一种催化剂,能够推动各种活动的开展,使之达到预期目的。但是,凡事又有两面性,适度把握和运用这些游戏成分(因素)能够收到良好的效果,反之,过犹不及,会影响社会事物或活动的发展。

在现实生活中，由于对各种社会事务或活动中的游戏方式和游戏成分把握和运用不当而产生负面作用的现象屡见不鲜。例如，考试是学习过程必不可少的一环节，既可以检验教师的教学质量，又可以检验学生的学习水平，还能够激励师生的教与学的热情。考试就是学习活动中的一种游戏方式，但一味地重视和追求考试，势必增大学生的学习压力。不仅如此，很多学校还将每次考试的分数张榜排名，使一部分学习成绩不是很好的学生自尊心受挫，严重影响了这些学生的学习积极性。

同样，在工厂企业中，以游戏方式激励员工提高工作效率无可厚非，但凡事有度。一旦过度追求效率，则可能导致各种忽视质量、甚至偷工减料的现象发生。为什么社会生活中各种假冒伪劣产品屡禁不绝？为什么很多建筑达不到质量规定要求？其原因就在于追求效率的同时，忽视了质量追求。

各种社会事务或社会活动都有自身发展的规律和要求，其中的游戏方式和游戏成分只是一种辅助手段和方法，合理运用这种辅助手段能够取得事半功倍的效果，反之，过分追求手段和方式的作用，必然适得其反。

二、为什么不能"游戏"生活？

所谓"游戏"生活，即戏弄生活，它是指不按客观规律办事，以游戏的心态和方式对待生活中的各种事物或各种活动。具体来说包括：一是不遵守规则，自以为是，为所欲为；二是不按规律办事，凭经验处事，张冠李戴，我行我素；三是浑浑噩噩，无所事事，沉迷于真实或虚拟的游戏之中，对生活缺乏热情等。这些现象在生活中并不鲜见，成为少数人的一种处世方式。其结果不仅伤害了自己，又为社会增添了些许不和谐因素。所以说，生活不可"游戏"，戏弄生活要付出代价。

（一）生活是美好的

生活是美好的，但这种美好是相对的。不同阶层、不同文化背景的人对各自美好生活的认识和理解各有不同。从生命的意义上

说，每个人有天赐的机会来到这个世界生活一遭，难道不是很美好吗？享受一下人间的冷暖、父母的关爱以及朋友之情，岂不是美哉、快哉！

然而，美好的生活常常受到各种因素的干扰，使人情迷意乱、无所适从。吃着碗里的，惦记着锅里的是很多人的心理常态。遇事得到满足者心情愉快、踌躇满志，未得到满足者情绪低落、抑郁寡欢。当然，还有一些人无论结果如何都镇定从容、不喜不悲。

其实，生活的美好与否的确与各种因素密不可分，但更重要的是个人的心态是否总能保持一定的平衡状态。作为一种心理体验和感受，生活好与不好完全是个人的事情。也就是说，在满足了基本的衣食住行之后，心态决定了自我感受，正所谓，知足者常乐。

但是，树欲静而风不止，人不可能生活在"真空"里，离群索居。又不可能左右他人的行为，掌控别人。所以，人在面对人世间的光怪陆离、千姿百态时常感到茫然无助、不知所措。其实，一般而言，影响个人心态平衡的原因归根结底无非就是两个字——名利。人们对名利的态度在一定程度上其决定了对生活的认识。

追求名利无可厚非，人往高处走，水往低处流，谁也不愿意在能力所及的情况下无所作为。但是，追求名利不能一厢情愿。很多人终其一生追求名利，到头来不过是得到了一点蝇头小利，至于声名根本就无从谈起。而有的人降生在富贵之家，拥有的财富一生甚至几代都享用不完，追求声名的起点令众生不敢奢望。这种事例不需要读史书、查史料，道听途说也数不胜数。所以，追求名利没有错误，关键的问题是对名利的定位要与自身的条件相一致。否则，不切实际、一味攀比，结果是高不成、低不就，不仅贻误自己，又成世人笑柄。

我们不否认，芸芸众生中的确有草根翻身，跃入龙门者，历史上"朝为放牛郎，暮登大学堂"者也不乏其例。但是，从概率上说，这种人极其有限。然而，遗憾的是很多人不能正确理解，不愿面对现实，总是期望会有奇迹发生。所以，个别现象成为百姓大众仰慕的标杆，"望子成龙，望女成凤"成为人们理想的名利追求。而实际上，真正能够成龙、成凤者寥若辰星。尽管如此，在追名逐利的路上人们依然是前赴后继，使本来从容安宁的生活变得浮躁不堪，到头来，不过是竹篮打水一场空。

由此可见，追求名利，追求美好生活，要脚踏实地、量力而行。

（二）获得美好生活的游戏基础

美好生活的基础是物质基础，怎么变成了游戏基础？一般来说，社会物质发展水平越高，生活条件就越好，生活才会美好。这种观点没有错。我们不否定生活是建立在物质基础之上的这一社会发展规律，但是，这种生活只是生活，至于美好与否，不完全与物质水平成正比。所以，才有了"坐在宝马车里哭"和"坐在自行车后面笑"两种不同的生活感受。

生活与游戏不可分离，游戏为生活提供了建构模式，生活为游戏创造了发展条件。游戏作为一种精神生活内容，其作用和意义在一定程度上会超越物质生活水平，表现出极大的能动性，影响人们的心境和情绪，从而使人们对生活是否美好做出自己的评价。赫伊津哈说："游戏是一种特殊活动，一种'意义隽永的形式'，一种社会功能——这才是我们研究的主题。"①这种"意义隽永的形式"的社会功能表现在美好的生活之中。

从生活层面来说，生活需要秩序，秩序使一切事物和活动有条理。杂乱无章将使生活以及各种活动无法进行。那么，秩序由何而来？"游戏创造秩序，游戏就是秩序。游戏给不完美的世界和混乱的生活带来一种暂时的、有局限的完美。游戏要求一种绝对而至上的秩序。即使最小的偏离也会'糟蹋游戏'，剥夺其特征，使之失去一切价值……游戏使我们入迷，游戏'使人神往'、使人'神魂颠倒'。游戏具有最崇高的属性，我们能够从事物中感受到的属性：节律和

---

① 约翰·赫伊津哈. 游戏的人：文化中的游戏成分研究［M］. 何道宽，译. 广州：花城出版社，2007：6.

和谐。"①所以,生活的秩序是模仿游戏秩序而形成的。

从个人的生活感受而言,游戏为我们创造和建立了一种美好的心境。所有游戏都具有竞争的特性。在竞争中取胜,使人获得一种荣誉感、自豪感。"柏拉图把游戏和神圣等同起来,称神圣为游戏,这并不玷污神圣,反而使游戏的观念升华到最高尚的精神领域。一开始我们就说,游戏外在于文化,在一定程度上游戏比文化优越,至少游戏和文化保持着一段距离。在游戏的时候,我们可以在严肃的层次之下活动,儿童就是这样进行词语游戏的。然而我们又可以在严肃的层次之上进行游戏——也就是美好和神圣领域的游戏。"②所以,游戏的神圣性不仅培养了个人自尊,使人具有尊严感,也改变了人的心境,净化了人的心灵。

需要强调的是,游戏所给予每个人的神圣感和自豪感与现实生活中个人拥有的物质条件或财富没有丝毫关系,它是建立在游戏规则和个人能力基础上的一种心境,无论穷人富人感受是一致的。所以,游戏为美好的生活创造了模式,建立了基础,使美好的生活成为现实。而生活中许多人之所以不满现实,抱怨生活,关键是缺乏一种心境。生活相对于游戏来说,更为错综复杂。因此,要拥有美好的生活,就需要保持一种淡然的心境,拥有一种平常心。不切实际地好高骛远,不顾条件地"攀来比去",结果只能是失去心理平衡,自卑颓废,即使拥有别人羡慕的美好生活,自己也完全感受不到幸福和快乐。生活就是这样,在任何一个社会中永远存在着不平等,永远没有绝对的公平,这就是现实。

(三)戏弄生活的代价

生活需要秩序,生活需要规则。这不仅是游戏世界的基本法理,也是生活世界的基本规律。正所谓"无规矩不成方圆",然而,现

---

① 约翰·赫伊津哈.游戏的人:文化中的游戏成分研究[M].何道宽,译.广州:花城出版社,2007:12.

② 约翰·赫伊津哈.游戏的人:文化中的游戏成分研究[M].何道宽,译.广州:花城出版社,2007:20.

实生活中并不是每个人都具有秩序和准则意识,戏弄生活的现象时有发生,无不令人遗憾。

戏弄生活就是"游戏"生活,是游戏心态在生活中的错位。游戏和游戏方式在生活中处处可见,运用游戏方式开展各种社会活动本是一种提高活动效率的手段和方法,但是,游戏方式的运用有一个度的界限,过犹不及。而作为个人在生活中同样可以采用游戏方式为人处事,这本无可厚非。不过,这需要分清场合、对象及其所面对的不同事物的性质。否则,视生活中的一切事物与活动都是游戏,都以游戏的方式对待,那就是"游戏"生活,戏弄生活,必然受到生活的"报复"。

现实生活中,总有一部分人"游戏"生活反倒受益,玩世不恭却潇洒自如。其实,这种现象不能一概而论,具体情况需要具体分析。一些人由于性格所致,喜欢调侃、戏谑生活中的各种现象,但他们对调侃的范围及面对的对象有自己的控制,并不是在任何场合、面对任何对象都肆无忌惮地调侃一番。而另一些人喜欢投机取巧、占小便宜,以游戏方式获小名小利,虽受人鄙视,却无伤大雅。社会再进步,再文明,这种人也不会消失。至少他们没有触及法律的规则,社会对他们也无可奈何,只有包容。

戏弄生活总是要付出一定的代价的。那些为小名小利而投机取巧者,久而久之就会失去被信任的基础;而为大名大利巧取豪夺者,则会受到法律的制裁。我国现阶段"反贪打虎"的事实触目惊心,给人们以深刻的警醒,走上贪腐之路的原因何在? 就是"游戏"生活的结果。这些人权力在手,自以为是。利用权力,玩权力游戏,从享受免费吃喝开始,一步步走向收受贿赂,且受贿数额不断增大,直至鲸吞国家财富,终于成为阶下囚。难道这些人不懂规则? 不懂法? 完全不是。从本质上说,这是一种游戏心态使然。有些人贪了巨额资金,却放在家里藏起来,依然过着简朴的生活,那么,贪那么多钱不为享受又有何用? 其实,对他们来说心里享受远比物质享受更有意义。

在生活中,戏弄生活者不只是拥有权力者,只是表现程度有所不同而已。职场上,钩心斗角、搬弄是非也是一种戏弄,生活的游戏

方式。很多人乐此不疲。究其原因,同样是为了一点小名小利。

总之,戏弄生活是一种负面心态,产生的原因各异,但殊途同归。生活中不能没有游戏,但生活本身不可以游戏。"游戏"生活就要付出代价,这是生活的秩序和规则。所以,无论身处何种境遇,遵守秩序和规则是起码的行为,来不得半点虚假。生活不可能一帆风顺,更不能完全顺遂自己的心意。有顺境,有逆境,这是生活的常态。因此,面对生活保持平静、理性的心态才是美好生活的基本条件。

本章小结

本章我们阐述了游戏的演变与泛化过程,以游戏演变为运动与体育运动和舞蹈事业为例进行了分析,并阐释了这一演变的意义。游戏不仅能够在发展过程中演变为其他社会活动或社会事物,还能够泛化并渗透于一切社会活动之中,所以,本章以体育运动规则中的游戏方式、战争中的游戏方式、司法活动中的游戏方式,以及以抽签抓阄为方式的社会活动为题,从多个层面进行了阐释。此外,讨论了生活与游戏的关系,即既要理解生活的游戏性,又不能"游戏"生活。

本章思考题

1. 简答游戏演变为社会活动(事业)的意义。
2. 为什么其他社会活动中会有游戏方式?
3. 为什么不能"游戏"生活?

游戏精神

学习目标

本章学习游戏精神,认识和了解游戏精神的定义,了解游戏精神由何而来,如何发展,有何意义。其中,古希腊游戏精神是人类游戏精神的典范,古希腊人之所以能够创造古奥林匹克竞技会,与古希腊人独有的精神品质不无关系。游戏精神既有积极意义,也有消极作用,其中,赌博因素对游戏精神的负面作用较为典型。本章将介绍赌博中的游戏精神,要求重点掌握古希腊理性精神的特征表现在哪些方面。

所谓精神,是人的一种心理过程和行为特征的反映。从内在方面来说,精神主要指人的意识、思维活动和一般心理状态;从外在方面来说,精神是指人所表现出的活力特征,即有生气。

游戏精神就是人的心理过程和行为特征的体现,它不仅体现在游戏中,而且体现在社会生活的方方面面。游戏精神的本质特征之一就是竞争性或者说竞技性,它是人类从事一切活动的心理驱动力。因此,作为游戏文化重要内容的游戏精神包括游戏价值(第七章)、游戏规则(即制度,第八章)以及物质文化等构成了游戏文化的核心组成部分。

第一节　游戏精神的渊源与发展过程

游戏精神作为一种心理过程和行为特征是人类独有的心里特

质,它由竞争性或竞技性演化而来。竞争性是人类和其他动物共有的心理和行为,其他动物的竞争性只是一种本能的心理和行为,人类则不同,在竞争性的基础上又形成了竞争精神。所谓竞争精神,就是一种稳定的心理过程和行为特征,驱动人类在各种社会活动中勇于进取、百折不挠,为实现自我理想以及社会目标而奋斗。游戏精神也是一种竞争精神,在一定意义上可以互用。但是,游戏精神比竞争精神更具有规范和公平的特点。

一、游戏精神的产生

游戏精神从本质上说,是人类的竞争精神的一种形式。那么,人类的竞争精神源自何处? 说法不一。生物学家认为,竞争的本性源自于人类基因的进化,人类的竞争本性是一种天性。但是,社会学家则认为,人类的竞争性是后天的习得行为,即是由社会环境决定的。

(一)竞争性产生的理论学说

竞争性存在于人类和其他一切动物的行为中,那么,竞争性如何产生? 英国进化生物学家理查德·道金斯认为,在人类和其他动物的进化过程中存在这样的情况:"基因的自我复制、再生和遗传活动,通常是一场'你死我活'的竞争活动。它们拼命地按照自己的密码形式吸纳周围的原生质,把原生质中的氨基酸按照自己的模式组成新的多肽链,以此不断扩充、增殖自身。有时,这实际上就是吞噬周围的其他生命物质的过程。"[1]因此,每个人生来身体特征各不相同,正是由于基因不同,即使对同一个家庭的各个后代来说,尽管遗传基因来自同一对父母,但基因成长过程中的变化,使得每一个人的人体特征和心理特征也各有差异。

理查德·道金斯还说:"在基因的水平上讲,利他行为必然是坏的,而自私行为必然是好的。这是从我们对利他行为和自私行为的定义中得出的无情的结论。基因为争取生存,直接同它们的等位基

---

① 黎明. 问人性[M]. 北京:团结出版社,1996:364.

因竞争,因为在基因库中,它们的等位基因是争夺它们在后代染色体上的位置的对手……因此,基因是自私行为的基本单位。"①所以,道金斯认为,基因复制、再生过程塑造了人类及其他动物竞争的本性。

但是,许多人类学家对此观点不以为然,美国社会人类学家罗伯特·墨菲在《文化与社会人类学引论》一书中说:"人们的思想和行为在很大程度上是在某一社会环境中习得的结果,这种观念实际上包含着这样的意思:如果我们改造社会,我们就能改变人性。这似乎是一个乐观的观点,因为它为有可能产生更加正义的社会、更为正直的民众,扫除贪婪、偏见和侵犯提供了某种指望。但人类可塑性的概念,也包含着规定某物为人们的条件这种观念的萌芽。人类如能变得更加高雅,当然也会变得愈加残忍;如能学会无偿共享,当然也可学得自私自利。假如人类不是以特有的方式构成的,则可以任意重构。"②

对于人性问题,从来就存在着两种不同的观点。西方基督教的观点认为,人本性恶,恶是存在的,但不是终极的存在。因此,恶无法被情感体验。例如,人有贪婪的欲望,但无法从贪婪中体验生命的意义。所以,基督教徒通过祈祷方式向上帝忏悔、感恩,以求上帝的救赎,使生命圆满。我国也是如此,荀子说过,今人之性,生而有好利焉,顺是,故争夺生而辞让亡焉;生而有疾恶焉,顺是,故残贼生而忠信亡焉;生而有耳目之欲,有好声色焉,顺是,故淫乱生而礼义文理亡焉。然则从人之性,顺人之情,必出于争夺,合于犯分乱理而归于暴。故必将有师法之化,礼义之道,然后出于辞让,合于文理,而归于治。用此观之,然则人之性恶明矣,其善其伪也。

除罗伯特的环境论对此持相反的观点外,我国传统文化中《三字经》也说"人之初,性本善,性相近,习相远。苟不教,性乃迁",同

---

①　理查德·道金斯. 自私的基因[M]. 北京:科学出版社,1981:49. 转引自黎明. 问人性[M]. 北京:团结出版社,1996:365－366.

②　罗伯特·墨菲. 文化与社会人类学引论[M]. 王卓君,译. 北京:商务印书馆,2009:22.

样认为人性的善恶是由环境决定的。

但是,就人性中的竞争性而言,无论基因论的本能观点还是环境论的教化观点都能够很好地予以解释。从本能论的观点来说,原始社会中,人与其他动物共处在地球的荒野中,生存是唯一的需求,而造物主给予了人类和其他动物竞争的本性,所以,在相互的厮杀中实践着赫胥黎的论断,即"物竞天择,适者生存"。从环境论的教化观点来说,原始社会人类和其他动物一样,一无所有,要想维持生存,必须满足两个条件,一是饱腹,二是安全。如果说采食能够在一定程度上满足人类的饱腹之需,那么,为了安全人类则必须与其他动物展开激烈的竞争,所以,环境造就了人类的竞争性。

(二)游戏精神形成的竞争性基础

游戏精神在游戏过程中产生和形成,但是,作为一种文化概念,游戏精神的产生与游戏并不同步,正如荷兰历史学家赫伊津哈所言,"文化以游戏的形式出现,文化从发轫之日起就是在游戏中展开的……通过游戏的形式,社会表达它对生活与世界的解释"①。所以,游戏孕育了文化,孕育了游戏精神,游戏精神又为游戏注入了新的活力。

游戏精神的产生和形成实际上是人类竞争精神的一种迁移和化育,竞争精神不同于游戏精神,但又有一致性。竞争精神是由人类的竞争性演化而来的。所以,我们阐释游戏精神需要从竞争性、竞争精神说起。

竞争性是人类和其他动物共有的本性或者说竞争性是人类的一种心理品质。其他动物的竞争性只是一种本能行为。但是,在人类早期,人类的思维水平尚未达到一定程度,人类的竞争性与其他动物无异,不过是一种本能驱动下的竞争行为。所以,早期人类活动的意义完全是一种生存活动,只具有生存意义。但是,在这一阶段游戏活动已经出现,且游戏过程和游戏形式大多与狩猎或生存联

---

① 约翰·赫伊津哈.游戏的人——文化中的游戏成分研究[M].广州:花城出版社,2007:中译者序13.

系在一起,也就是说,**游戏围绕着生存活动进行。早期人类的游戏**与其说是一种游戏,不如说是一种无意识的生存活动。因为人类根本就没有游戏的概念,游戏行为完全与生存活动联系在一起。但是,狩猎过程充满了竞争性,这种竞争性又与游戏活动不可分离,形成了游戏中的竞争性。

竞争精神是一个文化概念,它是人类独有的心理过程和行为特征。竞争精神不同于竞争性,但又不能脱离竞争性,它是在竞争性的基础上形成的一种稳定的心理特征和行为特征。我们可以这样理解,一个士兵在某一次战斗中表现出勇敢的行为,只能说明他具有很强的竞争能力和竞争性,但是在更多的战斗中思前想后、缩缩手畏脚就是不具有竞争性,甚至是贪生怕死的行为。而每一次战斗中,士兵一如既往地表现出一种大无畏的勇敢行为,那么,不仅可以说士兵具有很强的竞争能力和竞争性,也可以说,士兵具有很强的竞争精神。

竞争精神的养成是文化作用的结果,为什么说其他动物没有竞争精神,只有竞争性? 因为其他动物的竞争完全是一种本能行为,能胜则战,不胜则退。当然,其他动物也有面临危险不惜生命的竞争性,如动物父母为保护孩子而战,但这同样是一种出于母爱的本能行为。人类的竞争精神具有文化性,表现在战争中明知坚守阵地将会阵亡,但是,为了赢得战局主动或掩护战友撤退,而不惜战死,这就是一种无所畏惧的竞争精神和牺牲精神。

游戏精神是建立在竞争精神基础上的一种新的精神,它继承了竞争精神,又发展了竞争精神,并具有完美的生活意义。竞争精神的形成建立在"物竞天择,适者生存"的自然法则基础上,人类在与其他动物的较量中不是你死就是我活,没有选择,只能凭借竞争精神并运用智慧的力量取胜,才可以求得生存。同时,人类的狩猎过程又是一种以生存为目的的游戏方式,所以,竞争精神在一种自觉或不自觉的过程中注入了游戏之中。但是,在狩猎之余的专门游戏中,以狩猎为方式的游戏自然继承了狩猎的竞争精神,并为游戏精神的产生和形成奠定了基础。

二、游戏精神的发展

游戏精神的本质特征之一就是竞争精神,竞争精神是游戏的精髓,没有竞争,游戏的紧张、激烈、刺激、欲望、自尊、荣誉等一系列因素就无从出现,游戏的动力就无法形成,游戏的意义自然降低。但是,除了竞争精神之外,游戏的公平精神、规则制度又是游戏精神不可或缺的构成条件。游戏精神产生之后,又在社会中不断发展,成为各种社会活动的心理驱动力,成为社会发展的动力之一。

(一)游戏精神的产生过程

游戏精神与竞争精神具有一致性,这种一致性主要体现在心理过程和行为特征方面,即不达目的誓不罢休的顽强精神。游戏是在人类的生存过程中展开的,生存以竞争性为基础,又在竞争性的基础上形成了人类的竞争精神。因此,在游戏与生存活动分离后,竞争精神以一种自然迁移的方式寓于游戏之中。

游戏活动不同于生存活动,虽然人类早期的游戏活动大多与生存活动联系在一起,如游戏模拟狩猎方式,并为狩猎活动做准备,但随着人类自身的发展,尤其是人类文化出现之后,游戏内容不断丰富,游戏方式不断增多,游戏观念也不断变化,不断进步。正如赫伊津哈所说,游戏是一种自愿的活动,"游戏和利益没有直接的关系。游戏是'不平常'的生活,它处在欲望和胃口的直接满足之外,实际上它中断了食欲的机制。它插足生活,成为一种暂时的活动,寻求自足,并止步于此。至少这是游戏呈现在我们面前的第一景观,它是生活的插曲,是日常生活的幕间表演,但是作为周期性的心旷神怡的活动,它成为社会的伴奏、补充,实际上成为生活不可分割的一部分"①。因为游戏是一种与生存和生活相分离的活动,所以仅有竞争精神维持游戏活动是远远不够的。人类游戏在文化作用下不断进步和完善,为游戏精神的产生奠定了基础。

---

① 约翰·赫伊津哈.游戏的人——文化中的游戏成分研究[M].广州:花城出版社,2007:10.

除了竞争因素之外，人类游戏中不可或缺的重要因素还有公平，没有公平，游戏就没有意义。而实现公平又需要以一定的规则制度为条件。这一点同其他动物的本能游戏有质的不同。其他动物的游戏完全是一种"胜者英雄败者寇"的游戏，既不能分类，又没有秩序。"弱肉强食""胜者为王"就是其他动物的游戏规则。人类在继承了游戏的竞争性之后，又区别于其他动物游戏，增加了体现游戏公平性的规则，使游戏性质发生了巨大变化，即从本能的游戏、生存的游戏演变为文化的游戏。不仅为人类游戏发展创造了条件，也为游戏精神的产生发挥了重要的推动作用。具体来说，人类游戏精神的文化性主要包括以下三方面内容。

　　第一，游戏的竞争性。游戏的竞争性是人类生存活动中竞争精神的一种迁移，自然存在于除本能游戏之外的人类大多数游戏之中，竞争性是一切游戏的灵魂和动力。没有灵魂的游戏黯然失色，无魅力可言。没有动力的游戏缺乏激情，无意义可言。所以，游戏的竞争性成为游戏的本质特性。人类的竞争性不同于其他动物的竞争性，原因在于人类文化的作用能够使这种竞争性演变为一种竞争精神，不仅体现出人类游戏的人格魅力，还体现出人类游戏的文化性。

　　第二，游戏的公平性。游戏的公平性是人类认识自我、认识客观世界的产物，在人类早期的生存活动中，没有其他公平可言。人类同其他动物一样，共同遵循着大自然法则，生存是唯一目的，生存就是公平。但是，随着人类思维水平的发展，人类逐渐具有了反思能力，不仅能够意识到生命的作用，而且能够认识到同类的意义。所以，人类惺惺相惜，懂得了有福同享、有难同当的道理，母系社会结构逐渐形成。在这种文化观念的作用下，游戏的公平性逐渐产生。这使得人类游戏区别于其他动物游戏，具有了公平性质。

　　第三，游戏的规则性。规则是文化的反映形式，早在文字产生之前，人类的规则意识就已经产生，这不仅反映在人类在狩猎中进退有度，而且表现在人类智取其他动物的方法中。生存活动既为人类提供了丰富的狩猎经验，又为人类建立了最初的生存意识和生存规则。因此，在人类的发展中，各种其他活动出现后，规则便随之出

现。就游戏来说，虽然史前的游戏规则无法考证，但一切游戏无不以一定的方法进行，游戏方法本身就是一种规则的体现，否则，游戏无法进行，或者说就不是游戏。

游戏精神的文化性，使人类的游戏精神区别于其他动物的竞争本性。但是，游戏精神的产生不是一蹴而就的，而须经历一个潜移默化的过程。游戏者参与游戏，就必须遵守游戏规则，否则，游戏就无法进行。所以，在游戏中人类逐渐养成了约定俗成的游戏习惯，产生和形成了游戏精神。

游戏精神不只是勇敢顽强的竞争精神，同时还是一种机会均等的公平精神，而公平精神则体现在遵守游戏规则的理念和行为之中。

（二）游戏精神的发展与升华

游戏精神是人类早期生存活动中竞争精神的一种体现和迁移，它反映出人类最初的精神品质。游戏精神产生后，不仅推动了游戏的发展，也为人类各项社会活动的产生和发展提供了原始模式。在这一过程中，游戏精神内容不断丰富，游戏精神境界不断升华，激励人类向着崇高和神圣的目标迈进。

战争是人类社会发展到一定阶段的产物。人类早期的战争无异于一种游戏，从战争方式到战争过程均与游戏模式别无二致。我国春秋时期，战争在礼制文化的规范下，进行得"文质彬彬"。双方交战，需要提前约定时间、地点，甚至出动多少人数、战车数都要战前通知对方，而对方会根据约战方的人数和战车数量派遣同样人数和战车数予以迎战。开战之前，要等对方列阵完毕，然后击鼓开战。战斗中，双方各派一名或数量等同的几名官兵在两军对阵的空隙地带进行较量。无论哪一方有伤亡，战斗即宣告结束，鸣金收兵。

春秋时期的战争目的不是消灭对方，而是通过这种战斗方式显示自己的战斗力，使对方畏惧，从而俯首称臣。所以，战争从本质上说就是一种竞技比武，竞技游戏。因此，游戏精神在这种模式的战争中发扬光大。

进入战国时代，战争方式发生了变化，礼制文化在战争中消失，战争变得越来越残酷。一场战斗结束,横尸遍野,血流成河。因此,战争失去了游戏的意味。正如赫伊津哈所说,"战争的游戏概念有赖于它的游戏性质。一旦战争超越了平等对手的范围,一旦不承认对手是人,而剥夺了对方的人权时,一旦对手被当作野蛮人、魔鬼、异教徒和'无法无天的野兽'的时候,战争的性质就截然不同了。在这样的情况下,战争的游戏性质荡然无存"①。尽管如此,具体的战争中游戏性质消失,而从社会的层面认识战争依然具有游戏性质。战争的胜利者被视为英雄,获得荣誉和奖励,以此鼓舞人心,激励更多的人为国家、为民族的利益而战。所以,"战争是关乎荣誉的高尚游戏,从这个观念派生出来的一个习俗至今犹存,即使在今天失去人性的战争中它仍然挥之不去"②。因此,战争的残酷性没有使参战士兵畏惧,他们具有强烈的使命感和荣誉感,所以,在战斗中游戏精神即竞争精神经历了血与火的洗礼,演变为一种英雄主义精神。这种英雄主义精神不仅推动了战争发展,也推动了游戏进步,从而使游戏精神不断升华。

三、游戏精神的意义

游戏是人类早期除生存之外的最早活动,它与人类早期的生存活动紧密联系在一起,生存具有游戏性,游戏既是为生存做准备,又是人类唯一的精神生活内容。在生存与游戏中,人类的竞争精神逐渐形成,公平精神逐渐产生,规则意识伴随着公平精神而出现,产生了人类的游戏精神。

游戏精神激励着人类从野蛮荒芜的时代走进文明时代,人类的一切社会活动无不是建立在游戏的基础之上,并以游戏精神为动力推动人类社会向前发展的。因此,游戏精神作为一种心理状态和心理品质在人类生活中具有重要意义。

---

① 约翰·赫伊津哈.游戏的人——文化中的游戏成分研究[M].广州:花城出版社,2007:97.

② 约翰·赫伊津哈.游戏的人——文化中的游戏成分研究[M].广州:花城出版社,2007:104.

（一）游戏精神塑造竞争品质

游戏的一个典型特征就是竞争，没有竞争就没有游戏，或者说，没有竞争游戏的意义就会大大逊色。所以，游戏精神首先是一种竞争精神。游戏需要竞争精神，同时，游戏又塑造竞争精神，培养人类的竞争品质。

婴幼儿来到这个世界之初，既不会说话，也不会走路，但是会游戏。儿童长大之前，没有养家义务，没有社会责任，游戏是他们除了吃喝之外的主要活动，这也是孩子成长的基本规律。所以，人们常说游戏是人类的天性。为什么上帝会赋予人类游戏的天性？难道仅仅是为了使人类快乐？可以这样理解，但又不完全如此。游戏是人类认识世界的开始，游戏使人学会生活，游戏塑造了人类的竞争精神，所以，人类才能够在这个世界上立足并生活下去。

生活中无处不充满了竞争性，学习是一种自我竞争，广学博闻，知识水平才能不断提高，个人才能不断发展；工作是一种能力竞争，专心致志，学以致用，才能使自己的机会不断增多；战争是一种意志的考验，狭路相逢勇者胜，同样是一种竞争。当然，专业精神的养成是一个漫长的过程，需要在特定的环境中进行。但是，以小见大，道理一致。儿童少年时期的游戏不可能直接培养这些精神品质，但游戏中的竞争精神可以在潜移默化中影响个人精神品质的形成。

对于成人而言亦是如此。成人热衷于游戏，希望在游戏中获胜，或者满足于获胜本身，或者满足于利益（赌博），或者仅仅把游戏当作一种消遣。但是，无论怎么，游戏中的竞争精神始终存在。游戏就要取胜，甘拜下风就缺乏趣味。所以，游戏同样塑造人的竞争品质，使人具有向上、向好的追求。

（二）游戏精神培养公平意识

公平是游戏的起点。人类的公平意识最早体现在游戏之中，这既是人类思维进化的结果，又是狩猎经验的总结。在狩猎生存阶段，人与其他动物的搏杀没有公平可言。狩猎活动不是你死就是我活，完全根据自然法则进行。而人类之所以不同于其他动物就在于人类的思维能力在不断进化，人类逐渐具有反思的能力。

游戏精神的产生便是人类意识进步的结果，它使生存活动中的竞争精神演化为一种游戏精神，人类模拟生存方式创造了人类早期的狩猎游戏。但是，狩猎游戏不同于狩猎实践，它是一种虚拟的狩猎过程。游戏规则的出现，标志着人类公平意识的产生。

在社会发展中，各种社会活动在游戏模式的基础上不断产生，游戏精神中的公平意识渗透于各种活动中，因此，出现了像我国春秋时期那样的战争方式——在公平的基础上进行较量。那么，之后的战争为什么变得越来越凶残？这是由战争利益所决定的。如同生存中的狩猎一样，本能的生存目的和战争的民族利益导致战争性质发生了变化。尽管如此，战争中的公平意识仍然存在，如对手投降可以免死，平民百姓可以不杀，在一定程度上体现出战争的公平性。

因此，在游戏中，游戏精神的公平意识首先为游戏的人建立了一个基本的公平概念，形成了观念定式，即没有公平就没有游戏。这种观念一经建立，将影响人的行为并迁移到生活领域的各种活动中。

（三）游戏精神孕育守则观念

规则是规范人类行为的尺度和标准。生活中的各种规则不计其数，但追根溯源所有的规则无不源自于游戏规则，无不是在游戏规则的基础上产生和发展的。所以，游戏规则又可称为"元原则"。游戏规则的产生是人类游戏精神的体现，没有规则就没有公平，没有公平就没有秩序，这不仅是游戏的发展规律，也是人类社会的发展规律。

儿童在学习游戏的过程中，首先要学习游戏方法，游戏方法就是一种规则的体现。任何游戏都要明确先做什么后做什么，这样才能使游戏过程顺利进行，这就是游戏的秩序性和规则性。学习游戏方法首先就是学习游戏规则。不仅如此，游戏是一种身体的活动，难免出现失误，即由于身体用力过大或过小造成动作即游戏技术的失误，从而影响游戏的公平性。所以，进行游戏活动不仅要求游戏

方法正确,还需要附加一定的规范游戏技术的条款,游戏规则由此产生。

游戏规则不仅是人类游戏精神的体现,也是人类文化进步的标志。游戏规则在社会生活中不断延伸,产生了各种不同的生活规则和社会活动规则,从而使人类生活和各种社会活动有序进行。早期人类部落产生后,人的行为受宗教观念和部落长老的个人意志约束,虽然这种约束也有一定标准,但毕竟随意性较大,有失公平。所以,人类产生了制定法律的需求。而早期的法律无论形式、内容和操作方式无不建立在游戏的基础上。古巴比伦的《汉谟拉比法典》产生的思想基础就是宗教伦理观念,规则模式基于游戏。其他各种社会活动规则的产生虽然内容各有不同,但在规则模式上无不如此。

游戏为人类生活提供了最早的规则和规则意识,人类在游戏中成长首先学会的就是游戏规则,由此及彼,孕育了人类的规则意识和规范行为。

(四)游戏精神造就人格魅力

游戏简单而平常,没有人对游戏感到陌生。可以说,人是在游戏中成长的。但却很少有人将自己的成就归功于游戏。人离不开游戏,而又容易忽视游戏。其实,游戏不仅带给人类快乐和幸福,也无时无刻不在塑造着人类。

很多人难以忘怀童年的游戏,但记住的只是游戏的片段或游戏的快乐。有谁会意识到游戏的功劳?游戏就是这样于无声处助推着每个人的成长,而游戏精神也寓于游戏中塑造着每个人的人格魅力。

人格是什么?人格就是人的性格、气质、能力等特征的总和。人格是一种精神品质,它外化于人的一切行为中。所以,一个人是否有魅力在很大程度上是由人格决定的。当然,人格的形成受多重因素的影响,既有先天遗传的因素,又有后天的因素。不过,即使是先天的人格缺陷,也可以通过后天的修养过程在一定程度上得到弥补。人格的养成和塑造可以借助各种形式和方法,其中,游戏是一种独特而又平常的方式。

　　游戏中的竞争精神能够培养人勇敢、顽强的意志品质,使人面对困难无所畏惧。在宏观上,以游戏的心态藐视一切艰难险阻;在微观上,以游戏的技巧克服困难,从而实现自己的目标。游戏中的公平精神能够使人领悟生活的道理,人只有在人格平等的基础上才能一起游戏、一起相处、一起合作。这是游戏的基础,也是生活的基础。游戏中的规则精神能够塑造人的规则意识,不仅规范游戏行为,同时使人懂得生活中的一切活动都需要通过规则规范,才能顺利进行。所以,竞争精神、公平精神和规则精神使人的人格魅力不断提高,使人逐渐成为被其他人赞许或喜欢的人。

第二节　古希腊游戏精神的理性光芒

　　古希腊精神是什么? 如果用一句话概括,那就是"理性精神"。但是,这样说并不等于否定古希腊之前的人类社会没有理性,而是说在古希腊之前,"精神的力量被认为无穷之大,而理智却无立足之地"[1]。所以,古希腊人在认识和继承前人文化的基础上,发展和创造了古希腊文化,理性成为古希腊的标志,成为一种古希腊精神。

　　古希腊人在宗教、哲学、文学、历史、艺术以及科学等诸多领域取得了辉煌成就,这是古希腊人理性精神作用的结果。有趣的是古希腊人的一切创造成果及创造活动都是在一种游戏状态下获得的。游戏是古希腊人不可或缺的生活内容,游戏成为古希腊人的生活方式,不仅如此,在古希腊凡是能够以游戏方式进行的活动都成为竞赛的内容。古希腊游戏精神闪耀着理性光芒,照亮了宗教、哲学、文学、历史等各个领域,取得了前所未有的伟大成就,为人类留下了宝贵的精神遗产。

一、古希腊理性精神的产生

　　公元前 20 世纪,亚该亚人(希腊族人)开始不断地入侵希腊半

---

　　[1]　依迪丝·汉密尔顿.希腊精神[M].葛海滨,译.北京:华夏出版社,2008:8.

岛,到公元前16世纪亚该亚人征服了迈锡尼。虽然亚该亚人属于野蛮人,其文明程度远远低于克里特人和迈锡尼人,但他们凭借青铜武器和战车以及勇敢作战的精神,终于取得了希腊半岛的霸主地位。公元前1400年,他们攻陷了克诺索斯城,整个克里特岛都落入了他们的统治之下。

到公元前1200年,多利安人(希腊族人)又征服了迈锡尼,这些多利安人"是没有文化的,尽管他们拥有铁制武器,他们的艺术和手工业知识却没有超出初级阶段。他们烧毁了迈锡尼宫殿,并攻陷了一些其他城堡。一些历史学家认为,迈锡尼的毁灭是出现更加自由、更加文明的希腊前景所必要的先导"①。从此,迈锡尼文明最终消亡。

所以,从公元前1200年到公元前800年,希腊进入了一个文化荒芜时代,各种文化资料、艺术作品消失殆尽。因此,历史学家将这一时期称为希腊的"黑暗时代"。但是,这一时期希腊文化仍然以它独有的方式存在,很多文字材料消失了,口传文化是这一时期的主要传播形式。直到公元前9世纪,古希腊出现了最早的文学作品《荷马史诗》。古希腊人认为《荷马史诗》既是他们的历史记载,也是他们的生活教科书。他们的生活方式和宗教方式也是按照《荷马史诗》提供的范式进行的。

荷马在史诗中描述了大量的英雄故事和神话故事,他认为,神不过是大写的人而已,神具有与人同样的属性,"同人一样的身体,同人一样的弱点和需要。他想象出大量的神性,如彼此频繁争吵,需要吃喝与睡眠,与人自由地混在一起,甚至偶然与人间妇女生儿育女。他们与人唯一的区别仅仅在于这样的事实,他们吃的是仙家美食,饮的是琼浆玉液,因而他们长生不死。他们不是住在天空或星球上,而是住在奥林匹斯山顶"②。所以,根据荷马的神的观念,古

---

① 爱德华·麦克诺尔·伯恩斯,菲利普·李·拉尔夫.世界文明史:第1卷[M].罗经国,等,译.北京:商务印书馆,1990:210.

② 爱德华·麦克诺尔·伯恩斯,菲利普·李·拉尔夫.世界文明史:第1卷[M].罗经国,等,译.北京:商务印书馆,1990:213.

希腊人的宗教没有什么清规戒律和神圣的仪式,每一个人都可以随自己的喜好相信什么,也可以自由地选择自己的生活方式,而不用担心神的谴责。因此,古希腊的宗教活动既不是为了赎罪,也不是为了让神宽恕,而主要是让神高兴使之赐福于人。

在古希腊文化中,《荷马史诗》不只是一部文学作品,更是希腊的历史,它通过寓言形式记载了古希腊自然、社会、道德、宗教等方方面面的史实。以神寓人刻画了古希腊人的生活状态。所以,古希腊人认为,神与人具有同形、同性的特点。神与人的主要差别在于人有一定的寿数,神则长生不老且更强有力,优缺点更突出。希腊的神具有人的形体、思想、性格和行为。神同人一样具有七情六欲,具有争强好胜的虚荣心、嫉妒心、报复心,会表现出各自的勇敢、胆怯、厚道、奸诈、大方、小气、高雅、粗俗、卑鄙等行为。希腊的神实际上就是现实中的人的升华,有些神本身就是由人转化而来的。因此,古希腊神话故事中的神灵观念成为希腊宗教的核心,并为希腊宗教确定了一个系统的神灵观念信仰体系。

同时,古希腊人认为并没有什么来世复生,也没有什么撒旦地狱,所以,他们对于人死后如何几乎完全不在意。所有的人死后都要到冥界去,那儿既不是天堂,也不是地狱。没有人会因为品行高尚而得到奖赏,也没有人会因其过失和罪恶而得到惩罚。因此,“神人同一”观念不仅构成了古希腊人的宗教观念,也成为他们理性精神的基础。

《荷马史诗》从本质上说是一部文学作品,它通过寓言形式记录了古希腊黑暗时代的生活故事。为什么《荷马史诗》能够成为古希腊人的生活教科书,并指引他们创造了人类文明的辉煌?这完全是由神话的功能和作用决定的。神话作为一种文学形式,源于生活,又高于生活,体现出一种思想观念,从而影响人们价值观的形成。美国神话学大师约瑟夫·坎贝尔说:“什么是神?神是一种引发动机的力量或一套价值系统的人格化表现,这两者会同时在人类生活及宇宙中起作用——表现出来的就是你体内的力量和大自然的力量。神话不仅隐喻着人类心灵层面的潜力,同时也是赋予人类生活活力的力量,赋予宇宙万事万物活力的力量。此外,某些神话是和

特定的社会有关,某些神明代表某个特定社会的守护神。换句话说,神话世界有两套完全不同的类别。在第一类神话中,人和自己的本性,和大自然相联结,人类是大自然的一部分。第二类则完全属于社会学的解释范畴,人类只和特定的社会团体发生关系,你不只是一个自然状态的人,你是特定族群的一分子。"①也就是说,神话的观念不仅对个人价值观的形成有影响作用,对群体价值观即社会文化的形成也具有重要意义。

古希腊人的文化观念和理性精神正是建立在《荷马史诗》中的神人同一的基础上的。在宗教方面,他们没有教义,也不祈祷。而是选择了以竞技方式祭祀和悼念英雄和神,以此博得神的高兴而赐福与人。因此,古希腊奥林匹克竞技运动这种宗教祭祀形式诞生了。宗教观念作为一种思想基础,不只是反映在宗教活动中,也体现在生活的方方面面。古希腊人的生活中无不充满了宗教观念的理性精神。

二、古希腊游戏中的理性精神

古希腊人生活在游戏之中,古希腊人的一切活动无不是在游戏中展开的,在游戏中发展,在游戏中辉煌。当然,这里所说的古希腊人主要是指古希腊的自由民,即贵族阶层的人。在古希腊,除了自由民外,其他各阶层的人如商人、手工业者、教师、仆人以及农民等都是奴隶。自由民无须劳动,他们为城邦作战之外的时间都是闲暇时间,用于思考和研究各种社会问题,包括哲学、文学、历史、艺术和科学等。而这一切活动又是以游戏的方式进行的,所以说古希腊人生活在游戏之中。

哲学,从来就是一个严肃而深奥的话题。古希腊的哲学研究堪称古典文明中的一面旗帜,不仅将古希腊哲学发展推向了顶峰,也引领了近代哲学研究的方向。然而,在古希腊,哲学在游戏中产生,甚至哲学就是游戏。"首先,它(哲学)滥觞于远古神圣的猜谜语游

---

① 约瑟夫·坎贝尔,比尔·莫耶斯.神话的力量[M].朱侃如,译.沈阳:万卷出版公司,2011:39.

戏,但是那种猜谜语游戏既是庄重的仪式,又是节庆的娱乐。在宗教这一方面,这样的娱乐产生了《奥义书》那种深奥的哲学和通神论,产生了前苏格拉底那种直觉的闪光。在游戏这一面,它产生的是智者派。这两个方面并非绝对区分得一清二白。柏拉图把哲学提升到探索真理的高度,这是他才能可以达到的高度,但他总是运用那种轻盈飘逸的风格,这种形式过去是,现在依然是哲学固有的要素。与此同时,把哲学降低到一个比较矮的层次,演变为'江湖郎中'的精明和思想的卖弄。希腊文化中的竞赛因素非常强大,在牺牲纯哲学发展的情况下,修辞学膨胀了。哲学处在被遮蔽的地位,成为普通人有教养的展示。"① "亚里士多德有一个学生克利尔库斯写过一本书《论谜语》,着力论述一种俏皮话谜语,用赏罚来刺激人的问题。例子有:'处处相同又无处相同的东西是什么?'答案是'时间'。"②这种智辩术的游戏方法,既接近于普通谜语,又接近于神圣宇宙演化的谜语,即接近于客观事物发展规律。虽有"戏弄"成分,却不乏逻辑性。这些文字游戏方法奠定了哲学家们的思想基础。

柏拉图认为,哲学是一种愉快的消遣,他并不耻于借用智辩者那种松散和随意的对话方式,"虽然他神话了哲学,但他仍然视之为高尚的游戏"。其实,古希腊人运用智辩术方法研究哲学,"论辩的目的不是追求真理,也不是渴望真理,而是纯粹的个人满足,证明自己说的有道理。他们的推动力是原始的竞争本能,是为荣誉而奋斗"③。由此可见,古希腊人在他们所处的时代由于宗教观念所致,思想开放,行为张扬,没有至高无上的神灵的精神束缚,以人为本才是他们的最高理想和追求。对于生活中的所有问题的认识和处理方式,无不以一种游戏的方式进行。

所以,赫伊津哈说:"一切知识(当然包含哲学知识)本质上是争

① 约翰·赫伊津哈.游戏的人:文化中的游戏成分研究[M].何道宽,译.广州:花城出版社,2007:171－172.

② 约翰·赫伊津哈.游戏的人:文化中的游戏成分研究[M].何道宽,译.广州:花城出版社,2007:169.

③ 约翰·赫伊津哈.游戏的人:文化中的游戏成分研究[M].何道宽,译.广州:花城出版社,2007:173.

辩性的,争论与竞赛不能分离。凡是伟大的、崭新的精神财富涌现出来的时代,一般都是激烈争鸣的时代。"[1]争论本身就是一种语言或文字游戏。因此,古希腊人自己也未曾想到,他们的争论将古希腊哲学发展推向了一个高峰,并为后世哲学发展奠定了基础。从古希腊哲学研究和发展中可以看出,古希腊人的宗教思想和观念,即神人同一思想决定了他们的行为方式和处世态度,神不过是放大了的人,人只要有奋斗精神,死后也能够成为神,为万众敬仰。因此,古希腊人在宗教观念上没有任何思想羁绊,将自己放置于与神同等的地位,体现出一种人本主义的理性精神。

不仅如此,在古希腊,凡是能够提供打斗机会的事情都要进行竞赛。竞赛是什么?竞赛就是一种游戏。起源于古希腊的当代戏剧也在游戏中产生、在游戏中发展,并成为一种现代艺术的展示方式。古希腊戏剧分为三种:一是悲剧,二是喜剧,三是笑剧。亚里士多德在他的《诗学》中说,古希腊悲剧"是从《酒神颂》的临时表演中发展出来的"。《酒神颂》是酒神节期间演唱的赞颂酒神事迹的歌曲,演唱者身披羊皮扮成酒神的伴侣即"羊人"演唱,所以,古希腊悲剧又称为"羊人之歌"。古希腊喜剧产生于节庆游戏的游行之中,所以,"喜剧"一词的意思是"狂欢游戏者之歌"。而笑剧是一种介于悲剧和喜剧之间的一种戏剧,一般作为严肃悲剧演出之后的一种余兴。埃斯库罗斯、索福克勒斯和欧里彼得斯被称为古希腊三大悲剧家。他们的戏剧创作反映了古希腊悲剧发展和繁荣过程,也代表了古希腊悲剧成就的顶峰。阿里斯托芬和米南德是古希腊喜剧的代表人物。这五个人的戏剧作品流传至今。

古希腊戏剧同样产生于游戏之中,并且与宗教祭祀活动联系在一起。在古希腊的祭祀活动中有一项重要内容是游行狂欢,游行中人们要唱颂歌表达对神的敬意。另外,酒宴也是一种祭祀活动,酒宴上人们唱歌、朗读诗篇歌颂酒神。在这种歌唱娱神方式的基础上,产生了古希腊戏剧。古希腊戏剧演出,同样以游戏的方式进行。

---

① 约翰·赫伊津哈.游戏的人:文化中的游戏成分研究[M].何道宽,译.广州:花城出版社,2007:176.

"戏剧对于古希腊人来说,更多的是一种竞赛,而不是一种表演。在希腊文中,悲剧中的主要演员称为'第一竞赛者',其他两名演员分别称为'第二竞赛者'和'第三竞赛者'。从公元前449年开始,在雅典狄奥尼修斯戏剧节上为主要演员设立了大奖,由城邦出资,对在竞赛中获胜的'第一竞赛者'进行奖励。此外,还有制作人之间的竞赛,当然,最为重要的还是剧目本身的竞赛,雅典人还制定了专门的评选办法,采取了防止贿赂的措施。"①由此可见,戏剧是古希腊以游戏方式歌颂神灵的祭祀活动,在游戏中产生和发展,以至于延续至今成为一种文学艺术事业。

但是,古希腊戏剧并不是为颂神而颂神,其旨在颂神喻人。欧里彼得斯的悲剧"强调写实,按照人本来是怎样的去写,从而使悲剧由神界降到人间,使他的悲剧中的人物近似于同时代的普通人。他的悲剧风格华丽,语言流畅,善于描写人物心理,特别是妇女心理"②。所以,古希腊戏剧同其他一切活动一样,以游戏的方式产生和发展,并且渗透着古希腊人的理性精神。

总之,古希腊人的理性精神融入游戏与一切活动之中,概括而言,主要有以下几方面特征。

第一,崇尚好学精神与创造精神。古希腊文明是建立在人类古代文明基础上的一种新的文明典范,这种文明又称为古典文明。古希腊文明既属于古代世界,又属于现代世界。它继承了古老的东方文明,又在发展中将东方文明推向了顶峰,创造出古希腊人独有"希腊精神",即理性精神。正如柏拉图说,"我们把一切从外国借来的东西变得更加美丽"。而古希腊人如何将东方文化发展出"希腊的理性精神"?其中一个起重要作用的因素就是古希腊人的宗教观念。神人同一的观念决定了他们的思想意识,崇拜神灵伟大而不约束思想,祈求神灵保佑而不迷信神灵。因此,古希腊人重视现实生活,具有好学精神与创造精神,所以,他们既不排斥外来文化,也在发展的基础上创造出自己独有的文化,即以理性精神

① 张广智,等.世界文化史:古代卷[M].杭州:浙江人民出版社,1999:235.
② 埃斯库罗斯.古希腊戏剧选[M].北京:人民文学出版社,1998:前言(王焕生做)4.

为标志的古希腊文化。

第二，坚持自由思想与个性张扬。《荷马史诗》既是古希腊历史的记载，又是古希腊人的生活教科书。荷马"教育了整个希腊"，《荷马史诗》中描绘的社会政治生活模式成为古希腊人模仿的蓝本。在荷马描绘的社会中，家庭和家族是社会生活的中心。家族或城邦的公共事务由公众大会协商解决的民主模式已经出现，这为后来古希腊政治生活中的公民大会制度的产生建立了模式。

公元前5世纪，希腊各城邦废除了僭主时期的专制制度和寡头政治制度，选择了民主制度，由公民大会的形式决定城邦的各种大事。因此，这种政治制度为古希腊人创造了宽松、和谐的生活环境，每个公民都有自己的政治权利，可以在公民大会上表达自己的意见。政治上的独立与自由使古希腊人的思想解放，个性张扬，为古希腊各项社会事业发展奠定了良好基础。正如德国历史学家卡尔·雅斯贝斯所说："希腊城邦奠定了西方所有的自由意识、自由思想和自由的现实基础。"①

第三，追求人生享受和生活乐趣。生活方式是由物质生活水平和思想观念决定的，具体来说，古希腊人（即自由民）生活优裕，除了打仗之外，别无他事。所以，他们有充裕的时间做他们喜欢做的事。同时，古希腊人的观念决定了他们的生活意识，即人生没有来世，生活就是要及时享乐，使身心处于愉悦中生命才有意义。所以，这种观念使古希腊人在宗教祭祀活动中没有宗教教义，也无须祈祷、忏悔，而是以各种欢乐、愉快的方式进行祭祀。因此，产生了古希腊奥林匹克竞技会以及戏剧、酒宴等各种祭祀活动。古希腊人认为，神同人一样，需要快乐。只有让神快乐，他们才能赐福人间，保佑人安康、幸福。

古希腊人的这种思想观念不仅体现在宗教活动中，也体现在日常生活中。其典型特征就是古希腊人生活在游戏中，一切活动以游戏的方式进行，包括哲学研究、艺术创造以及朋友聚会的喝酒吃饭

---

① 卡尔·雅斯贝斯.历史的起源与目标[M].魏楚雄，等，译.北京：华夏出版社，1988：25.

过程都离不开游戏。甚至在公民大会组织机构的选举中,除了"十大将军"通过公民选举产生,其他代表人选则以抽签和抓阄的方式产生。由此可见,享受幸福、追求生活乐趣成为古希腊人的全部生活内容。

第四,重视人本主义和自身价值。古希腊的人本主义观念源自他们的神观念。古希腊人认为,神不过是放大了的人,神具有比人更大的力量,神的寿命比人长。除此之外,神同人一样,具有喜怒哀乐和钩心斗角的特征。而人只要努力奋斗,不怕牺牲,死后同样能够变为神,成为人们祭祀和崇拜的对象。这种神观念的建立使古希腊人更注重自身的发展和价值。

在古希腊早期,曾经一度出现了僭主制社会制度,即一些贵族通过暴力方式获取权力,统治社会。虽然僭主们也懂得为普通人谋利益,但这种暴力式的独裁统治不仅违背了《荷马史诗》中的民主思想,也不符合古希腊人的平等观念。所以,古希腊人几经努力,废除了这种社会制度,建立了民主和平的公民大会制度。宗教观念与民主制度相和谐,使古希腊人的人本主义观念得以建立。而古希腊人注重个人价值的观念其实并不宏大,他们并没有现代人所谓的为社会做出贡献,促进社会发展的雄心壮志。他们的价值观很简单:一是崇拜神灵,博得神灵高兴,希望自己死后也能够成为神;二是努力奋斗,获得荣誉感,满足心灵愉悦的需求。所以,古希腊人在战争之余从事的一切社会活动都以游戏的方式进行。古希腊人热衷于游戏,并在游戏中赢得荣誉,获得快乐。

三、古希腊游戏精神成为人类共同精神

古希腊精神是人类精神的缩影和典范,古希腊人继承和发展了人类精神。人类精神从本质上说是建立在生存本性基础上的一种竞争精神,又在发展中演化为一种游戏精神。游戏精神是人类竞争精神的综合体现,相比竞争精神而言具有全方位的文化性,因此,人类的一切社会活动无不从游戏开始,并以游戏的方式建立起来。游戏精神成为人类活动的基本精神并渗透于各个领域的各种活动中。

古希腊精神发展了人类的游戏精神,其根本原因在于古希腊人

的宗教观念与人类古代各国、各民族的宗教观念不同，神人同一的思想确立了古希腊人的思想基础和价值观。在古希腊人心中，神并非完美无瑕，神也有缺点和不足。神能够帮助人取得战争胜利，保佑人的平安。但神并不能决定一切，没有人同神一起努力奋斗，就不会有战争胜利，也不会有人间的五谷丰登和社会繁荣。所以，这种神观念体现出古希腊人的思维理性，并铸就了古希腊人的理性精神。因此，古希腊人的宗教祭祀活动以游戏方式进行，即通过游戏方式表达他们对神的崇拜和敬仰，博得神的欢愉，神才能降福人间，惠及生灵。在古希腊的宗教活动中，有各种各样的游戏方式，其中，最宏大的游戏当属古希腊奥林匹克竞技会。

古希腊竞技会早在荷马时代就已经出现，它是一种为牺牲士兵举办葬礼的仪式，竞技的内容包括：赛跑，其中有身穿盔甲、全副武装的赛跑；五项竞技，包括跳远、铁饼、标枪、赛跑和摔跤；拳击；马拉战车比赛等。古希腊人为什么要以竞技会方式举行葬礼？这是由他们的宗教观念和理性精神所决定的。在我国以往的体育院系教科书和其他书籍中，无不将古希腊的竞技会认为是古代体育运动，其实，这纯粹是一种主观臆造的张冠李戴。古希腊人虽然在包括哲学、文学、历史和艺术等领域发展和创造了人类文明，但体育与运动并不是古希腊人的创造，而是后人在古希腊人游戏文明的基础上发展和创造的。不可否认的是，古希腊人所创造的竞技会方式是人类游戏方式发展的一大创举。体育运动正是借鉴了古希腊竞技会的模式，发展了古希腊游戏精神才得以诞生。

古希腊人为什么以竞技会方式悼念牺牲的士兵？其目的就是展示英雄行为，以激励活着的人为民族利益而战。从古希腊竞技会的内容中赛跑、五项竞技、拳击和马拉战车无一不是一种战争方式。这些战争方式是在游戏技能的基础上演变而来的。古希腊人将战争技能以竞技会的形式进行展示，一是为了体现牺牲士兵在战斗中的英勇行为，二是为了表达对死去战士的哀悼。死去的战士即成为神，所以，这种竞技会同时又是一种对神的祭祀活动。直到公元前776年，这种竞技会演变成为定期举办的祭祀活动，因为首届竞技会在位于伯罗奔尼撒半岛西北部的奥林匹亚山举行，所以，竞技会又被称为古希腊奥林匹克竞技会。据说竞技会是古希腊大力英雄赫拉克利斯为祭祀宙斯而创办的。其后,奥林匹克竞技会便以四年为周期定期举办。直到罗马帝国吞并希腊后,罗马皇帝狄奥多西一世在公元393年颁布法令,宣布关闭一切异教神庙,禁止一切献祭活动,确立基督教为国教,古希腊奥林匹克竞技会才寿终正寝。

古希腊林匹克竞技会从本质上说是古希腊人的一种宗教祭祀活动,它以战争竞技为内容,而战争竞技本质上是游戏竞技的延伸和表现形式。古希腊人将游戏和战争技能作为宗教祭祀的内容,体现出他们对游戏和战争以及宗教的认识不同于世界其他各国、各民族的人。游戏不只是人类茶余饭后的娱乐方式,还能够成为宗教祭祀方式,这是古希腊人的创举。战争从本质上说是一种征服与被征服的过程,人类通过战争活动解决利益之争不过是为了显示人类自身的强势。征服者不仅使对手俯首称臣,而且获得了利益、荣誉和地位;被征服者虽然力不从心,但只要勇于迎战,仍然可歌可泣,表现出人类不屈不挠的顽强精神。古希腊人能够将战争的竞技以和平的游戏方式展现出来,可谓史无前例,令人称奇,体现出古希腊人的思想境界和理性精神。古希腊人之所以能够实现这种竞技祭祀愿望,完全是建立在神的观念基础上。古希腊各城邦的人同在《荷马史诗》的教育下成长,有着共同的宗教理念和信仰,有着共同的生活方式和追求,所以,古希腊奥林匹克竞技会不只是一个城邦的竞技,战场上的对手同样可以参加。而且,古希腊人为了保证竞技会的顺利进行,各城邦达成一致,制定了竞技会期间的"神圣休战原则"。因此,竞技会期间,各城邦的人汇集在奥林匹亚山下,除了竞技,还有诗歌朗诵,商品交易等,所以,奥林匹克竞技会如同一场各城邦的文化交流会,人群熙熙攘攘,场面热闹非凡。

古希腊奥林匹克竞技会从内容和方式上说,不过是一种游戏和战争技能的表现形式。但它的意义远不止此。将战争技能以和平的方式重现,不仅是古希腊人的创举,更是古希腊人游戏精神和理性精神的展现。古希腊被罗马帝国灭亡后,这种精神非但没有消失,而且在罗马帝国被继承和发展。所以,历史学家在评价古希腊和古罗马时说,"光荣的希腊,伟大的罗马"。西方现代文明的产生和

发展如果没有古希腊和罗马文明为基础,是不可想象的。

罗马帝国灭亡以后,欧洲进入黑暗的中世纪。古希腊和罗马文化被历史尘封,欧洲人在黑暗中漫漫求索,历时千年之久终于迎来了欧洲大陆的历史变革,即文艺复兴运动的兴起。所谓"文艺复兴",即资产阶级知识分子为反抗中世纪教会"人权神授"的统治思想而进行的一场思想文化领域的革命。文艺复兴运动提出复兴古希腊、古罗马文化,启迪人们在思想上觉醒,摆脱封建教会统治。在这一过程中,欧洲思想文化领域发生了巨大变化,各种新思想、新文学和新艺术如雨后春笋般遍地萌生,从而推动了欧洲社会的发展进步。其中,在教育领域产生了德智体全面发展的教育思想,体育教育文明的萌芽出现。

体育教育的宗旨是锻炼学生身体,增强体质,为社会培养适合未来发展需要的接班人。这体现出教育思想的发展进步。这种教育思想的产生,完全是欧洲文艺复兴运动中致力于复兴古希腊、古罗马人文主义思想的结果。在欧洲中世纪,虽然基督教思想占统治地位,但是,封建教会组织以神权思想为名,推行禁欲主义,使人们的思想遭到禁锢,行为受到压抑,制约了社会发展。所以,资产阶级知识分子极力宣扬古希腊的人文主义思想,提倡个性张扬、重视人的价值。这推动了教育发展和德智体教育思想的产生。体育教育产生之初,运动与体育运动尚未产生,体育教育完全是以各种游戏活动和战争技能为内容。一方面,它通过游戏和战争技能促进身体发展;另一方面,它通过游戏和战争技能培养学生的意志品质,即塑造学生的勇敢精神。这既是对人类游戏精神的传承,又是一种古希腊人理性精神的体现。

及至 19 世纪,通过游戏和战争技能进行的体育教育已经成为欧洲学校教育不可或缺的内容。同时,一部分游戏活动又在资本主义大生产过程中逐渐演变为一种运动方式,即具有游戏性、休闲性、娱乐性和竞技性的一种身体活动方式。运动既成为学校体育教育的内容,又成为社会民众的一种生活方式。在这种社会背景下,包括法国教育家、体育运动先驱顾拜旦在内的欧美人士认为,运动与体育运动不应该只是作为学校教育的内容,而应当成为世界各国、各民族人民的一项共同运动。19世纪末,欧美各国代表齐聚巴黎,成立国际奥林匹克运动委员会,宣告了体育运动的诞生。

体育运动诞生后为什么要以奥林匹克运动命名?因为虽然古希腊奥林匹克竞技会是一种宗教祭祀活动,但它体现的宗教精神却是人类文化的一部分,即游戏精神和古希腊的理性精神。古希腊人创造的游戏和竞技模式又是人类游戏文化的楷模,不仅使人类的游戏具有规范化、秩序化和仪式化的特征,又使人类的游戏精神得以充分体现,所以,体育运动诞生之日以奥林匹克运动命名,既是对人类游戏文化的传承,又是对人类游戏精神的发展。以现代奥林匹克运动命名的体育运动从性质上说不同于古希腊奥林匹克竞技会,它不具有任何宗教性质。基督教徒、佛教徒和伊斯兰教徒以及无宗教信仰的各类人群都认同体育运动的目的和宗旨,即通过运动方式强身健体,塑造精神。因此,体育运动成为人类的一项共同的运动,古希腊游戏精神和理性精神成为人类共同追求的精神。

第三节　负面游戏精神

游戏是人类成长过程中自始至终的一项活动。游戏精神是游戏过程中产生的人类初始精神的综合体现,成为人类发展过程中各种社会活动的心理基础,推动社会的发展进步。但是,作为文化内容的游戏精神是一把双刃剑,从形成之日起就具有两面性,即正面效应和负面作用。

游戏精神作为一种心理过程和行为特征,是人类竞争精神、公平精神和规则意识的体现,三者和谐一致则形成良好的心理驱动力,体现出游戏精神的正面效应和意义。如果只具有竞争精神而缺乏公平精神和规则意识,那么这种游戏精神便具有负面性和负面作用。

一、如何认识赌博中的游戏精神

人类的游戏从本能开始,逐渐演化为文化的游戏。本能的游戏是一种天性,赐给人类愉悦的体验,除此以外,别无其他。但是,在

游戏的发展过程中,游戏与赌博相伴相随。谁也不知道游戏中的赌博始于何时,但在游戏中赌博人们已司空见惯。

人类进入农耕时代后,随着社会生产力的发展,各种社会活动出现,游戏发展同样如此,各种新发明的游戏不断增多,丰富了人类的生活内容。从文字产生后的历史记载中可以发现,除了儿童游戏之外,成人游戏无不与赌博联系在一起,无论是古巴比伦、古埃及、古印度还是古代中国,以游戏为媒介进行赌博无一例外。那么,史前时代就没有赌博现象吗?肯定不是。我们知道,人类的一切活动均与生存和生活联系在一起,人类为什么会有战争?一句话——利益之争。这也是古代战争发生的根源。那么,从利益的交换或转换方面来说,善意的给予或交换是一种和平方式,否则,只能靠战争解决问题。因此,可以假说,通过游戏赌博获得利益在史前阶段就已经存在,并且随着社会发展一直延续至今。

在中国古代,以游戏赌博历史悠久,战国初期政治家李悝的《法经·杂律》中就已经记载了禁止博戏即游戏的规定,当时的斗鸡、斗犬、六博等游戏都是一种赌博方式。赌博游戏广泛流行,而民间对赌博游戏褒贬不一。"据《论语·阳货》记载:'饱食终日,无所用心,难矣哉!不有博弈者乎?为之,犹贤乎已。'孔老夫子的意思是说,如果吃饱了心没地方用,也是一件令人难受的事情,倒不如去玩玩六博棋戏,会玩博戏,也像是贤人。"①孟子在《孟子·离娄下》中说道:"世俗所谓不孝者五……博弈好饮酒,不顾父母至养,二者不孝也。"孟子将博弈与懒惰、好财、好打架、好声色等无所事事、惹是生非等行为均视为不孝之列。但是,尽管赌博游戏为人们所不齿,却并没有得到遏制,而且愈演愈烈。

据《史记·孙子吴起列传》记载,齐使者如梁,孙膑以刑徒阴见,说齐使。齐使以为奇,窃载与之齐。齐将田忌善而客待之。忌数与齐诸公子驰逐重射。孙子见其马足不甚相远,马有上、中、下辈。于是孙子谓田忌曰:"君弟重射,臣能令君胜。"田忌信然之,与王及诸公子逐射千金。及临质,孙子曰:"今以君之下驷与彼上驷,取君上

---

① 宋会群,苗雪兰. 中国博弈文化史[M]. 北京:社会科学文献出版社,2010:3-4.

驷与彼中驷,取君中驷与彼下驷。"既驰三辈毕,而田忌一不胜而再胜,卒得王千金。于是忌进孙子于威王。威王问兵法,遂以为师。

这就是脍炙人口的古代"田忌赛马"的故事。齐国使者到大梁来,孙膑以刑徒的身份秘密拜见,劝说齐国使者。齐国使者觉得此人是个奇人,就偷偷地把他载回齐国。齐国将军田忌非常赏识他,并且待如上宾。田忌经常与齐国众公子赛马,设重金赌注。孙膑发现他们的马脚力都差不多,马分为上、中、下三等,于是对田忌说:"您只管下大赌注,我能让您取胜。"田忌相信并答应了他,与齐王和各位公子用千金来赌注。比赛即将开始,孙膑说:"现在用您的下等马对付他们的上等马,用您的上等马对付他们的中等马,用您的中等马对付他们的下等马。"已经比了三场比赛,田忌一场败而两场胜,最终赢得齐王的千金赌注。于是田忌把孙膑推荐给齐威王。齐威王向他请教了兵法,于是把他当成老师。"田忌赛马"是一个博弈方法和技巧的故事,其中,又充斥着豪赌的成分。

到西汉时期,游戏赌博更为盛行,上至皇帝、下至百姓无不以赌为乐。据汉荀悦《前汉纪·宣帝纪二》记载:"杜陵陈遂,字长子。上微时,与游戏博弈,数负遂。上即位,稍见进用,至太原太守,乃赐遂玺书曰:'制诏太原守:官尊禄重,可偿遂博负矣。'"[1]意思是说,陈遂与汉宣帝进行赌博游戏,汉宣帝多次输给陈遂,又不想付钱给他,就任命陈遂去太原任职,陈遂获得的俸禄远远高于赌博赢的钱。可见,赌博游戏在中国历史上由来已久。

在中世纪的法国,游戏分为两大类:一类属于打赌游戏,游戏者自己掏钱下赌注;另一类属于有奖游戏。有奖游戏一般是在节日或集体庆典中进行,而打赌游戏随时随地可以进行。游戏内容包括掷骰子、索尔球、波姆球、赛跑以及射击等。16世纪,法国曾就波姆球游戏颁布法令,要求"像按劳取酬一样,打波姆球的赢钱合情合理,必须把钱付给赢球人。为了避免赛后争议,国王陛下特设抵押金管理大臣管辖王国所有的城市",规范各种赌博游戏。17世纪,在英国伦敦,"蒙布伦侯爵仅赢了一场波姆球,便得到了5万英镑。在当

---

① 宋会群,苗雪兰.中国博弈文化史[M].北京:社会科学文献出版社,2010:37.

时,这可是个天文数字,因为那时一个工匠一天的薪水也不过一个英镑……在法国旧制度时期,大多数竞技运动都伴有打赌活动。就像其他赌钱游戏一样,蒙布伦侯爵在这场赌注中,倾注了全部的智慧和激情,他的对手也怀着同样的热忱投入了角逐"①。直到今天,各种赌博游戏在一些国家和地区已经成为一种公开的大众性社会活动,甚至有专门的赌博场所为嗜赌爱好者提供服务。

就游戏过程而言,赌博游戏和非赌博游戏没有任何差异,只是游戏动机不同而已。人们参与非赌博游戏或者说一般游戏通常是为了娱乐和消遣,同时在游戏过程中奋力争取胜利获得一种荣誉感,满足自尊的需要,所以游戏精神体现得淋漓尽致。赌博游戏者从精神层面来说与一般游戏者完全一致,他们参与赌博也是为了娱乐和消遣,争取获得利益同样能够获得一种荣誉感,满足自尊的需要。我们经常看到或听到很多赌博爱好者甚至赌徒在游戏中既有竞争精神,又有公平精神和规则意识。愿赌服输是大部分赌博参与者的起码心理,欠债还钱天经地义,也是参与赌博者约定俗成的规矩。自人类有文字记载历史的几千年来,除了儿童游戏之外,成人游戏大多与赌博联系在一起,并一直延续至今。为什么赌博具有如此的吸引力,就在于它适应了人们的心理需要。

那么,为什么很多人对赌博游戏深恶痛绝,视赌博游戏为洪水猛兽?其实,这并不是游戏本身的错,也不是赌博本身的错,而是不同个人贪婪心理的劣根性的罪孽。众所周知,最古老的赌博形式是打赌,许多人在生活中都有与同伴打赌的经历,对一件小事争执不下就要打赌,水落石出分出胜负。赌注也很随意,不过是请喝一瓶水,请吃一顿饭,或者干脆就是打一个手板惩罚了事。国人最普及的游戏莫过于打麻将,20世纪90年代曾有一个调侃打麻将的顺口溜,说"十亿人民九亿赌,还有一亿在跳舞"。也就是说,打麻将输赢会带一点"彩",就是钱。然而,这种赌博并没有影响人们的生活,反而为生活增添了乐趣。当然,在麻将游戏中,的确有些被称为赌徒

---

① 乔治·维加雷洛.从古老的游戏到体育表演:一个神话的诞生[M].乔咪加,译.北京:中国人民大学出版社,2007:导言1.

的人,赌博无节制,酿成了倾家荡产、妻离子散的悲剧。那么,这种极端现象是由于游戏,还是赌博造成的呢?其实,既与游戏无关,又与赌博无关,完全是个人的贪婪心理所致。如果没有麻将游戏就不会出现这种悲剧吗?其实不然,炒股的人不也照样有因赔本而跳楼的吗?

赌博游戏是人类趋利避害心理的一种体现,遗憾的是一部分人只懂得趋利,而不懂得避害,结果只能自食苦果。但对于更多的人来说,偶尔为之,小赌怡情,才是一种正确的选择。所以,尽管我国内地禁止任何形式的赌博,但无奈难以把握赌博的尺度。其实,管理者限制赌博的初衷可嘉,主要是想通过强制措施限制那些贪婪者,避免出现悲剧下场。然而,实践中惩罚的标准难以界定,出现了尴尬局面。其实,我国内地的彩票发行,从本质上说,也是一种变相赌博,旨在为满足社会民众的赌博心理或为筹措资金提供一种方式。

只要赌博游戏参与者遵守游戏规则,在公平的基础上进行竞争,其所表现出的游戏精神就具有正面意义和效应。同一般游戏一样,赌博游戏参与者能够在游戏中体验紧张、刺激等各种心理过程。风水轮流转,尤其是掷骰子赌博,没有永远的赢家,也没有永远的输家,这是由概率决定的(技巧性的游戏除外)。所以,赌博中的赢家愉悦过程和输家沮丧过程彼此转换,使游戏者乐此不疲。赌博游戏之所以能够流传几千年,延续至今,肯定有它的不朽魅力。赌博游戏者的悲剧并不是由赌博和游戏本身造成的,而是赌博者自控能力较差所致,因此,悲剧的产生与赌博游戏和游戏精神没有任何关系。

但是,受利益的左右,赌博游戏精神难免被玷污,于是,便产生了为了赢得游戏而不择手段的行为,破坏了赌博游戏的公平性和规则意识。这种违背公平精神和规则意识的游戏精神则是一种负面的游戏精神。

二、赌博因素对游戏的影响

赌博与游戏形影相随,难舍难分。在赌博中,赢得游戏或赢得利益总是一件令人愉快的事,而输掉游戏或输掉利益又使人心有不

甘,期望这种局面翻转。所以,赌博在一定意义上说成为游戏的催化剂,提升了游戏的心理驱动力。

赌博游戏历来受到谴责。西汉时期,汉武帝为禁博戏而惩罚赌徒。"所忠言:'世家子弟、富人或斗鸡走狗马,弋猎博戏,乱齐民。'乃征诸犯令,相引数千人,名曰'株送徒'。入财者得补郎,郎选衰矣。所忠是汉武帝的幸臣,因其上书,所以发诏令禁博戏。一时'犯令'者有数千人,都罪为'徒'(服劳役),由于强劳的人多,故曰'株送'。如能送钱入官,不仅免徒,且能补郎官。这就是最早的惩罚'博戏'的禁赌史料。"①到了唐代,禁赌法律已经系统化、正规化,"《唐律疏议·杂律》对于'博戏赌财务'规定:'诸博戏赌财务者,各杖一百。赃重者,各依己分,准盗论。'对于开设赌场和提供赌具者则规定:'其停止主人,及出玖,若和合者,各如之。赌饮食者,不坐。'这就是说,对开场聚赌'停止主人'和提供赌具的'出玖'之人,都要论罪。没有收取财物的,处杖刑一百。如取财得利归己者,以赃款的多少,比照盗窃论罪。从众人身上得到的钱财,也比照上条规定对折赃物数论处。但是如果将赢来的钱全部用在吃喝上面则不应论罪处罚。"②可见,唐代对赌博游戏的惩处细则分明,易于操作。但是,结果呢?赌博游戏仍然"野火烧不尽,春风吹又生",一直延续至今。这不由使人想起我国 20 世纪 80 年代开始的"禁赌运动",同样给予罚款或拘留处罚,结果同样是禁而不绝。

我国《治安管理处罚法》第七十条规定:"参与赌博赌资较大的,处 5 日以下拘留或者 500 元以下罚款;情节严重的,处 10 日以上 15 日以下拘留,并处 500 元以上 3 000 元以下罚款。"《治安处罚法》中关于"赌资较大"的认定国家并未有统一的规定,而是授权各地自行制定一些规章制度。根据这一精神,《山东省公安厅实施治安管理处罚法细化标准(试行)》规定,"参与赌博赌资较大"是指人均参赌金额在 100 元以上或者当场赌资在 400 元以上。《河南省公安机关

① 宋会群,苗雪兰.中国博弈文化史[M].北京:社会科学文献出版社,2010:157.
② 宋会群,苗雪兰.中国博弈文化史[M].北京:社会科学文献出版社,2010:157 - 158.

治安管理处罚裁量标准》规定,人均参赌金额在 200 元以上或者当场赌资在 800 元以上的,构成情节严重。而《深圳市公安局治安管理处罚裁量基准(试行)》规定,个人赌资在 1 000 元以上的,可以认定为"情节严重"。

2017 年 5 月,在武汉市政协第十三届一次会议上,政协代表提出《关于以"法治思维"厘清"麻将娱乐"与"麻将赌博"的界限,让武汉市民打麻将不再提心吊胆的建议》的提案获得通过。武汉警方公开明确了"麻将娱乐"与"麻将赌博"的法律界限,规定:①不以营利为目的,亲属之间进行带有财物输赢的打麻将、玩扑克等娱乐活动,不予处罚;②亲属之外的其他人之间进行带有少量财物输赢的打麻将、玩扑克等娱乐活动,参与者不满十人,区分不同情形予以裁量和处罚。

具体来说:①人均赌资不满 1 000 元的,属于"麻将娱乐",不予处罚;②人均赌资 1 000 以上不满 3 000 元的,处 500 元以下罚款;③人均赌资 3 000 以上不满 5 000 元的,处 5 日以下拘留;④人均赌资 5 000 元以上的,处 10 日以上 15 日以下拘留,并处 500 元以上 3 000元以下罚款。由此可以看出,这些治安管理条例的规定本身就自相矛盾,也就是说,在一个地方的赌博数额可认为是合理的娱乐,而这个数额在另一个地方就是违法。难道 1 000 元之内就是"麻将游戏",1 000 元之外就是"麻将赌博"? 这种定性本身就很牵强。说明赌博与游戏娱乐从来就是一个硬币的两面,很难分开。

坦率地说,赌博游戏无论是一元赌注还是千元赌注性质是一样的,否则,岂不是"五十步笑百步"。赌博游戏就其本身的性质来说,是一种中性的事物,无所谓好恶。关键的问题是人性的恶劣导致赌博游戏剑走偏锋。那么,为什么赌博游戏从古至今屡禁不止? 因为赌博有游戏因素,不仅与游戏相伴相随,而且对游戏发展起着重要的影响作用。

第一,提升游戏激情,强化心理体验。游戏通常都伴有刺激、紧张或焦虑的心理状态,并且与游戏者对游戏的重视程度相关。重视程度越高,所获得的刺激就越强烈,身体的应激状态就越明显,体现为一种紧张或焦虑,尤其是到游戏的关键时刻,这种心理状态逐渐

达到高峰。

　　紧张或焦虑是一种生理和心理兴奋的表现,适度的紧张或焦虑能够提升心理感觉,增强心理体验。在游戏中,这种紧张或焦虑始终与游戏目标联系在一起。一般来说,对游戏的期望越高,紧张或焦虑的程度就越强烈。对一般游戏来说,这种期望就是一种争取获胜的信念。赌博游戏实际上就是一种游戏信念的物质化,它在一定程度上提升了游戏者的游戏激情。"游戏开始前,双方要把投注的钱放在球网边,以便大家都看得见。这种打赌的游戏没有组织,极为随意,常常根据参加者的情况和兴趣,或是很快便有了结果,或是很快就会放弃。因此,把钱摆在明处,可以刺激挑战者的兴趣,这大概是唯一能够使打赌者坚持下去的方式。在一个疏于组织的社会环境中,以钱作为赌注可以增强比赛的刺激性,特别是可以确保比赛的进行和它的'严肃性'。"①因此,赌博对于游戏参与者的心理影响显而易见。

　　第二,增强游戏动力,提高趣味水平。赌博与游戏在影响人的心理方面有着一致性。游戏是一种自愿的活动,参加游戏就要取胜,否则没有意义。父母同孩子一起进行游戏时,会有意让孩子赢,这并不是父母不懂得游戏的意义,恰恰相反,父母这样做一方面是为了提升孩子玩游戏的激情,另一方面是为了增加游戏的趣味性,使孩子在游戏中获得愉悦的体验。这种游戏是一种亲子游戏,对于父母而言,游戏的输赢不重要,重要的是通过游戏释放了对孩子的爱。

　　赌博游戏和一般游戏一样追求获胜。而且,这种获胜心理与赌注的大小密不可分。相对而言,赌注越大,人们想赢的期望就越大,游戏的心理动力就会增强,对游戏的关注度就会越来越高。所以,在游戏的动力方面,赌博与游戏有着一致性。对游戏趣味的感受和体验也同样如此。在一定意义上说,赌注不断增加,游戏的意义就不断提升。赢得了游戏,自然心中喜悦,感受到曼妙的乐趣。输掉

---

　　① 乔治·维加雷洛. 从古老的游戏到体育表演:一个神话的诞生[M]. 乔咪加,译. 北京:中国人民大学出版社,2007:导言 1－2.

了游戏也无伤大雅,接力再战,风水轮流转。游戏的乐趣从来不会只青睐某一个人,否则,就没有游戏的长盛不衰。

第三,促进技能发展,推动游戏进步。游戏的发展进步是由多种因素决定的,其中,社会文化进步包括物质生活水平提高和观念意识的进步是基础。除此以外,赌博对于推动游戏发展也是一个不容忽视的因素。赌博推动了游戏发展,增加了游戏兴趣,所以,才使游戏充满了魅力,引得"无数英雄竞折腰"。

在我国游戏中,围棋可谓是尽人皆知的一项智力游戏,然而,围棋自产生之日起就与赌博联系在一起,成为一种赌博工具。围棋赌博与掷骰子赌博不同,它不是靠运气,而是充分运用"巧思"和智慧。围棋游戏在发展中得到了上至皇帝下至百姓的青睐。历朝历代对围棋的研究汗牛充栋,推动了围棋的发展。三国时期,魏人邯郸淳的《艺经·棋品》记载:"夫围棋之品有九:一曰入神,二曰坐照,三曰具体,四曰通幽,五曰用智,六曰小巧,七曰斗力,八曰若愚,九曰守拙。九品之外,今不复云。"[①]所谓"入神",即围棋水平达到一种神明状态,为最高境界。所谓"用智",即运用智慧"巧思",这是一种中品状态。而"斗力"则是一种你来我往的相互厮杀,为下品状态。

棋品相当于今天的围棋段位制,不同品级代表不同水平,不仅为游戏爱好者确立了奋斗目标,也为"以品赌戏"划分了界限,也就是说,围棋赌博也要根据自己的品位进行,不同品级不进行赌博。

第四,赌博心理失控,导致不良恶果。赌博自产生之日起就一直被"污名化",其实,赌博心理人皆有之。而且,赌博能够延续至今,自有它的道理。何为赌博?一切争输赢的行为或活动皆为赌博。赌博本身无所谓好坏,它只是一种游戏方式而已。朋友之间争执对错,相持不下,便以打赌方式解决问题,输了请对方吃顿饭,没有人认为这种游戏方式是拙劣的。相反,它增进了彼此的友谊和信任。

那么,赌场的赌博呢?任何赌场都有规则,它首先体现出一种公平的游戏精神。所以,赌场生意经久不衰,赌徒趋之若鹜。在世

---

① 宋会群,苗雪兰.中国博弈文化史[M].北京:社会科学文献出版社,2010:261.

界很多国家和地区包括我国的澳门、香港地区,公开赌博不仅受到法律保护,而且创造了可观的税收。同时,又有很多国家和地区禁止公开赌博,这又是为什么? 其实,这与赌博无关。赌博本身无所谓好坏,但是一些参赌者自控能力较差,在赌博中失去自控能力,陷入其中不能自拔,因此导致许多悲剧结果。所以,政府和管理当局不得不采取禁赌的方式,强制干预这类人的行为,以保护他们能够正常生活。

值得指出的是,一些参赌者受利益驱使,在赌博中弄虚作假,破坏游戏规则,致使游戏精神在赌博中受到玷污,这是赌博游戏"污名化"的根源之一。

三、运动竞技中的负面游戏精神

运动与体育运动的产生是游戏发展的结果,具体来说,它是社会文化发展到一定阶段的产物。运动不同于游戏,但二者又具有不可分割的联系。运动由游戏发展和演变而来,这种发展和演变是有条件的,即资本主义大生产使社会生产力发展水平发生了飞跃性变化,人们的生活水平不断提高,生活方式不断改变,由此产生的观念变化为游戏演变为运动与体育运动奠定了基础。

中世纪末期,体育教育诞生。体育教育运用游戏和军事技能锻炼学生身体,培养学生精神。实践证明,游戏在体育教育发展过程中发挥了不可替代的重要作用。到了19世纪,一部分游戏活动逐渐演变成为一种运动,不仅成为社会大众的一种生活方式,也成为学校体育教育的内容,运动的意义在社会生活中日益凸显。运动不只是一种生活休闲方式,更是一种培养青少年精神品质的手段。所以,法国教育家、体育运动先驱顾拜旦与欧美一些仁人志士共同努力,终于在19世纪末成立了国际奥林匹克运动委员会。这一组织旨在发展体育运动,促进世界各国、各民族人民之间的交流,培养青少年一代的良好身体素质和精神风貌。

顾拜旦在19世纪80年代就曾指出:"对精神的塑造、意志的培养、品格的熏陶,如果没有体育运动这条重要途径,一定是不完整的,不健全的。文艺复兴和启蒙运动的大师们早已告诉我们,健全的思想寓于健全的身体,灵魂与肉体应当是统一、和谐的,怎么能够设想一个学识丰富、目光远大的思想者,却是一个病魔缠身的人呢?虽然这样的人并不少见,但那是有理智的人应该竭力避免的,绝不是值得仿效的榜样……"①在这种思想指导下,顾拜旦大力倡导法国学校体育教育发展,用"体育唤醒法国",为发展法国学校体育教育做出了贡献。

国际奥林匹克运动委员会成立后,顾拜旦又为发展人类体育运动事业,倡导体育精神呕心沥血、披荆斩棘。在1925年奥林匹克运动复兴25周年的纪念会上,顾拜旦进一步指出:"奥林匹克精神依然是人类追求强健的肌肉所需要的,强健的肌肉是欢乐、活力、镇定和纯洁的源泉。奥林匹克精神必将被所有人享受,包括现代产业发展所赋予的各种地位最底下的公民。这就是完整的、民主的奥林匹克精神。"②因此,通过体育运动实现强身健体,塑造精神,成为体育运动的基本目的和追求。

体育精神是什么?体育精神就是人类游戏精神的延续和发展,正如《奥林匹克宪章》所规定的那样:奥林匹克精神即体育精神就是互相了解、友谊、团结和公平竞争的精神。自体育运动诞生以来,这种精神就被世界各国、各民族人民所认同,成为人类共同追求的精神。但是,体育运动发展和体育精神弘扬从来就不是一帆风顺的,游戏者的贪婪心理和自私行为无时无刻不在干扰体育精神,致使负面体育精神出现,成为影响体育运动发展和人类精神的消极因素。其实,负面体育精神的产生表面上看似由商业因素所致,但事实并非如此。商业介入体育运动就如同游戏中的赌博一样,本身没有罪恶,只是人的贪婪心理作祟,为了获得利益而不择手段,酿成了许多悲剧。其中,使用兴奋剂是负面体育精神的典型事例。

奥运会诞生之初,各种商业性的单项体育运动,使之锦标赛随之出现,顾拜旦对此忧虑重重,认为商业精神会腐蚀运动员使体育运动,使之走向歧途。1908年,顾拜旦在《我为什么要复兴奥林匹克

---

① 皮埃尔·德·顾拜旦.奥林匹克宣言[M].北京:人民出版社,2008:87-88.

② 皮埃尔·德·顾拜旦.奥林匹克宣言[M].北京:人民出版社,2008:147.

运动会》一文中说:"我已经清楚地看到今天的体育正处在危险境地,充斥着广告和欺骗。在我们的社会,一切努力都被视为是为了获得物质利益,竞技体育也被举办公共展览的组织者们看作一种商业性的获利手段。而我认为,复兴奥运会的必要性,在于要用它来提倡人们对真正的体育锻炼的尊崇,即在真正的、纯洁的体育精神指导下进行的体育锻炼,它是骄傲的,令人愉快的,也是忠实的。要实现这一理想,有许多工作要做,而这需要时间。"①在奥运会举办之初,国际奥委会就制定了奥运会举办模式,即通过政府拨款资助和奥运纪念品售卖方式解决资金问题。但是,这种模式就能够使体育运动保持纯洁吗?其实不然。一些人为了荣誉和利益忘乎所以、不择手段。以往的游戏如此,当代运动类游戏即体育比赛也不例外。

1960年举办的第17届意大利罗马奥运会上,出现了因服用兴奋剂致死事件。"自行车比赛中丹麦运动员詹森暴死途中,后经尸体解剖证明是服用兴奋药物所致,这是奥运史上第一例服用兴奋剂致死的案例。詹森之死引起了大会的震惊和重视,同时促使国际奥委会开始重视反兴奋剂的问题。"②也许这并不是现实中的第一例服用兴奋剂事件,只是因为运动员死亡,才使这种事件浮出水面。究其原因,无不是名利思想所致。所以,自1968年开始,国际奥委会决定禁止使用兴奋剂,并于当年举行的墨西哥奥运会上首次进行兴奋剂检测。但是,使用兴奋剂的现象并未消除。20世纪70年代后,兴奋剂事件在体育运竞赛中愈演愈烈,并且由个人行为逐渐演变为集体行为或组织行为。

1972年第20届德国慕尼黑奥运会次重量拳击冠军、东德运动员约亨·巴赫菲尔德对《法兰克福汇报》记者说:"民主德国队的所有拳击运动员都可能服用过兴奋剂……那时,运动员并未想到这种行为是不道德的。"③当然,正如巴赫菲尔德所说,药片在增加他的体

① 皮埃尔·德·顾拜旦.奥林匹克宣言[M].北京:人民出版社,2008:125.
② 皮埃尔·德·顾拜旦.奥林匹克宣言[M].北京:人民出版社,2008:244.
③ 瓦·利·施泰因巴赫.奥运会通史:下[M].张永全,等,译.济南:山东画报出版社,2007:73.

重时起了一定作用,但这只是辅助性的。他每天依然坚持繁重的训练,否则不管什么药片也没有作用。

在1976年举办的第21届加拿大蒙特利尔奥运会上,苏联水球队具有很强的实力,其1975年曾夺得世界水球锦标赛冠军。但本次奥运会却爆出了丑闻。苏联水球队队员维塔利·罗曼丘克说:"大约在奥运会前一个月,所有队员都被打了一针。当时,他们告诉我们,说没有什么可怕的,只是振奋一下精神,增加力气。没有人自愿接受这一针,我们一致抵制,认为不打针也一样也可以拿到奖牌。可他们向我们提出,谁不注射,谁就不能去参加奥运会……奥运会前两周,我们水球队来到渥太华一所大学的游泳池进行训练。在那些日子里我们确实体验到一种非同寻常的力量,自我感觉良好……很显然,这是打的那一针所起的作用。可是当我们移师到蒙特利尔参加奥运会比赛时,情况发生了一百八十度的变化。我们所有人都感觉意志消沉、精神萎靡不振,我们艰难地爬上了奥运村的两层楼梯。而到比赛时,全队的人简直就是硬撑着参赛。奔跑丧失了速度,正面交锋时害怕、退缩,即使在简单的场合下也会出现失误。我们输给了荷兰队,与罗马尼亚队比分持平,最终没有进入前六名。现在我们清楚了,那一针是真正的兴奋剂。实验的设计者反复考虑过,他们想一箭双雕,一方面给我们增加力量,一方面想在奥运会前在我们的身体内不会留下兴奋剂的痕迹。第二个目的他们达到了,我们的兴奋剂检测呈阴性,可是力量却消失了。直到现在一想起那次奥运会我们就很痛苦。"①这种以组织名义使用兴奋剂的现象,影响更加恶劣。

2016年,在第31届巴西里约奥运会举办前,一个爆炸性的新闻震惊了世界。世界反兴奋剂机构发布报告称,俄罗斯存在系统性操纵运动员服用兴奋剂的问题,并建议国际奥委会全面禁止俄罗斯运动员参加里约奥运会及残奥会。面对事实,时任俄罗斯总理普京不得不发表声明,免去世界反兴奋剂机构(WADA)报告中提到的相关

---

① 瓦·利·施泰因巴赫.奥运会通史:下[M].张永全,等,译.济南:山东画报出版社,2007:73.

人员的职务,并敦促世界反兴奋剂机构委员会进行更全面、客观以及基于事实的调查,并表示保证俄罗斯执法和调查机构将积极予以配合。最后,国际奥委会拒绝了世界反兴奋剂机构提出的全面禁止俄罗斯运动员参加里约奥运会及残奥会的建议,决定由国际单项体育联合会对每个俄罗斯运动员的兴奋剂记录进行个案分析,自行决定是否对各自项目的俄罗斯选手禁赛。直到里约奥运会开幕前的最后一刻,国际奥委会最终确认有 271 名俄罗斯运动员获得参赛资格(占报名参赛人数的 70%)。

我国也不例外,20 世纪 80 年代改革开放后,使用兴奋剂现象就已出现。2016 年的里约奥运会上,同样爆出我国运动员被查出使用兴奋剂的丑闻。

负面体育精神不只是表现在使用兴奋剂方面,比赛中各种暴力行为和不尊重裁判现象同样有违体育精神。古老游戏中的暴力行为可能因比赛规则不健全而产生的,而体育运动诞生之初,就建立了严格制度和规则并在发展中不断完善,其目的就是保证体育比赛的顺利进行和维护体育精神。尽管如此,一些人仍我行我素、肆意妄为,使体育精神受到玷污。除此之外,负面体育精神还表现在国家和地区为了本位利益而抵制体育运动,以政治力量干扰和阻碍体育运动的正常发展。虽然这种现象只在特殊的社会环境下出现,但负面影响极大,违背了相互了解、友谊、团结和公平竞争的体育精神。

四、负面体育精神产生的根源

体育运动由游戏活动演变而来,体育精神是游戏精神的延续和发展,而任何精神的产生与形成是由人的思想意识和动机决定的。正确的思想意识和动机产生正面的精神和行为,负面的思想意识和动机必然导致负面的精神和行为出现。思想决定行为,负面体育精神的产生根源不言而喻。

具体来说,依据负面体育精神的外在表现特征,可以从三个方面溯源:一是为追求名利不择手段,破坏了游戏精神和体育精神;二是个人思想境界较低,行为放肆,践踏了游戏规则即体育竞赛规则;

三是政治介入体育运动,干扰了体育运动的发展。

体育运动作为一种生活方式和生活内容不仅满足人们的休闲需要,更重要的是在运动中实现锻炼身体、挑战自我、塑造精神的崇高追求。因此,体育运动自诞生之日起,就以星星之火形成燎原之势,体育精神得到广泛弘扬。但是,不可否认,在体育运动中,尤其是高水平的运动竞赛中,竞争越来越激烈,提高成绩越来越难。所以,一些人为了取得更好的成绩便投机取巧,不择手段。1988 年 9 月 24 日,在第 24 届奥运会男子 100 米决赛中,加拿大著名短跑运动员本·约翰以 9.79 秒的优异成绩获得第一名,全场 8 万观众为之欢呼。国际奥委会主席萨马兰奇亲自为他颁发了金牌。约翰逊被誉为世界第一飞人。然而,仅仅三天之后,国际奥委会药物检查委员会经两次兴奋剂检查后宣布:加拿大运动员本·约翰逊在参加男子 100 米决赛前服用了大剂量的违禁兴奋剂——类固醇。因此,他所获得的金牌和创造的男子百米世界纪录被取消。这一丑闻震惊了世界,人们不禁疑问,这就是体育运动? 这就是体育精神? 为什么会出现这种丑闻? 其实,这种弄虚作假的竞争精神是一种负面体育精神。产生的原因很简单,即名利作祟。

名利是所有游戏活动中的重要动机因素和追求目标,也是人类思想意识中的初级境界。俗话说"无利不起早""人为财死,鸟为食亡"。游戏为什么与赌博联系在一起? 因为赌博可以获利。游戏为什么能够不断延续和发展? 赌博因素是重要的驱动因素之一。但是,赌博本身无可非议,赌博只是一种外因和条件。赌博的"污名化"是人的贪婪心理造成的,没有贪婪心理就没有赌博的恶果。体育运动中的追名逐利也是如此,商业因素的介入为体育运动的发展起了重要的推动作用,同时,又为运动员提供了利益追求目标。商业因素本身没有罪恶,运动员可以在游戏精神和体育精神的规范下,尽情地追逐利益,这无可厚非。然而,一旦背离这一初衷,负面的体育精神就不可避免地产生。

体育运动是由一部分游戏演变而来,其相比以往的游戏无论在竞争模式还是比赛规则方面都有了很大的改善和进步,因此,规范性的游戏方式使人们对体育运动格外青睐。但不可否认,由于人性

的差异,一些体育运动项目中充满了违反规则的暴力行为。20世纪初,"《芝加哥论坛报》上的一篇文章呼吁和关注这样一个事实,仅仅在1905年一个赛季中,就有18名选手死于比赛,159名选手在比赛中受伤。全国民众群情激昂,致使其至是'纯爷们儿'的西奥多·罗斯福总统也被迫采取行动,把耶鲁大学、哈佛大学和普林斯顿大学的代表招到白宫,说服他们公开谴责和抨击橄榄球比赛的'野蛮和丑恶'"[①]。之后,橄榄球比赛的规则一直在不断修改,但暴力的攻击行为仍然被保留。严格地说,虽然橄榄球比赛中允许有攻击行为,但依照规则进行攻击,完全不至于伤人致命。但是一些队员无视规则,采取残暴野蛮行径,导致橄榄球运动中出现血腥场面,使人们对体育精神产生怀疑。除橄榄球之外,其他运动项目如足球中的暴力野蛮行为同样存在。一些人在比赛结果不如所愿的情况下,情绪激动,将对手或裁判当作发泄对象,轻则指责谩骂,重则拳脚相加。这不仅违背了基本的道德准则,也破坏了纯洁的体育精神。

违背体育精神的另一种情形是将体育运动视为政治工具,即通过体育运动表达政治诉求,实质上同样是违背体育精神,干扰体育运动发展,变相压制体育运动的表现。当然,政治介入体育运动可能事出有因,也可能是正义之举。

1920年,第7届奥运会在比利时的安特卫普举行。但是,本届奥运会是否邀请德国和其他"昔日的敌人"成为困扰比利时奥林匹克委员会的一个难题。因为德国及其盟国在一战中摧毁了比利时人的家园,使比利时人民陷入了战争的苦难中。因此,国际奥委会深深理解比利时人民的感情,主动出面拒绝邀请德国和它的同盟国参加奥运会。国际奥委会的这种行为毫无疑问地属于政治行为,即竞技体育政治化。但这种政治介入没有受到任何国家的指责,其原因在于奥运会是一项公平正义的人类活动,是一项体现人类文化和人类文明的人类活动,它不容受到干扰和破坏。所以,拒绝战争的发动者参与奥运会不仅是对他们的鞭挞和惩戒,也是对爱好和平的

---

① 威廉·迪安. 美国的精神文化——爵士乐、橄榄球和电影的发明[M]. 袁新,译. 北京:商务印书馆,2013:241-242.

国家和人民的一种褒扬和鼓励。

1956年,在第16届墨尔本和斯德哥尔摩奥运会举办前,国际奥委会部分委员一方面承认中华全国体育总会作为中国奥委会的参赛资格,另一方面又保留台湾的"中华民国奥委会"的参赛资格,制造分裂中国的既成事实,对此,中华人民共和国奥委会予以坚决反对,并拒绝参赛。这同样是一种正义之举。中国政府的立场很鲜明,我们愿意参加奥运会,但是,部分别有用心的国际奥委会委员想利用奥运会机会制造"两个中国"或"一中一台",干预中国的内部事务,中国人民决不答应!所以,违背体育精神的是少数敌视中国的人,而不是中国政府和中国人民。

但是,1980年,以美国为首的西方国家因苏联1979年出兵侵略阿富汗,践踏了国际法准则,宣布抵制当年召开的第22届莫斯科奥运会。包括中国在内的63个国际奥委会成员国和地区共同参与了抵制。包括澳大利亚在内的欧洲15国虽然派出了小规模的体育代表团参赛,但不使用本国的国旗、国歌,而使用奥运会会旗和会歌,使本届奥运会黯然失色。同样,在1984年举办的第23届美国洛杉矶奥运会前,以苏联为首的16个国家和地区奥委会以安全为由宣布不参加本届奥运会。其实,这是对美国等国抵制莫斯科奥运会的报复。这两届奥运会的抵制风波引起了国际范围内的广泛关注。对于奥运会发展来说,这种抵制无疑是一种人为的阻碍,造成了无法挽回的创伤。这种行为严重违反了奥林匹克体育精神,产生了极其消极的社会影响。

总之,体育运动是人类共同的运动和共同的事业,人类需要共同努力和奋斗,才能推动体育运动向前发展。体育运动的发展需要体育精神驱动,所以,无论个人还是社会组织,只有树立积极向上的体育精神,才能推动体育运动发展。

本章小结

本章对游戏精神的产生从理论和实践过程两个层面进行了阐释。游戏精神由何而来?它是由人的竞争性演变而来,在竞争性的基础上逐渐形成的。游戏精神有什么意义?主要体现在四个方面:

①游戏精神塑造竞争品质;②游戏精神培养公平意识;③游戏精神孕育守则观念;④游戏精神造就人格魅力。古希腊游戏精神的产生是由古希腊人的理性精神决定的,古希腊人的理性精神主要包括四方面的特征:①崇尚好学精神与创造精神;②坚持自由思想与个性张扬;③追求人生享受和生活乐趣;④重视人本主义和自身价值。

赌博既是一种游戏方式,又是各类游戏中的一种现象。自古以来,游戏与赌博就联系在一起,赌博中同样体现出一种游戏精神。那么,如何认识赌博因素对游戏的影响? 这主要涉及四个方面:①提升游戏激情,强化心理体验;②增强游戏动力,提高趣味水平;③促进技能发展,推动游戏进步;④赌博心理失控,导致不良恶果。此外,本章以运动类游戏为例,分析了运动与体育运动中负面精神产生的根源。

本章思考题

1. 游戏精神的意义是什么?
2. 古希腊理性精神的特征表现在哪几个方面?
3. 如何认识赌博中的游戏精神?

游戏价值

学习目标

本章学习游戏价值，认识和了解游戏之所以能够存在于社会生活中，除了天性使然的因素之外，就在于它的价值性。从人类社会的层面来说，游戏是人类共同的活动，具有普世价值。从个人成长的层面来说，游戏是贯穿于人一生的活动，对人的成长和发展具有价值。对于社会发展而言同样如此，即游戏有益于社会发展。此外，游戏也具有一定的负面价值。本章要求掌握游戏的成长价值包括哪些方面的内容，重点掌握游戏的社会价值包括哪些方面的内容。

所谓游戏价值，是指游戏在社会生活中的作用，有用性。从性质上说，游戏可以分为积极作用和消极作用，即游戏价值的正面作用和负面作用。从功能上说，游戏价值的积极作用即正面价值有益于个人成长和发展会展，反之，游戏价值的消极作用即负面价值必然会影响或阻碍个人成长和社会发展。

游戏价值作为一种观念形态是人类对游戏这一事物认识的结果，它受到个人认识水平以及诸多社会因素的影响。不同的人对游戏价值有不同认识，必然产生不同的游戏价值观。价值观一经形成，具有相对的稳定性。所以，研究游戏价值的目的就在于认识游戏的价值，促进和影响游戏价值观的形成，从而推动游戏发展、个人成长以及社会进步。

第一节　游戏的普世价值

生活中的每一个人都离不开游戏,在游戏中成长是每一个人的切身经历。追溯游戏源头可知,游戏是人类共同的祖先的发明和创造,从弓箭游戏和梭镖游戏开始,人类的游戏不断发展和创新,得到广泛传播,逐渐繁荣。游戏不分国家和民族,有人的地方就有游戏,尽管游戏方式和游戏内容各有差异,但游戏会给人以愉悦的体验和享受。游戏的广泛性和普遍性决定了游戏具有普世价值。

一、游戏是人类共同的天性

游戏是人类和其他动物共有的天性,这里所说的"天性"包含两个层面的意思:其一,人类和其他动物与生俱来具有游戏的能力;其二,人类和其他动物与生俱来具有游戏的欲望,即游戏的驱动力。

与生俱来的游戏能力即本能的游戏能力。人类生来就会追逐嬉戏、自娱自乐,进行其他各种玩耍,无师自通。人类在幼儿时期,意识能力尚处于发展阶段,还不能意识到游戏为何物时,游戏就已经融入了他的全部生活。赫伊津哈认为,这种与生俱来的游戏是一种自主的存在。自主的存在也好,本能的游戏也罢,既然人们认可"游戏是一种天性"的观点,那就毫无疑问地承认,游戏能力和游戏欲望是造物主赐给人类和其他动物的一份礼物。至于造物主为什么要赐给人类和其他动物这份礼物,各种游戏假说从不同的侧面予以解释,包括娱乐、解闷儿、消遣以及练习生存等,不胜枚举。游戏作为一种天性,对人类和其他动物来说便具有了公平性的特点,即不偏不倚,共同享有。从这个意义上说,游戏具有普世性,因此,游戏的价值自然具有普世性。

说到普世价值,难免受人诟病。很多人认为,在现实世界中,没有普世价值可言。其实,这一观点并不确切。同为人类,同有人性,而人性从本质上说具有共性,所以,普世价值必然存在。比方说,人人希望有饭吃,希望身体健康、不生病,能够长寿,希望生活幸福,希望和平、安宁等。这类观念人皆有之,属于人之本性,所以,它们构成最基本的普世观念。这种普世观念自然形成一种普世价值观。一些人认为没有普世价值,主要是指政治意识形态领域,宗教和政治观点不同,必然导致价值观不同。

游戏是一种天性,那么,游戏的普世价值当然是由天性驱使而形成的一种文化观,即在本能游戏的基础上发展而来的一种游戏文化观。这种文化观早在人类原始时期的大同之世中就已经产生。那时阶级尚未产生,国家还没有形成,甚至文字都没有出现,但是,作为游戏文化内涵的游戏精神已经产生。所以,游戏文明是人类的初始文明,游戏价值为人类共享。

游戏的普世价值不只表现在游戏中,人类的一切社会活动包括生产劳动、战争和社会上层建筑的产生无不是在游戏中展开的。所以,游戏的普世价值为各类社会活动的产生与发展既提供了模式,又增添了动力。随着社会的发展,阶级和国家逐渐产生,以宗教观念为基础的各种政治意识形态相继出现,不同的政治意识形态影响着人们的生活观和世界观,表现为对游戏内容和游戏方式的追求不同。例如,古代宫廷游戏追求声色犬马、歌舞升平,现代生活中一些商人、官员玩儿游戏也追求"高档、豪华",体现与众不同。这说明,社会的分化形成了不同的阶级和阶层,不同阶级和阶层的人各有不同的游戏。然而,游戏的观念是有着一致性的,即娱乐、消遣,满足个人的心理需求。所以,游戏的观念从本质上说具有普世性。

游戏是一种天性。这并不否定游戏的文化性。人类的游戏不同于其他动物的游戏,其他动物的游戏只是一种天性使然,没有发展,更没有进步。而人类的游戏有了文化的推动,能够在天性即本能的基础上不断延伸和发展。天性是不以人的意志为转移的一种客观存在或客观规律,既不能被改变,也不能被创造,只能顺其自然,顺势而为。

不可否认,人类游戏发展首先是建立在社会生产力发展水平的基础上的。社会生产力发展既为人们提供了物质生活保证,也为新游戏的产生创造了条件。但是,人们的游戏观念作为一种心理驱动力对于游戏发展同样具有不可或缺的作用。这种心理驱动力既包

含人类对游戏认识的结果，又包含天性的成分，即"游戏是一种天性"。同时，人类和其他动物所有的游戏都具有各自不同的价值和意义。从这个意义上说，天性使然的游戏价值自然具有普世价值。

二、游戏是人类共同的活动

游戏是人类共同的活动，这同样是由人类的游戏天性决定的。在人类早期的游戏中，游戏内容和游戏方式高度一致。在原始社会中，人类生活的全部意义只有一个，即维持生存。在生存中，随着人类思维进化水平的不断提高，人类学会了利用工具和制造工具。工具的产生首先是为了狩猎需要，之后才成为人类的游戏媒介。在原始时代，人类的游戏内容极其有限，除了追逐、嬉戏等本能的游戏之外，拉弓射箭、掷梭镖、抛石器等狩猎方式成为人类种类不多的游戏内容。人类的游戏从一开始就具有共同的特征，这既由人类自身的进化水平所决定，又被社会生产力发展水平即文化水平所制约。进入农耕社会后，人类的游戏伴随着社会发展有了巨大进步，游戏逐渐与生存方式相分离，成为一种专门的活动，成为一种茶余饭后的娱乐和消遣方式。

农耕时代游戏发展的一个重要特征就是游戏内容日益增加，游戏方式不断出新。不同国家和民族由于地理环境、文化习俗和生产力发展水平不同，游戏内容和方式各有不同。其中，临水而居的人们延续了早期渔猎的习惯，戏水、游泳成为一种普遍的游戏方式；冰雪覆盖地区的人们发明了滑板、雪橇，它们既是出行工具，又是游戏媒介。对于儿童来说，玩耍就是他们生活中的重要事情，玩耍就是生活。所以，尽管不同国家和民族的游戏内容和游戏方式有所不同，但游戏却是不可缺少的生活内容。

古希腊时代，为满足战争需要，古希腊人将各种游戏包括跑步、跳跃、格斗、摔跤和骑马等引入学校教育中，作为培养和训练合格军人的手段。需要说明的是，古希腊人的学校教育有其历史的特殊性，它不是为了培养社会需要的各类人才，而只是为了培养合格军人。但是，古希腊人的这种军事教育模式不仅为学校教育的发展树立了榜样，而且为德智体全面发展教育思想的产生起了重要的推动作用。在欧洲中世纪,意大利教育家首先提出了德智体全面发展的教育思想,并借鉴古希腊经验将游戏作为发展身体、促进健康的体育教育内容,使游戏从以往茶余饭后的娱乐、消遣变成一种教育手段。这一变化不仅推动了教育发展,也为游戏的广泛传播和规范发展创造了条件。游戏成为教育内容既使其本身的功能和作用得到了更大程度的发挥,又使游戏的意义得到提升。

欧洲自中世纪末至 19 世纪末,在教育发展的推动下,**游戏在社会生活中的地位和作用日益提高**。在学校教育中,**游戏不只是一种娱乐,更是一种发展身体、塑造学生精神的手段**。**游戏精神即竞争精神、公平精神和规则精神,不仅是体育教育的内容,也是德育教育的内容**。欧洲工业革命之后,游戏逐渐成为社会民众的一种娱乐和**休闲方式**。游戏的范围越来越广,影响也越来越大。

游戏发展在 19 世纪经历了一次革命性变化:一部分游戏活动演变为运动与体育运动。这是游戏发展进步的重要标志。游戏之所以**能够演变为运动与体育运动,一方面是社会进步的结果,另一方面是社会发展的需要**。人类的游戏在原始社会阶段,内容和方式高度一致,但在农耕时代,游戏内容和方式随着社会的分化而分化,出现了宫廷游戏和民间游戏之分。虽然游戏内容有别,但游戏的本质没有改变。进入 19 世纪,资本主义社会的文明发展为游戏发展创造了条件,使一部分游戏演变为运动与体育运动,与新发明的体育运动项目一起构成体育运动的全部内容。

一部分游戏演变为运动与体育运动,不仅意味着游戏方式的变化,更是意味着人们思想观念的提高。由游戏演变而来的运动项目,既包括古老的走跑跳投等游戏,又包括古代宫廷中的游戏,如板球、网球等。这类宫廷游戏在古代时期与社会民众无缘,是达官贵人独享的游戏。但是,随着社会发展,它终于走下神坛,与各种民间游戏一同变成了社会民众共同拥有的游戏。所以,运动与体育运动的诞生是人类各阶层游戏的又一次融合。游戏演变为运动与体育运动不仅满足了教育的需要,而且在运动的过程中塑造了青少年的精神面貌,使游戏即运动类游戏成为世界各国、各民族的共同游戏。不仅如此,运动与体育运动的诞生,在观念上突破了以往的宗教理

念限制,使游戏不再为宗教服务,成为一种独立的社会活动。拥有各种信仰的人都能够接受这种游戏方式,且作为游戏方式的体育运动,它的价值不是为既定的社会阶层和社会群体服务,而是为全人类服务,因此,其价值必然具有普世性。

三、游戏的普世价值与人的"三观"的关系

所谓人生观,就是对人们对人生的看法和态度,对人类生存的目的、价值和意义的看法和态度,简单地说,就是对人对应该怎样生活的看法和态度。

所谓价值观,是指人们在认识各种具体事物的价值的基础上,形成的对事物价值的总的看法和根本观点。它一方面表现为价值取向、价值追求,即对价值目标的追求;另一方面表现为价值尺度和准则,即判断事物有无价值及价值大小的标准。

所谓世界观,也叫宇宙观,它是人们对整个世界的总的看法和根本观点。人们因社会地位不同,观察问题的角度不同,所以形成不同的世界观。

人的"三观"以观念的形态存在,并外化于人的语言和行为中,从而体现出人的思想本质和行为动机。那么,人的"三观"如何形成?毫无疑问,一是靠教育,二是靠实践。在教育中接受正确的观念,树立正确的思想;在实践中检验观念和思想,才能使认识升华,形成"三观"。但是,这里有一个问题,很多人在讨论"三观"问题时,首先提出的是世界观问题。世界观的基本问题是精神和物质、思维和存在的关系问题,根据对这两者关系的不同回答,划分为两种根本对立的世界观基本类型,即唯心主义世界观和唯物主义世界观。所以,世界观决定了人生观,人生观又决定了价值观。其实,这种逻辑关系是否成立值得商榷。世界观问题是人的思维能力和思维水平达到一定程度时才可以讨论的问题,而人生观问题和价值观问题是人在成长过程中的每一阶段都不能回避的问题。道理很简单,人生观是什么?就是怎样做人,怎样生活。父母会教导孩子怎样做事、怎样做人。孩子虽然不能够完全理解人生观的概念,但至少知道按照父母的要求去做。那么,孩子在潜意识中已经形成了最初的

人生观。在人的一生中,人生观不是一成不变的。不同年龄阶段、不同社会环境下,人生观会有不同。人生观决定了人的价值观,有什么样的人生观就有什么样的价值观。否则,将生活中的所有问题都以唯心主义或唯物主义的世界观为标签分类未免有失偏颇。

游戏的普世价值就是如此,它不分种族,无论信仰,更不在乎唯心主义还是唯物主义,游戏就是游戏,游戏的价值惠及任何一个人,只要自愿参与游戏,就会在游戏中感受和体验游戏的价值。游戏价值包括很多方面,诸如愉悦价值、学习价值、成长价值、技能练习价值、思维锻炼价值等,不同的游戏在价值体现方面有所不同。但是,游戏的所有价值概括而言只有一点,即培养人的游戏方法、游戏技能和游戏精神。其中,游戏精神是游戏价值的精髓,游戏精神是人类的竞争精神、公平精神和规则意识的综合体现。游戏精神早在人类的原始游戏中就已经产生,它鼓舞着人类从荒芜野蛮的时代走进文明时代,并且这种精神代代相传,成为人类寓于游戏中的教育内容。

人类的游戏不同于其他任何活动,受天性驱使,每一个人自出生后,除了本能的吃喝拉撒睡之外,便会进行游戏活动。虽然婴幼儿时期孩子的意识能力尚处在不断的发育之中,但他们对嬉戏快乐有充分的感受。这种快乐的感受就是一种意识,是除了本能的意识即吃喝拉撒睡之外,每个人较早具有的意识。从这个意义上说,游戏的价值即快乐感受不分性别,无论种族,每个人都能够获得,体现出游戏的普世价值。

儿童在成长过程中,逐渐开始学习各种游戏,不同的游戏方法不同,要求也不同。父母教会了儿童简单的游戏。在这一过程中,游戏的公平精神和规则意识以潜移默化的形式渗透于游戏之中,虽然儿童并不能理解什么是公平精神和规则意识,但至少他们能意识到不按要求做就没法将游戏进行下去。所以,在游戏中儿童不仅学会了游戏方法,公平精神和规则意识也印在他们的脑海里,体现在他们的游戏中。在游戏中,儿童既学会了游戏方法,也学会了做人。游戏教会儿童最简单的做人道理,为其日后人生观的建立垫定了基础。

儿童的价值观的形成同样离不开游戏基础,什么游戏好玩就玩什么,玩腻了就换一种,和谁一起玩快乐就和谁一起玩,这就是儿童最初的价值观。儿童没有利益关系,从感觉开始到感情建立,久而久之,伙伴的友谊逐渐产生,而且,这种友谊一经形成经久不衰,往往会陪伴终生。很多人都有这样的经历,儿时玩过的非常喜欢的游戏会牢记在心,常常回忆起游戏的情景。儿时的游戏伙伴儿可能一生没联系几次,但却永生难忘。这体现出游戏的普世价值和儿童的普世价值观。

儿童在游戏中成长,从开始游戏到接受学校教育,人生观和价值观逐渐形成。普世的游戏价值在儿童成长过程中的作用和意义不可小觑。正确的人生观和价值观的形成对于世界观的确立同样意义重大。有些人认为世界观决定人生观,人生观决定价值观,这种逻辑关系在建立所谓的政治意识形态时可能是适用的,但用来解释生活观念包括人生观和价值观则未必如此。实事求是地说,世界观的形成有赖于人生观和价值观,世界观的形成更多的是一种自我选择,而不是强制教育的结果。强制教育作为影响世界观形成的外部因素,只是在一定程度上起作用,同时又具有强烈的易变性。

游戏的普世价值不是由世界观决定的,而是由人性决定的。作为游戏最高形式的运动与体育运动不分种族、不分宗教信仰,是人类共同的运动,它的普世价值作用于每一个爱好体育运动的人。游戏的普世价值不仅为每个人带来快乐,而且,对人的"三观"形成具有积极的促进作用。当然,游戏是一把双刃剑,有积极作用又有消极作用,参与游戏的人要有良好的自控能力,才能避免受到游戏的伤害。

第二节　游戏的个人成长价值

游戏是人类自始至终的活动,从呱呱坠地直到死亡,游戏始终存在于每个人的生活之中,伴随着每个人度过愉快的时光。每个人在成长的不同阶段,对游戏的需求各有不同,所以,游戏可以分为儿童游戏、成人游戏和老年游戏。但是,无论何种游戏必有其自身的价值和意义,否则,游戏者就不会"自愿选择"。

游戏价值是游戏者选择游戏的重要因素之一。为什么先玩这个游戏,再玩那个游戏?表面上看起来只是因为喜欢,或是因为习惯。其实,有时候游戏者选择游戏根本不会考虑要玩什么游戏,尤其是儿童,他可以一会儿玩这种游戏,一会儿玩那种游戏,根本不存在为什么。但是,无论是有意选择的游戏,还是无意选择的游戏,对任何人来说,游戏只要进行就有意义,只要参与就有价值。那么,对于个人而言,游戏的价值表现在哪些方面?我们从以下几方面讨论。

一、游戏的学习价值

游戏源自天性,这是造物主对人类和其他动物的一种恩赐。对于其他动物来说,游戏是生存的基础,不会游戏或者说先天残疾不能游戏,生存就会面临威胁。小猫在成长过程中,先要练习游戏:匍匐在地,瞄准一个物体,突然猛窜出击,捕捉物体,并用前爪左右拨弄;或向前推动物体,继续重复前一个动作。这既是小猫的一种游戏方式,又是小猫为生存而进行的一种技能练习。但是,小猫和其他动物的这种游戏或技能练习只是一种本能的行为,因为它们没有学习的本领。

人类则不同,造物主赋予人类游戏天性,只是为人类生存和生活增添了内容和动力。人类的思维发展决定了人类的行为不会停留在本能的水平上,而是会在本能的基础上不断发展和创新,因此,包括游戏在内的人类各种活动的水平远远高于其他动物。人类早期的游戏极其简单,除了本能的嬉戏、追逐游戏之外,不过是将狩猎方式作为一种游戏方式。人类以狩猎方式进行游戏的同时,也练习生存技能。但是,人类进行狩猎游戏的意义不同于小猫和其他动物进行的技能练习。以狩猎方式进行的游戏既是一个游戏过程,又是一个学习过程。在游戏中学习狩猎,在学习中提高技能,是人类游戏区别于其他动物游戏的一个显著特征。

进入农耕社会以后,人类的游戏逐渐与生存过程相分离,成为一种专门的娱乐活动。那么,游戏的学习价值消失了吗?不但没

有,反而不断提高。农耕时代各种新发明的游戏日益增多,这些游戏都是人类思维能力发展的体现。各种游戏又以不同的方式进行,有不同的规则要求。所以,要想游戏就需要学习,只有学习游戏方法和技巧,了解游戏规则和要求,才可以从事游戏。需要说明的是,人类古代时期的各种游戏除了我国围棋和象棋等游戏留下了很多宝贵的研究资料外,大多数游戏没有更多的资料记载,尤其是游戏规则和游戏方法等方面的资料极其少见。从逻辑过程来说,任何一种游戏都有自己的方法和要求,否则,游戏无法进行。所以,有游戏必有方法,有方法必有规则。还有另一种情况,即大多数游戏都是一种即兴游戏,只是在一定范围内进行,所以,方法和规则大多由游戏者商量而定,双方同意即可游戏。这类游戏无须统一的规则。我国流行甚广的麻将游戏就是如此,很多喜欢玩麻将的人都知道,麻将的打法多种多样,不计其数,只要参与麻将游戏的人彼此认可一种玩法,就完全可以进行游戏。

因此,游戏过程就是一个学习过程,首先要学会游戏,然后要在游戏中不断提高游戏技能,即体现出游戏的学习价值。那么,游戏的学习价值仅仅是为游戏而学习吗?其实不然。尽管人类进入农耕时代后,游戏已经不再与人类的生存联系在一起,但游戏仍然是人类尤其是儿童学习生活的一个重要环节和过程。对于儿童来说,学习游戏不仅是一种娱乐,还是一种认识生活、认识世界的方式。对于成人来说,游戏既是一种娱乐消遣,又是一种交流和沟通方式,交流的过程同样是一个切磋和学习的过程。

从另一方面来说,虽然游戏不再与生存活动有直接关系,但对于儿童来说,它仍然是一种为未来生活而进行的准备活动。游戏活动包括语言的游戏、智力的游戏和身体的游戏。身体的游戏促进儿童发育成长不言而喻。语言和智力的游戏不仅有益于儿童的思维能力发展,而且有益于提高儿童的动手能力。动手能力是什么?就是一种技能。技能具有迁移的特点,一种技能水平较高通常能够促进另一种技能水平的发展。所以,儿童学习游戏技能可以为未来生活技能的学习做准备。这体现出游戏的学习价值。

二、游戏的娱乐价值

娱乐是什么？娱乐就是游戏。人类所有的娱乐活动无不是在游戏的基础上衍生而来的。唱歌、跳舞、宴会、游行都是一种娱乐方式，也是一种游戏。不同的是各种娱乐方式不一定完全具有竞争性，不必像游戏一样分胜负。只要大家聚在一起以某种方式进行，能够体验和感受快乐就达到了目的。

娱乐是所有游戏的典型特征，大多数游戏尤其是通过身体活动完成的游戏充满了娱乐因素。这类游戏大多伴随着身体的紧张、刺激、对抗、竞争等身体和心理的反应过程，越是势均力敌的游戏，这种身体和心理的体验越强烈。为什么很多游戏大多与赌博联系在一起？就是为了增强这种身体和心理的反应效果。而且，赌注越大，身体和心理的反应就越强烈。紧张是什么？紧张就是身体肌肉的兴奋，它使肌肉处于一定的应激状态，以适应正在进行的激烈游戏。这种肌肉的应急状态建立在心理应急状态的基础上，心理的适度紧张同样是一种兴奋的体现。心理的兴奋有助于游戏中能力的发挥，从而为争取游戏胜利奠定基础。

对抗和竞争是身体游戏的主要方式，同时，也是身体紧张、刺激的外在表现。对很多人来说，越是对抗性和竞争性强烈的游戏，越能使他们兴奋和快乐，越能调动起身体的潜力，使他们为赢得游戏而付出努力。欧洲中世纪的骑士"比武大会"就是如此。骑士们为了战争需要，自发组织了比武大会，其目的是模拟战争，进行竞技训练。虽然这种比武大会也制定了比武规则，但骑士们为了更接近实战根本无视规则的存在，因此，导致比武大会如同战争，血腥场面屡见不鲜。"但无论如何，比武大会在中世纪流行，使骑士这个阶层在战争之余有了一种军事锻炼的机会，个人技巧和勇猛可以从中表现出来，集体作战的智慧也得到了培养。而且，比武大会也使得骑士道精神得以培育和传播，如为主人而战、重视名誉、尊重妇女、公平竞争等原则得到了很好的保持。"[1]欧洲骑士为什么能够在比武大会

---

① 张广智，等. 世界文化史：古代卷[M]. 杭州：浙江人民出版社，1999：374–375.

中展现出不怕牺牲的勇敢精神？因为"现代人视和平为正常状态，而战争则是例外，是不道德和罪恶的。中世纪的态度则全然不同。骑士视战争为人类的正常状态，而这从远古时代起便为真理。作为社会的保卫者，他们的服务是非常必要的"①。所以，骑士们为了给自己的剑找到用武之地，便通过比武大会进行竞技演练。虽然比武大会充满了血腥味，但比起欧洲中世纪血淋淋的战争又算得了什么？因此，比武大会对骑士们来说，充满了娱乐。

但是，并非所有的竞技游戏都充满了血腥味，法国古老的索尔球游戏，紧张、激烈，甚至狂野，人们同样乐此不疲。"在游戏过程中，有密集混战，似乎怎么抢球都可以，身体允许相互碰撞。索尔球比赛属于村镇中的大型活动，比赛场地没有明确的边界，有时会一直扭打混战到河水里甚至是大海里。比如1577年在沃洛涅，古贝尔维尔的工匠师们争球一直争到拉什芒的海浪中。"②所以，竞技游戏越是紧张、激烈，娱乐气氛就越浓烈，从而使游戏者奋不顾身，勇往直前。正如法国的维加雷洛所说，"竞技游戏毫无疑问有其引人入胜的地方，它渐渐成了节日盛会的宠儿，平淡生活的调剂品。竞技娱乐在社会团体活动中起到了重要的作用，它伴随过人类社会许多重大的时刻和场合"③。

不过，另有一部分游戏如棋类游戏，虽然没有激烈的身体对抗，但比赛充满了不确定性，所以，游戏者同样会有紧张感觉。而旁观者有时甚至比游戏者更加紧张。例如，懂棋的人看到一方出现有利的机会，又不能言语，只能等待游戏者落子验证自己的想法，紧张的心情油然而生。这时旁观者的娱乐体验远远高于游戏者。

三、游戏的休闲价值

游戏具有娱乐和休闲的特征与价值，但是，娱乐和休闲是两个

---

① 张广智,等.世界文化史:古代卷[M].杭州:浙江人民出版社,1999:375.

② 乔治·维加雷洛.从古老的游戏到体育表演:一个神话的诞生[M].乔咪加,译.北京:中国人民大学出版社,2007:33－34.

③ 乔治·维加雷洛.从古老的游戏到体育表演:一个神话的诞生[M].乔咪加,译.北京:中国人民大学出版社,2007:8.

不同的概念。娱乐是不分时间、地点、场合的，它既可以是一种即兴的活动，随时随地可以进行；又可以是一种固定的活动，如各种节庆日的娱乐等。休闲是指生活水平达到一定程度时的一种生活方式。这种生活方式既包括各种娱乐活动，又包括游戏活动。所以，娱乐和休闲是两种不同人群或者说是不同社会阶层的活动。

但是，区分两种不同的社会阶层又是一个相对的概念，一般来说，在古代时期，达官贵族的游戏属于休闲和娱乐，而劳动者的游戏只是休息和娱乐。尤其是农耕时代，以农业生产方式为谋生手段的人，过着日出而作、日落而息的生活，根本谈不上休闲一说。所以，在古希腊时代，只有自由民（贵族）才有休闲和娱乐。古希腊自由民正是在休闲时间以娱乐的方式创造了诸如哲学、文学、历史和艺术等方面的伟大成就。"希腊人认为，精神财富是闲暇（schole）的成果。对自由民而言，只要不是为城邦服务、打仗或参加庆典仪式的时间，都是空闲的时间，所以，他们认为自己有大量的空余时间。"①自由民在休闲中运用游戏方式（如通过智辩术游戏讨论哲学，通过酒宴游戏创作诗歌等）进行各种学科研究。所以，游戏的休闲价值在古希腊人的生活中体现得淋漓尽致。

到了19世纪，近代工业革命的发展使社会物质生活水平不断提高，一部分从农村涌入城市的生产者和城市市民又逐渐成为社会白领阶层，生活方式发生了变化，逐渐成为休闲一族，并有机会也有条件享受休闲生活。同时，工业革命所创造的物质条件又为各种游戏活动逐渐演变为运动与体育运动做了基础准备，不仅使游戏进一步发展，也为人们的休闲生活方式增添了内容。

什么是运动与体育运动？简单地说，运动是一种具有游戏性、娱乐性和休闲性的身体活动方式，而体育运动除了运动性质之外，又具有竞技性。为什么游戏会演变为运动？运动也是一种游戏方式，两者有什么差异呢？自古以来除儿童游戏之外，很多游戏无不与赌博相伴相随，致使游戏"污名化"，受人诟病。19世纪，在欧洲工

---

① 约翰·赫伊津哈. 游戏的人——文化中的游戏成分研究[M]. 广州：花城出版社，2007：168.

业革命的推动下,不仅社会生活水平有了很大提高,而且社会文明程度进一步提升。传统的游戏不能满足社会意识水平不断提高的白领阶层和达官贵人的需要,因此,一部分游戏逐渐演变为运动。运动不同于一般游戏,很多运动不强调竞争和比赛,只强调休闲。

运动方式既不同于游戏,又是游戏的发展。野外踏青、郊外游戏、徒步旅行、爬山探险等,这些运动方式又被称为运动休闲。每到周末,一些城市家庭便全家出动到野外活动,如散步、唱歌、做游戏,一起在草地上共进午餐,傍晚披着夕阳的余晖返回家中。一天的郊外生活美满充实,其乐融融。运动休闲作为一种生活方式不仅丰富了社会民众生活,也标志着社会文明发展进入一个新阶段,体现出运动类游戏的休闲价值。

四、游戏的交往价值

常言道:单丝不成线,独木难成林。这句话通过比喻告诫人们要想成就一片天地需要合作、交往和相互支持。这种理念源自何处? 其实,就在游戏中。游戏是人类最早的活动,早期的游戏与生存联系在一起。所以,无论游戏还是生存人类都需要合作、交往,才能更好地抵御生存环境的威胁,于是,群居的习惯逐渐形成并为母系社会的建立奠定了基础。

合作是游戏的基础和基本要求,没有合作就没有游戏。即使一个人的独自游戏,也是在合作的基础上学来的。婴儿出生后的第一个合作对象就是母亲,依赖母亲的乳汁生存,依赖父母的关爱成长。生存有了保障之后,婴幼儿逐渐在父母的呵护下开始进行游戏活动,并逐渐学会了各种简单的游戏。

交往是什么? 交往就是合作。没有交往就谈不上合作,没有合作也就无所谓交往。合作与交往如同一个铜板的两面,不可分割。婴幼儿最初的交往者就是父母。随着年龄的增长,交往范围不断扩大,从家庭成员延伸到邻居成员。儿童与人交往的主要方式就是游戏,与邻里伙伴一起玩游戏,彼此合作、相互交往,为童年生活留下美好纯真的记忆。

游戏交往不只是儿时的活动,它贯穿于人的一生。很多单位包括工厂、企业、机关、军营和学校等,每年都会在一定时间举办各种游艺活动,如乒乓球、足球、篮球等球类竞赛活动,以及学术联谊活动、青年联谊活动等。体育运动比赛本身就是一种游戏活动,但是,在这种由单位举办的比赛中,比赛本身的意义无关紧要,赢也好,输也罢,谁都不会把结果看得很重,重要的是通过比赛使大家有了交往的机会。各种联谊活动同样与游戏密切相关,活动中有唱歌、跳舞以及其他集体游戏,旨在通过游戏使大家彼此认识,进行交流,进一步实现各自特有的目的。所以,在这种场合游戏不过是一种交往媒介,但游戏的作用不可低估,一个小小的游戏或许能成全一份真挚的友谊,或许能成就一段美好的姻缘。

人生暮年,游戏交往依然可以持续。一些人年迈体弱不能从事激烈的身体游戏,可以选择棋类游戏,以棋会友,以棋抒情。棋品如人品,借棋识人。而一些老年女性朋友热衷于广场舞、歌咏会。在这些游戏活动中,她们青春焕发,意气昂扬。共同的爱好、共同的志趣使她们的朋友圈不断扩大,一起相伴度过美好的晚年生活。

游戏活动在生活中相比工作、事业似乎微不足道,但它却是点缀生活不可或缺的重要因素。缺乏游戏情趣,生活会单调无味,缺少游戏伙伴,难免会孤寂落寞。所以,游戏作为一种交往方式,其价值不言自明。

五、游戏塑造精神价值

塑造精神是游戏的核心价值,也是人类发展进步的力量所在。人类之所以能够从远古的荒野走进今天的文明,有进化的原因,但根本动力在于人类具有勇敢顽强、百折不挠的精神力量。那么,人类的精神源自何处?源自原始时代的生存竞争中,源自为生存而进行的游戏之中。赫胥黎说,"物竞天择,适者生存"。何为适者?适者就是具有"逢山开路,遇河搭桥"的开拓精神的人,不为一切环境所制约,不为一切困难所阻挡的人。

也许精神的概念对于原始人类而言虚无缥缈,他们没有理性的认知。但是他们有实践经验的感受。在原始社会人类与其他动物共处一个世界,相互竞争,以求生存。恶劣的生存环境培养了人类顽强的意志品质,即生存的竞争精神。所以,在漫长的岁月中,人类没有灭绝,并日益成为所有动物中的强者。为了生存,人类学会了使用工具和制造工具,又将狩猎工具运用于游戏中,以此练习狩猎本领,提高生存效率。在狩猎游戏中,人类将竞争精神,相互协作的尊重与公平精神,以及为人处事的规则意识融合于游戏之中,产生了人类的游戏精神。

游戏精神是人类初始精神的综合体现,人类在社会发展中各个领域的专业精神无不是在游戏精神的基础上产生的。通过游戏塑造精神既是人类自古以来的生存和生活经验的体现,又是人类在思想进步中的理性升华。在罗马时代,罗马人从罗马小镇开始征战,征服了整个意大利,又东讨西伐、南征北战建立了古代世界史上第一个雄霸欧、亚、非三洲的大帝国。罗马人在征战中,为培养士兵的勇敢精神,运用游戏方式对战争中俘获的异国凶猛动物包括狼、狮、虎、豹等进行屠杀表演,并供市民观赏。一开始只是将动物放到一个有围栏的场地,由士兵同动物搏斗,最后将动物杀死。这样做一是为了祭祀战争中死去的战友,二是为了培养士兵的勇敢精神。后来,搏斗演化为一种竞技表演,由战俘和奴隶同野兽搏杀,供罗马城的贵族和市民观赏。公元 72 年,罗马人开始建造一座大型斗技场,即哥罗赛姆竞技场,历时 8 年建成。公元 80 年,为庆祝这座斗技场竣工落成,罗马人举行了为期 100 天的庆祝典礼。调用了 5 000 头猛兽与 3 000 名奴隶、战俘以及罪犯进行"竞技表演",直到 5 000 头猛兽和 3 000 条人命同归于尽,竞技表演才结束。

古罗马人的血腥竞技方式令人发指,但从另一方面来说,正是这种残暴的竞技方式造就了古罗马军人的忠勇品质,使古罗马成为欧洲古代称霸一时的伟大帝国。然而,强中更有强中手。公元 5 世纪,来自北方的日耳曼人凭借强大的骑兵优势与罗马人数度交战,最终导致罗马帝国灭亡,历史进入了中世纪。曾经不可一世的罗马军人为什么被日耳曼人所灭亡? 当然有很多因素。其中有一点需要说明,即精神的力量再强大,也需要物质的力量作基础。日耳曼人战胜罗马人的重要原因,除了勇敢精神之外,还包括他们运用了骑兵作战方式。这种作战方式居高临下,有搏斗优势,进退移动快。

这使罗马军队无法抵抗,迅速崩溃。

斗兽游戏塑造了古罗马人的竞技精神,但未免有些血腥。比较而言,美国人通过运动游戏延续和锤炼自己的拓荒者精神虽然充满了野蛮,却值得肯定。19世纪,橄榄球运动传入美国,立即得到美国人的青睐。其原因在于这项"野蛮运动"的精神与美国人开发大西部的拓荒精神高度契合。美国西部开发充满着艰难困苦,但充满朝气的年轻人勇于进取,投身于开发的洪流中去。同时,来自不同国家的移民与美国人一起奋斗,开发西部、建设西部,从而孕育了"拓荒精神"。拓荒者在长期艰苦的拓荒生活中,磨炼了意志,养成了乐观进取、勇于创新、讲求实际的精神。美国人在西进运动中所表现出来的独立自由、百折不挠、奋发向上的精神,正是后来人们津津乐道的美国精神的根源所在。

橄榄球运动是一项勇敢者的运动,虽然充满了暴力,但体现出参与者勇敢顽强的精神。橄榄球运动传入美国之后,深受美国人喜欢。橄榄球现在已成为美国国球。大中小学校都开展这项运动。不仅如此,每逢周末美国国家橄榄球协会都会举办联赛电视转播,收视率一直名列前茅,甚至很多女性也非常喜欢观看这项比赛。由此可见,通过游戏活动培养和塑造精神是游戏价值的核心体现。

第三节　游戏的社会发展价值

游戏是社会生活中的重要内容,它不仅有益于个人成长,对社会发展也具有重要的价值作用和意义。个人生活离不开一定的社会环境,个人游戏又是在一定的社会环境中进行的。所以,个人游戏价值的体现必然集中反映在社会生活中,由此推动了社会发展,体现出游戏的社会发展价值。

传统观念认为游戏不过是人们茶余饭后的娱乐和消遣,岂能推动社会发展?其实,这种观点有待改变。游戏之所以能够与人类相伴相随走过千万年的历史征程,没有也不会消失,就是由它的价值决定的。游戏不仅对个人的成长有价值,对社会发展同样有价值,否则,它就不会始终存在于社会之中。

一、游戏是其他社会活动的建构模式

在人类文化中,游戏和游戏文化似乎从来就难登大雅之堂,除了围棋、中国象棋、国际象棋等棋类游戏和部分游戏在近代演变为运动与体育运动后颇受重视,其他各类游戏以及游戏文化始终处于社会边缘。其实,游戏虽与衣食住行无关,但却是每个人都离不开的活动。

游戏助人类成长,助社会进步,却无法获得与其他社会活动同等的地位,更无法得到人类的赞颂。但是,游戏仍然在社会生活中放射着自己的光芒,为人类社会发展增光添彩。游戏的社会发展价值不言而喻,其中,游戏对于社会发展的最大贡献和最大价值莫过于成为其他社会活动的建构模式。

人类的一切社会活动都是在社会实践的探索中渐渐产生的,社会活动经历了从无到有、从小到大、由简到繁、由粗到精的一个发展过程。但是,任何社会活动都不会凭空而来,总有它的实践基础和理论依据。人类早期战争的出现就是一个极其有力的证据。为什么要进行战争?战争就是利益和话语权的竞争。以何种方式进行战争?对此人类没有经验。所以,狩猎的方式和游戏方式成为人类战争的可借鉴模式。以狩猎方式进行战争就是进行一场你死我活的较量,没有任何讨价还价的余地。然而,人类早期在狩猎游戏中产生的游戏精神,即竞争精神、公平精神和规则精神,又影响着人类的战争观。既然是同类的较量,就需要尊重对手,就需要公平地进行战争。所以,游戏为人类早期战争树立了模式。在我国战国时期,"秦公和晋公两位贵族安营扎寨。两军对垒,排兵布阵,但不交锋。晚间,秦公派信使赴晋公大营,警告晋军备战:'两军之内,不乏勇士,明日之战,决一雌雄。'但是,晋军方面看到,对方信使目光游移,语气缺乏信心。秦军看起来是不战而败了。'秦军畏我! 即将逃亡! 快困秦军于江边!'然而,晋军却没有挥师进逼,反而让敌军安全拔营撤退。有人道破了这里的仁义之举:'收拾伤亡者,是为不仁! 不等约定而战,逼敌蹈入险境,是为不勇。'于是,晋军按兵不动让敌军从容撤退"①。晋公的仁义之举,既是我国礼仪文化在战争中的体现,又是游戏精神对战争影响的结果。所以,古代早期的战争方式正是以游戏模式为基础而建立起来的。战争是另一种游戏方式。

战争如此,其他社会活动也不例外。战国时期,秦国的秦孝公即位以后,决定图强改革,便下令招贤纳士。魏国的商鞅应招后,提出了废井田、重农桑、奖军功、实行统一度量和建立县制等一整套变法求新的发展策略,深得秦孝公的赞赏。在法令颁布前,商鞅担心百姓不相信自己,也不相信法令。于是,就在国都集市的南门外竖起一根三丈高的木头,并张贴告示:有谁能把这根木条搬到集市北门,就给他十两黄金。百姓们感到奇怪,没有人敢来搬动。接着商鞅又出布告说:"有能搬动木头者,将获得五十两黄金(古时的"金"实际为黄铜)。"这时,便有人出手尝试,将木头搬到了集市北门,商鞅立刻命令给他五十两黄金(黄铜)。经过商鞅变法,秦国的经济得到发展,军队战斗力不断加强,发展成为战国后期最富强的国家。

这则故事简单明了,商鞅制定的法令,以及古代其他文明国家制定的法律无不建立在游戏规则的基础上,因为游戏活动与生存活动联系在一起,是人类最早的活动。所以,游戏规则是人类最早的规则。制定游戏规则是保证游戏进行的基本条件,社会的有序发展同样需要法令和法律的保障。在颁布法令前,商鞅为了取信于民,以游戏方式,即以悬赏方式"立木为信",建立法令实施的基础。他通过"打赌"方式宣示法令,并言而有信,为法令顺利实施创造了条件。由此可见,游戏模式是其他社会活动建立的基础,战争和法律的产生如此,其他社会活动亦然。

二、游戏是和谐生活的调节方式

对于儿童来说,游戏是快乐的源泉。无论生在富裕家庭,还是生于贫困之家,只要能填饱肚子,孩子就会无忧无虑。虽然小孩子

---

① 约翰·赫伊津哈.游戏的人——文化中的游戏成分研究[M].广州:花城出版社,2007:104.

也懂得比较,羡慕富家孩子的吃穿玩乐,但决不会嫌弃自己的家庭和父母。正所谓,狗不嫌家贫,儿不嫌母丑。贫困之家的孩子也有快乐,除了父母的关爱和家庭的温暖外,游戏是儿童感受快乐的重要方式和主要活动。在游戏中,所有孩子无论贫富都具有专注、热情的特征,游戏的天性在儿童时期表现得尤为明显。

儿童的游戏是纯粹的游戏,没有任何私心杂念,没有半点虚伪和做作。虽然有时候儿童在游戏时也会耍点小聪明,有故意作弊的现象,如捉迷藏游戏时偷偷看一下游戏伙伴的藏处,但这完全是受好胜心的驱使,只是为了在游戏中获胜,体验赢得游戏的快乐,而不存在任何利益争夺的贪婪心理。所以,童心的纯真使得儿童游戏纯洁无瑕,滋养和孕育了儿童伙伴之间建立起来的友谊,因此,儿童的游戏充满了纯真的童趣和快乐,显现出童年世界的美好。每个人记忆中都会有童年生活的片段,包括父母长辈的关爱,充满趣味的经历甚至吃过的"美味",除此之外,就是游戏的内容。人们在游戏中生活,在游戏中成长。游戏之所以能够成为人们经历中挥之不去的记忆,就在于它为人们创造了和谐、幸福的生活环境。

对于家庭来说,游戏同样不可或缺。无论贫富家庭都有自己的游戏,富家有富家的游戏方式,穷家有穷家的游戏内容。游戏带给家庭的快乐和幸福不会因方式和内容的不同而不同。快乐和幸福只是一种心理感受和体验,即使贫穷家庭也不缺游戏的快乐。孩子出生后,成为家庭关注的中心,父母的游戏方式开始围绕着孩子进行。教孩子做游戏,陪孩子一起玩儿,成为每个家庭养儿育女不可缺少的一个环节。孩子的成长,孩子在游戏中的欢乐为家庭生活增添了幸福感。随着孩子的长大,家庭游戏的内容和范围不断增多,不断扩大。尽管家庭游戏的方式不同,但快乐的感受却别无二致。

在我国,儒家文化历来倡导孝道。孝道是什么?简单地说,孝道就是尊老爱老,让老人心情舒畅、安度晚年。不同家庭尽孝的方式各有不同。儿女成家后与老人分居,每逢周末或假日,夫妻及孩子一起回老人家共度闲暇就是一种孝道。儿子或女婿陪父亲下下棋,或一家人一起打麻将,抑或是老人陪孙辈玩儿游戏,总之,不论采取什么交流方式,使家人尤其是老人家心情舒畅,使家庭中洋溢着和谐美满的气氛就是孝道。所以,游戏虽然看起来是一种玩儿的方式,但它的价值不可小觑。游戏不仅使个人在和谐的环境中成长,也成为家庭生活中的一种调节方式,使家庭充满了快乐和幸福。

三、游戏是社会秩序的润滑剂

游戏是人类最初的活动,游戏精神的产生是早期人类公平与良知的体现。游戏不能脱离公平,所以,人类从一开始就为游戏制定了规则。虽然这种游戏规则不具有统一性,但却为社会发展提供了一种制度模式。

人类社会发展在一定意义上说也是一种外延的游戏活动,同样需要一定规则的约束。人类社会的规则是在游戏规则基础上,以游戏规则为模式逐渐产生的。在人类的氏族社会阶段,各种生活准则和宗教方式是由氏族长老的个人权威决定,并以口头形式发挥作用的。这与游戏中的"双方口头约定游戏规则游戏"相似,只是制定规则的权利不等。氏族长老的管理规则又逐渐形成了一种习惯,为社会制定法律规则奠定了基础。古代早期法律规则的产生,虽然以游戏规则为模式,却又超越和发展了游戏规则。法律条文以文字的方式出现,具有国家权威性质,成为统一人们思想和行为的价值尺度。所以,法律规则的产生对于规范人们行为有着重要的作用和意义。

法律制度的产生无疑为社会安定有序提供了保障,但是,法律制度也不能包治百病。任何法律制度都有自身的缺陷,这是由社会生活的复杂性决定的。任何社会的有序发展都需要"文治武为",即文化引导的软性措施和法律规范的硬性手段双管齐下。人类古代社会的"文治"并不像当今时代具有各种传播媒介和教育场所,可以通过各种方式进行,古代"文治"的方法在一定程度上说就是借助于游戏活动实现的。或许有人会问:游戏真能具有如此重要的地位与作用吗?其实,一点都不夸张。在农耕社会中,各国、各民族的社会活动不过分为很少的几个类别,如军事、外交、生产和游戏。其他如文人墨客所创造的文学、艺术等成果,在古代不过是游戏的结果而已,并不成为一项社会事业。老百姓除了被征召打仗,就是从事劳动生产,并在劳动之余享受游戏的乐趣。因此,古代社会人们发明

和规定了各种与农事或季节相关的节日活动。在节日中,既举行宗教的祭祀活动,又举办各种庆祝活动。无论何种活动,无不是以游戏的方式进行的。这些活动使人们在节日中感受愉悦,在游戏中享受快乐,营造出一种融洽、和谐的生活环境,建构一种安定发展的社会秩序。

古代社会如此,现代社会也不例外。在现代社会中,虽然游戏只是社会生活的一种点缀,但对社会发展的作用和意义同样不可忽略。游戏不仅丰富了社会民众的生活,减少了一些人"无事生非"的机会,又给社会秩序的稳定发展创造了条件,成为体现社会文明、国家祥和的象征。在我国,改革开放以后,游戏发展速度加快。首先,生活水平提高改变了人们的生活方式。其次,管理观念的变化使玩游戏不再被认为是庸碌无为的消极生活方式,而是一种积极的娱乐方式。所以,包括城市和乡村的很多社区相继建立了各种学习室、休闲娱乐室和体育活动场地,为社区民众开展丰富多彩的活动提供条件。这既促进了游戏发展,又活跃了社区生活。游戏增加了居民的交流机会,改善了邻里关系,减少了社会矛盾,是社会秩序的润滑剂。

四、游戏是社会繁荣进步的标志

虽然游戏与维持生存的吃、喝、拉、撒、睡无关,也与促进社会发展的生产劳动没有直接关系,但它却是社会生活中不可缺少的活动之一。游戏与人类生活相伴相随,它是人类其他社会活动的最初形式,为其他社会活动的产生提供模式,同时,其他社会活动的发展也为游戏的发展提供动力和条件。所以,游戏在一定意义上说,是社会发展繁荣、走向进步的标志。

人类社会发展进步首先是以社会生产力发展水平为基础的,生产力发展促进了社会进步。其表现在人们的物质生活水平不断改善和提高以及精神生活内容的不断丰富和发展上。游戏正是按照这一规律发展进步的。人类早期的生存方式简单,游戏方式也简单,主要是以狩猎方式进行游戏。进入农耕时代后,随着社会生产力发展水平的提高,游戏逐渐多样化,并且游戏与生存活动相分离,成为一种专门的活动。但是，游戏的发展又离不开社会生产力发展水平这一基础，它因模仿生活而创新，所以，游戏发展标志着社会发展和进步。早在公元前4000年，古埃及人就已经发明了"石球撞瓶"游戏，类似于今天的保龄球游戏。考古发现，球道和石球用光滑的大理石制成，说明古埃及人在游戏方式创新方面具有相当高的智慧，反映了古埃及人在当时的技术条件下制作水平的高超。在古埃及的儿童玩具中，已经出现了木制的小水桶、长矛、战车等，小女孩一起过家家，小男孩一起进行模拟战斗的游戏。这种游戏方式历经了几千年，至今仍在各国儿童游戏中延续。由此可见，游戏内容的产生总是与一定的社会生产力发展水平相联系的，生产技术和生产能力在一定意义上决定了游戏方式和游戏水平。反之亦然，即游戏水平体现了生产力发展水平。

在近代和现代游戏中同样如此。社会发展进入机器时代，机器生产的首要目的在于使生产过程机器化，提高生产效率，其次，为社会生活提供所需要的各种用品，改善人们的生活方式，提高生活质量。在这一过程中，机器原理的广泛应用促进了游戏发展和游戏创新，各种玩具飞机、火车、汽车、坦克、轮船以及机器猫、狗、兔和洋娃娃等相继出现，从内置发条到电池驱动的玩具应有尽有，为儿童游戏提供了广阔的空间。成人游戏业发展迅速，其中，19世纪末，由一部分游戏演变而来的运动与体育运动为广大社会民众的业余休闲活动提供了更多的游戏内容，丰富了社会生活。而运动与体育运动的发展同样是以社会物质生活水平的提高为基础的。

21世纪以来，电子游戏和网络游戏的发展更是一种高科技发展水平的体现，游戏从现实世界转移到虚拟世界。电子游戏和网络游戏集思维能力与动手能力于一身，内容新奇，引人入胜，体现出科学技术的发展和进步。

总之，游戏发展与社会生产力发展水平密切相关，游戏为社会其他活动产生提供了模式，同时，社会生产力发展水平又影响和促进游戏发展。所以，游戏从一个侧面体现出社会发展繁荣的程度，标志着社会的文明水平。

第四节　游戏的负面价值

　　人类的游戏不同于其他动物的游戏,其他动物的游戏完全是一种本能的游戏。本能的游戏无所谓好坏,也无所谓正面价值和负面价值。其他动物的一切行为都是在本能的驱使下进行的。虽然我们常常会看到其他动物也有母爱的天性和悲悯之心,但这同样是一种天赐的本能。其他动物的思维能力有限,不存在文化思维,因此,其他动物的行为包括游戏行为也就无所谓价值。而人类则不同,人类的一切活动除本能的活动外都是在意识的控制下进行的,人的文化性决定了人类具有对于自己行为的反思能力,体现为一种价值判断,这种价值判断的能力对于人类规范自身行为和促进社会发展起了重要的推动作用。

　　游戏价值从本质上说,是人类对于游戏和自身行为的一种认知和判断。正面的游戏价值就是指这种游戏以及个人行为符合社会的一般伦理、道德和行为规范要求。与之相对应的就是负面价值。游戏作为一种活动方式,本身无所谓好坏,关键是游戏的人如何运用游戏方式。所以,游戏产生负面价值实际上是一种人性的体现,只是通过游戏表现出来而已。人性的恶劣表现在游戏中,通过游戏得到传播和扩散,游戏的负面价值由此产生。

一、赌博:游戏的最大污名

　　赌博是人性在游戏中的体现,或者说赌博是人性中恶劣成分的一种蔓延。赌博本身不是罪恶,就像每个人都喜欢占小便宜一样,只要不伤害别人的利益,不触及法律底线就无伤大雅,因为趋利避害是人的本性之一。

　　自古以来,赌博就与游戏联系在一起,并一直延续至今。说明赌博自有它的心理基础和理论依据。目前,在世界很多国家和地区,赌博已经成为一种公开的产业,受法律保护。世界三大赌城之一的澳门(另外两个是美国的拉斯维加斯和摩洛哥的蒙特卡洛),早在葡萄牙政府统治时期就设立了赌博业。19世纪末20世纪初,由于管理松散,世界各国的赌徒齐聚澳门,大肆开赌,促进了**澳门赌博**业发展,对澳门经济发展起了重要推动作用。1912年起,葡澳政府开始实行赌博与彩票专营,使澳门赌博业逐渐走上正轨。1999年12月30日,澳门结束了殖民统治,回归祖国。由于我国实行"一国两制"的政策,所以,澳门赌博业仍然延续且发展势头良好。据20世纪90年代的统计资料显示,博彩业在澳门地区生产总值收入中占42%,税收则占澳门政府财政收入的60%左右。这种社会经济结构十分罕见,完全是由澳门特殊的社会环境所致。

赌博在澳门盛行,然而,赌博并没有使澳门人民的生活方式有所改变,相反,赌博业的税收却为改善澳门人民的生活做出了贡献。所以,赌博和赌博游戏本身没有罪过,也不是罪过,关键的问题是赌博的人能否合理有效地控制自己的贪欲心理,不使恶劣的社会事件产生。其实,赌博心理是每个人都拥有的正常心理。大多数人都能够理性地控制自己的行为,不会赌博上瘾,更不会因赌博走向歧途。那么,世界上一些国家和地区为什么又要禁止公开赌博?实际上就是为了约束一些心理和行为控制能力较差的人,他们可能因欠赌债而走投无路,最终选择自杀。这既是个人的悲剧,又是社会的悲剧。所以,禁赌自有道理。

那么,既然赌博和游戏没有罪过,有罪过的是人吗?人也没有罪过。从事赌博和赌博游戏的人都必须遵守规则,愿赌服输是最起码的心理承受力。如果赌博的人拥有雄厚的资本,输了就认输,一切游戏的恶名就不会存在。但是,现实就是现实,没有如果。所以,赌博的悲剧永远不会闭幕。赌博的恶名不能由人承担,因为99%的人都有过赌博经历,并在赌博中享受快乐。但是,即使有1%的人因赌博而犯罪,自我毁灭,也是在游戏过程中发生的。因此,赌博游戏的恶名,只有强加于游戏身上,使其代人受过。不过,游戏的这个恶名也有积极的意义,它时刻提醒游戏者,"小赌怡情",适可而止。只要不贪婪,赌博游戏完全可以为每个人带来快乐。

二、暴力:游戏的丑恶现象

游戏是一种自愿的活动,它充满刺激,富有激情,能够给人快感和享受。所以,千百年来游戏一直受到人们的青睐。为什么游戏会与赌博联系在一起?一方面,附有赌注的游戏能够增加游戏者的关注度,提高游戏者的热情;另一方面,竞争取胜的游戏既可以使人获得一种荣誉感,满足自尊的需要,又可以从中获利,一举两得,何乐而不为?所以,大多数人都能够正确认识赌博与游戏的关系,即适当的赌注能够活跃游戏气氛,提高游戏的趣味性。但是少数人受利益的驱使,不仅赌注越来越大,而且在游戏中尤其是身体对抗的游戏中行为粗野,充满暴力,给游戏蒙上一层阴影。

其中,最血腥的游戏莫过于中世纪的骑士比武大会。竞技比武能显示骑士精神,提高战争技能,而且与一定的经济目的相关联。"按照骑士的观点,战争是解决争端最正常的方法。教会无休止的调停和和谈只能在世俗贵族那里找到市场。而且,战争同比武大会一样,也成了一项商业活动,成了一些穷骑士获得财产的手段。在战争中,那些被打败的骑士的马匹和盔甲,极易落入胜利者之手。那些被俘虏的王公贵族和骑士,想要获得自由,亦需缴纳一笔赎金,这在中世纪是司空见惯的事。因此,骑士热衷于战争并非纯粹出于对战争的热爱,而是他们必须为自己的剑找到用武之地。"①所以,尽管骑士竞技作为一种军事训练方式有它存在的理由,但骑士的野蛮行为也受到社会的谴责。因此,国家对这种野蛮的行为和冲动采取了越来越严厉的监督。"这一现象在 16 世纪表现得尤为突出,国家明文规定禁止暴力,主张社会安定,法律规定唯有国家才具备惩罚的权力。这说明竞技运动发展史符合社会发展的要求。这一发展史的特点就是允许并控制竞技中的冲动,关注突发的激情以及随之而来的问题。"②也就是说,通过游戏竞技培养精神不仅有利于战争需要,而且也符合社会发展要求,但必须控制竞技游戏中的暴力现象,使社会处于和谐和有序状态。

如果说骑士竞技比武是由于具有战争训练性质才充满游戏暴

---

① 张广智,等. 世界文化史:古代卷[M]. 杭州:浙江人民出版社,1999:375－376.
② 乔治·维加雷洛. 从古老的游戏到体育表演:一个神话的诞生[M]. 乔咪加,译. 北京:中国人民大学出版社,2007:7.

力的话,那么,其他类游戏又如何?事实上,也有很多游戏不同程度存在暴力现象。其中,影响范围最广、参与人数最多的运动与体育运动中,各种暴力现象同样存在。以足球运动为例,这是一项身体对抗性很强的运动项目。身体对抗是足球运动的特点,合理冲撞符合规则要求。但是,其中仍有一个冲撞力量大小、冲撞身体部位等尺度问题。对于运动员来说,这些问题一清二楚,不需要反复强调。然而,在比赛中有些人却不守规则,尤其是在比分落后的情况下,情绪偏激,肆意妄为,甚至将比赛对手作为发泄对象,有意或无意地伤人。这种现象屡见不鲜。

在对抗性较强的运动比赛中难免有人受伤。因技术动作失误给对手造成伤害完全可以理解,而为发泄情绪故意伤害他人则是不可原谅的,属于一种运动场上的暴力。这不仅是一个技术问题,更是一个道德问题。这种故意伤人的暴力行为,一直受到媒体和观众的谴责。

游戏中的暴力现象不只表现在现实的游戏中,也出现在网络时代的电子虚拟游戏中。很多游戏根据故事情节设计了杀人闯关等情境,杀人画面被渲染得形象逼真,血腥无比,似乎只有这样才有刺激性,才能激起游戏者的热情。一些游戏甚至将杀人过程设计得细致入微,环环相扣。这类游戏哪里是在考验游戏者的思维逻辑,分明是在传授杀人过程及具体方法。因此,电子网络游戏中的这些暴力现象,多年来一直受到众多社会人士的诟病。

三、投机:游戏的致命诱惑

游戏是人类的天性。常言道:江山易改,禀性难移。所谓禀性,即人的性格特性。生活中常常有这样的情形,同一家庭环境养育的孩子,甚至是孪生兄弟或姐妹,性格却迥异,其实这就是天赋禀性所致。因此,游戏的天性不可改变。

但是,游戏的天性在不同人之间或在同一个人的不同年龄阶段的表现会有差异,有人对游戏的需求强烈,有人对游戏的需求一般。不同的人对不同游戏的需求程度不完全一样。在儿童时期,男孩子喜欢打打闹闹的游戏,女孩子喜欢文静雅致的游戏。而成人的游戏表面上看起来相比儿童时期大大减少,似乎成人就没有游戏或不能游戏。事实并非如此。成人同样有游戏欲望,只不过成人的游戏方式有所变化。在家庭中,陪孩子游戏、陪妻子或丈夫游戏(包括性游戏)是成人的主要游戏方式。在社会中,成人将游戏的方式迁移到工作中、社会关系中,使游戏的乐趣远远超越了单纯的儿童游戏。

大多数游戏具有胜负的特点,而胜负又具有不确定性。这一特征构成了游戏引人入胜的奥秘之一。最典型的例子就是掷骰子游戏。谁也不知道抛出的骰子哪个面向上,所以,在掷骰子游戏中,很多人认为赢输由天定。但是,一些技巧性强的游戏则不完全是由天定赢输。游戏的这一特点既为游戏本身增添了魅力,又使游戏的人不可避免地产生投机心理。投机心理在儿童游戏中也常出现。例如,儿童在玩捉迷藏游戏时,扮演找人角色的人有时会在双手捂眼的时候,透过手指缝偷偷窥视伙伴藏身何处。这其实是投机作弊行为。儿童的这种投机行为不过是耍点小聪明而已,只是为了尽快赢得游戏,除此心理别无其他。成人游戏中的投机,则往往与名利相关。其中,体育运动比赛中的投机现象屡见不鲜,尽管体育比赛规则越来越严格,但仍无法杜绝投机作弊行为。最为严重的投机莫过于兴奋剂的使用。为什么一些运动员会有这种投机行为?无非就是名利思想作祟。使用兴奋剂真的就一定提高成绩赢得冠军吗?兴奋剂只能够在一定程度上帮助运动员提高成绩,要想取胜仍需要自身具备较强的身体能力。就 1988 年汉城奥运会的加拿大选手约翰逊来说,他在男子 100 米比赛中以 9.79 秒的成绩震惊了世界,两天后被查出服用兴奋剂,成绩被取消,他本人也遭到了世界的唾弃。其实,当时约翰逊的训练水平并不差,1987 年,在罗马举行的世界田径锦标赛上,他以 9.83 秒的成绩刷新了世界纪录,并将对手美国人卡尔·刘易斯远远地甩在了身后。如果约翰逊不使用兴奋剂,同样具有竞争实力。然而,名利作祟,让这位加拿大人的前途和声誉毁于一旦。

游戏胜负的不确定性导致投机行为的产生,是游戏的错误还是人的错误?都不是。如同游戏的污名一样,只能归罪于游戏。

四、腐蚀：游戏的罪恶本质

游戏是人类共同的活动，游戏是人类表演的舞台。人类的一切优秀品质和卑怯心理都会在游戏中展现。游戏如同一面镜子，既反射出人性的光芒，又显现出人性的弱点。自古以来，游戏虽然也在一定程度上被正视和肯定过，但大多数情况下则是处于代人受过、背负骂名的境地。

《史记·货殖列传》记载道："博戏，恶业也。而桓发用之富。"说的是战国时期，赌博就被认为是一种丑恶的职业，但是，有个叫桓发的人却因为赌博而致富。所以，到了东汉时期，赌场林立，赌博业兴旺发达。一些人因赌博致富，另一些人则因赌博而倾家荡产、流离失所。因此，国家从春秋战国时期就禁赌，但效果甚微。赌博不但没有被禁止，反而一直延续至今。为什么国家从来就反对赌博？因为赌博除了具有正面的作用和意义之外，同时又具有负面的作用。从正面的意义来说，赌博能够激发和培养人的竞争精神，使人进取向上、勇于竞争，赌博能够启迪智慧、发展思维和培养智力。从负面的意义上说，赌博助长了人的贪婪和好逸恶劳的心理，腐蚀了人性，使人沉溺其中不能自拔。但是，古代人类热衷于赌博又不能完全归因于赌博的人缺乏理性，还有其特定的社会经济因素。在我国宋朝之前，钱庄尚未诞生，百姓手中的金钱没有增值渠道，不赌博又作何为？至少赌博有可能使金钱增值。这才导致赌风盛行。

当今时代，人的赌博心理就消失了吗？完全没有，赌博欲望甚至有增无减。只是人们对于赌博的认知更趋于理性，能够坦然面对而已。随着社会经济的发展，越来越多的人热衷于炒股票，做期货生意。其实，这也是一种闲置资金的增值方式，说白了就是一种变相赌博，是以小博大、低买高卖的一种投机行为。但是，人们并不认为这种经济方式是"恶业"。相反，从中获利的人还会被认为是聪明、有头脑的人，成为社会中有商业价值的名人。

坦率地说，赌博和炒股票、做期货生意无论从性质和目的上说没有什么差异，都是为了使钱增值，都是为了获利。炒股票同样可以产生诸多负面影响。但人们能够理解，不会归罪于炒股或期货本

身,而是归罪于个人。其实,赌博的性质同样如此。

这样说并不是刻意赞美赌博,而是说赌博只是一种诱惑因素。赌博的人很多,甚至可以说没有人没有赌博的经历,只是赌博的数额有所不同。而且大多数人不会因赌博而走向歧途。尽管赌博的恶劣结果是由少数人的贪欲心理所致,但是这个"黑锅"同样要由游戏背负。

本章小结

本章从三个不同层面讨论了游戏价值问题。

首先,游戏是人类(及其他动物)共有的天性,是人类共同的活动,所以,它具有普世价值。

其次,游戏是人类自始至终的活动,对于每个人的成长和生活具有价值。其具体表现在:①游戏的学习价值;②游戏的娱乐价值;③游戏的休闲价值;④游戏的交往价值;⑤游戏塑造精神价值;等等。

最后,从社会价值方面来说,游戏价值体现在:①游戏是其他社会活动的建构模式;②游戏是和谐生活的调节方式;③游戏是社会秩序的润滑剂;④游戏是社会进步的标志。

此外,游戏还有负面价值,包括:①赌博:游戏的最大污名;②暴力:游戏的丑恶现象;③投机:游戏的致命诱惑;④腐蚀:游戏的罪恶本质。

本章思考题

1. 游戏的成长价值包括哪些方面的内容?
2. 游戏的社会价值包括哪些方面的内容?
3. 游戏的负面价值主要表现在哪几个方面?

游戏规则

学习目标

本章学习游戏规则,要求认识和了解规则。规则是制度的体现形式,制度是文化构成的核心内容之一。所以,探讨游戏文化不能脱离游戏规则而进行。那么,游戏规则如何产生,如何发展?游戏规则既是游戏进行的起码条件和基础,又是人类所有社会制度建立的基础。要求重点掌握游戏规则与社会制度的关系以及游戏规则的社会意义。

所谓规则,即规定出来供大家共同遵守的制度或章程。"规"的原意:一是一种画圆的工具;二是劝告、告诫的意思,即告诉人们要如何,不要如何。"则"的意思就是规范,与规具有同样的意思。俗话说,无规矩不成方圆,说的是画圆要借助于工具才能完成,常用来比喻做事要讲究方式、方法,按照一定的要求做才能实现既定的目标。

规则是从事任何活动的要求和行为尺度。"物竞天择,适者生存",是人类和其他所有动物的共同准则。人类的规则是在人类文化产生后逐渐形成的规范行为的办法和措施。人类最早的规则是游戏规则,因为人类游戏是与人类生存活动相连的早期重要活动。人类的游戏除了本能的游戏之外,以文化为标志的所有游戏从一开始便具有了规则的特征,并在游戏规则的推动和指导下逐渐发展,成为人类生活中的不可或缺的内容。

第一节　游戏规则是社会制度的基础

社会制度是一种规则,一种文化。任何一种文化的产生必定有它的社会基础和根源,不可能凭空而来。那么,作为一种文化形式的社会制度或社会规则由何而来? 追根溯源可以发现,它是在游戏规则的基础上发展而来的,因为游戏和生存活动是人类最早的活动之一,同时,游戏又是人类早期文化的体现形式。游戏的重要文化特征之一就是具有规则性,有游戏必有规则,有规则才能游戏。游戏规则是人类文化的一种体现方式,它随着人类文化的产生而产生,伴着人类文化的进步而进步。因此,游戏规则和游戏文化在人类文化史上具有奠基的意义。

一、原始社会制度是游戏规则的体现

什么是制度? 简单地说,制度就是规定。制度包括国家制度、社会制度以及社会中各个领域中的制度,它是在不同范围内规范人们的各种活动的一种规定。制度属于文化的范畴。

从文化的层次理论来说,文化包括精神文化、物质文化和制度文化。制度文化是人类在物质生产过程中所结成的各种社会关系的总和,具体来说,包括社会的法律制度、政治制度、经济制度以及人与人之间的各种关系准则等,这些都属于是制度文化的范畴。制度文化在社会发展过程中具有明显的时代特征,不同的时代,制度文化的表现内容和方式都有所不同,反映出不同社会制度下的文化特色。

从制度发展理论来说,人类社会经历了原始社会制度、奴隶社会制度、封建社会制度、资本主义社会制度和社会主义社会制度。不同社会制度反映了社会的生产力发展水平不同、生产资料所有制不同以及人们的社会关系不同。社会制度的发展是一个由低级到高级的过程,前一社会制度是后一社会制度的基础,反映出社会发展进步的状态。那么,追根溯源,人类的原始社会制度是如何产生的? 它是建立在何种文化形式的基础上? 产生的文化机制又是什么？以往的论述，大多笼统地归结为由传统、习惯、经验与知识积累而形成。这没有错，但是，我们还可以以另一种思路和形式表达，即人类的原始社会制度是建立在游戏的基础上，由游戏文化或者说游戏规则发展而来的。为什么这样说？因为游戏是人类最早的活动之一，它与人类的生存活动联系在一起，相伴相随，不可分离。没有生存就没有人类游戏，人类又离不开游戏。在这个意义上说，原始社会人类除去生存活动之外，早期的主要活动就是游戏。因此，可以说游戏是人类一切活动的基础。

在原始社会中，人类的游戏不仅是一种愉悦身心的方式，也是一种生存方式的演练和准备，还是一种原始宗教、巫术的体现方式和内容。采取游戏方式为生存活动做准备，既是人类的未雨绸缪，又是生存的现实需求。人类原始时期的游戏内容简单而贫乏，大多与生存方式相关联，游戏工具主要包括弓箭、梭镖、投石器、鱼叉等器械，游戏方式主要是跑跳、攀爬、捉迷藏等徒手游戏。这些游戏无不与生存过程联系在一起，构成人类最早的活动。

人类早期的活动除了游戏之外，还包括宗教和巫术活动、绘画等。早期的宗教活动是人类认识世界的方式和方法，也是人类思维进化和进步的标志。原始宗教的意义在于让人类意识到自身的存在，同时意识到在大自然面前人自身的能力极其有限，无法抗拒各种灾害的威胁。原始人认为有一种超人的力量控制着人类，要想平安生存就需要祈求上苍的保佑。因此，产生了各种自然崇拜、图腾崇拜的宗教观念。那么，如何进行宗教祈祷？人们又将游戏纳入宗教，产生宗教舞蹈等。舞蹈是什么？舞蹈就是游戏。在原始社会，文字尚未产生，但是，人类已经学会了说话。所以，通过言语和舞蹈表达情感成为原始人类的宗教活动方式。巫术活动同样如此，人类的巫术活动与宗教活动在原始社会具有异曲同工之效。原始人认为各种灾难和疾病降临是某种恶魔作怪所致，就发明了巫术驱魔除害，保证人类平安。巫术的方法和进行过程同样以各种游戏方式为内容。例如，在北美的祖尼人部落中，为人治病时，巫术社团扮演熊，"他们不用假面具，而是在胳膊上套上带爪的熊前腿皮，像舞蹈者只是学卡其纳（由祭祀扮演的神）喊叫一样，这些兽神的扮演者是

像熊一样吓人地嚎叫,正是熊才有除病去灾的最高力量"①。原始人类发明了宗教和巫术,宗教使人类与所处的世界建立了联系,人类成为世界的一部分,为人类在这个世界上生存增强了信心和勇气。巫术则是用技巧支配着世界,虽然巫术的作用有限,如大部分疾病完全是靠人体的自愈能力恢复健康的,但这种技巧和方式同样给人以力量。由此可见,在原始社会,无论是生存活动,还是宗教、巫术活动,都是以游戏为方式进行的。游戏或者说游戏与生存活动一起构成人类活动的基础。

游戏活动不只是简单的身体活动方式,其作为人类文化的形式之一,同样凝聚了原始人类的生存经验和智慧。从游戏活动中产生了人类的游戏精神,即狩猎活动中顽强的竞争精神,人与人共处、相依为命的精神和游戏的规则意识。所谓游戏的规则意识,即任何游戏都有一定的要求。否则,游戏将无法进行。虽然在原始社会文字还没有产生,但游戏作为一种有秩序、有目的的技能活动,不可能脱离教与学的过程,必然具有相应的规则要求,这一点毋庸置疑。因此,在游戏与生存过程中,原始社会制度逐渐形成。

原始社会制度的重要特征是财产公有、人与人平等和劳动成果的平均分配。人们的行为和社会关系是通过道德、宗教和习惯进行规范的。其中,习惯是人们在长期的共同生产和生活中逐渐形成和演化而来并世代相传的。狩猎和游戏中形成的习惯具有重要意义。从原始社会的制度特征可以看出,竞争、公平和守则意识是社会制度的核心内容。所谓的公有制和平均分配劳动产品,不过是一种概念,原始人除了简单的狩猎工具和栖身的山洞外一无所有,采集的果实也仅够充饥。所以,同甘共苦,维持生存,以顽强的竞争精神狩猎和对付自然灾难,以平等的精神相互扶持,以守则的意识严于律己,构成原始社会生活的全部内容。因此,我们说原始社会制度建立在游戏的基础之上,体现出游戏规则的核心内容。

---

① 露丝·本尼迪克特.文化模式[M].王炜,等,译.北京:生活·读书·新知三联书店出版社,1988:73.

二、宗教、法律制度是游戏规则的发展

人类进入农耕社会以后,社会生产力水平不断发展,推动了人类文化的发展。尤其是文字产生后,人类文化发展进入一个新的历史阶段。人类宗教在原始宗教的基础上进一步发展,各种原始宗教的神话传说不断流传,成为不同国家和民族宗教的发展基础。同时,人类的法律制度逐渐产生,与宗教一起构成规范人们思想观念和行为的准则。

法律和宗教制度的产生同样是建立在游戏规则的基础之上,只是各自制度的理念不同而已。游戏规则是规范游戏活动的准则,而法律和宗教制度是规范社会活动的准则。但二者同样都是对人的行为的规范。法律和宗教制度的产生是游戏规则的延续和发展。

在原始社会,不存在法,人们的行为规范完全建立在习惯的基础上,通过道德和习俗进行约束,即便出现争议,也是由氏族长老裁决。人类进入奴隶制社会后出现了法,大约在公元前3000年前后,两河流域国家开始编制法律。苏美尔地区的各个城邦统治者开始立法,包括乌尔第三王朝的《乌尔纳姆法典》,伊新城邦的《利皮特·伊斯塔法典》、拉尔萨城邦的《苏美尔法典》、埃什努纳城邦的《俾拉拉马法典》、古巴比伦王国的《汉谟拉比法典》,此外还有《赫梯法典》《亚述法典》等。其中,只有《汉谟拉比法典》基本完整地保存下来。该法典正文共包括282条,涉及程序、盗窃、伤害、不动产的占有、继承、转让、婚姻家庭、借贷、债权、奴隶等各个方面。

法律制度从管理范围上说,比游戏规则涉及面大,包括社会生活中的方方面面。法律条文规范人们的行为,使社会生活有序化。在具体的法律诉讼中,游戏性体现得更为明显。"实际的执法过程即诉讼的过程酷似竞赛,无论相关法律理想的基础是什么。一旦意识到这个道理,法律和游戏存在的相似性就一目了然了……竞赛意味着游戏。我们看到,否认任何竞赛的游戏性质,都是没有充分理由的。每一个社会都要求把游戏和竞争提升到神圣的严肃层面,这是正义应该达到的高度。在今天司法生活的一切形式中,司法具有

的游戏和竞争二元性,依然是清晰可见的。"①控辩双方据理力争,毫不相让。控方获胜,被告将承担法律责任。辩方获胜,被告将逃脱处罚。在控辩过程中双方你争我夺,无非就为争取获胜。所以,诉讼活动无异于游戏,只是游戏的内容不同而已。那么,宗教制度呢?其实,宗教制度和法律制度的目的大同小异。

在古埃及,大约从公元前2000年起,法老改变了"众神同尊"的宗教信仰,尊奉太阳神为全国最高的神灵,并自称为太阳神之子,为其权威披上了"王权神授"的神圣外衣。"王权神授"的理论是古埃及法老专制制度的精神支柱,也是其政教合一统治的历史特征。

古埃及人认为,人和神之间的关系是:人是由神创造的,神主宰着人的命运。人类生活的一切都是由神祇提供的,所以,人要敬仰神,按照神的旨意行事。神给人以启示,告诉人们该做什么,不该做什么;如果世上出现罪恶,是因为人们违背了神祇的意愿;人作恶、造孽,将会遭到报应,而行善的人将会获得奖赏。所以,古埃及人坚信,万事万物都循环往复,世界永恒不变。

古埃及的君主专制主义政体也通过"王权神授"的宗教方式,实施政权管理。只有他们才懂得祭神、通神的方法。祭司们沟通了凡人和神祇的联系,把人们的呼声传给神并且向人们转述神的圣谕,为人们向上天乞求赐福。

在古印度,婆罗门教是重要的宗教之一,它起源于公元前2000年的吠陀教,形成于公元前7世纪。吠陀时代早期婆罗门教开始形成,晚期婆罗门教盛行。"吠陀"的原意是学问、知识,婆罗门是雅利安人的第一种姓,婆罗门教就是这些所谓最有学问的人讲的和实行的宗教意识与宗教行为。

"梵"即梵文"Brahman",原意为清静、寂灭、无欲、无求等。它是婆罗门教的基本概念和基本原则,意指不生不灭、无所不在,即不依赖于任何东西而又为所有事物存在原因的东西。婆罗门教将"梵"作为人生追求的目的,修行的最高境界。在婆罗门教中,"梵"即神,

---

① 约翰·赫伊津哈.游戏的人——文化中的游戏成分研究[M].广州:花城出版社,2007:81.

即"生主""天地万物的护持者",但它"无形无状、无语无言",又为宇宙万物之主。所以,婆罗门教在祭祀方式上有严格的程序,祭祀时设祭场,祭场是流动的,祭祀礼仪有家庭祭和城邦祭。家庭祭,亦称供养祭,祭品为农作物类和家畜类,对象是神灵、神物和祖先,由家长主持,家内成员参加,地点在家内特别设置的地方。城邦祭,即走出家门集体祭神灵,供品除植物类和动物类以外,还有以活人作祭品的习俗,人祭的对象包括奴隶、妓女、偷窃者等。

古代宗教只是一种信仰方式,但却与游戏密切联系在一起。"古印度人的骰子和箭镞有惊人的相似之处。在《摩呵婆罗多》里,世界被想象成一场掷骰子的游戏,湿婆与神后一道玩骰子。四季用六个神来表现,他们玩的骰子是金骰子和银骰子。日耳曼神话里也有一个神用游戏板玩骰子的故事:当世界创生时,这六位四季神聚集起来玩骰子。世界毁灭之后再生时,复活的埃塞斯(Ases)神将要找到他们起初玩过的游戏板。"①为什么宗教通过神话的形式出现?这既是古代人的一种思维方式,又是一种烘托神的力量的表现方式。而为什么人们又将游戏贯穿于宗教神话中?"早在人类文化和人类语言出现之前,游戏的态度就存在了,因此,拟人化和想象力运作的基础从远古时代起就已然是事实。如今的人类学和比较宗教学告诉我们,神祇的拟人状态和动物形态是古代宗教生活最重要的元素之一。古人把神祇想象为动物的形态,这是复杂的图腾崇拜的基础。"②因此,宗教制度建立在游戏的基础上是不言而喻的。

值得一提的是,古希腊人在宗教情感表达方面更为直接,将《荷马史诗》中的神的行为在生活中再现,产生了古希腊奥林匹克竞技会,通过这种方式培养和塑造古希腊人的精神,为现实生活服务。总之,古代宗教制度的发展在一定程度上说与古代法律的产生一样,同是为了统一本国和本民族人们的观念,规范人们的行为。这

---

① 约翰·赫伊津哈.游戏的人——文化中的游戏成分研究[M].广州:花城出版社,2007:60.

② 约翰·赫伊津哈.游戏的人——文化中的游戏成分研究[M].广州:花城出版社,2007:157.

类制度的建立不仅同游戏制度具有同质的意义,也是游戏制度的延伸和发展。

三、机器时代制度是游戏规则的升华

从古代的法律制度产生和宗教制度发展的过程来看,无论是法律制度还是宗教制度,其目的、意义同游戏的规则大同小异,只是各自规范的人员、约束的范围不同而已,在性质上没有任何差异。从社会发展的意义上说,法律制度的产生和宗教制度的发展变化是人类认识水平不断提高的结果。从操作层面来说,两种社会制度完全建立在游戏规则的基础之上,即通过另一种游戏方式规范和管理社会,使之有序发展。

进入近代社会,人类的生产方式发生了巨大变化,尤其是欧洲工业革命爆发后,社会生产力发展水平极大提高,社会物质发展水平日新月异,不仅改变了人们的生活方式,也为促进社会进步垫了物质基础。同时,欧洲自中世纪以来所经历的三大思想运动,即文艺复兴运动、宗教改革运动和思想启蒙运动使人们的思想逐渐获得解放,对社会发展的认识水平不断提高,崇尚理性、追求自由、实现自我价值的思想意识逐渐形成,为近代社会和国家的政治变革奠定了思想基础。因此,资产阶级知识分子自中世纪以来反对封建教会统治、推翻教会政权的不懈努力终于迎来了曙光。

英国资产阶级教育家约翰·洛克(John Locke,1632—1704)发展了文艺复兴运动以来资产阶级知识分子所提出的自然权利理论,认为人类是生而自由、平等的,具有生存权、自由权和财产私有权;反对"君权神授"的封建专制主义思想,把人们享有政治主权的原则作为国家学说的基础。1688 年,洛克出版了《政府论》一书,书中认为,"在现代社会之前,人类处于一种自然状态,人们结成一个社会同盟,是由于自愿的契约而产生的;国家和政府的职责是保护公民的自然权利,如果政府试图实行专制统治,即侵犯个人的天赋权利,它就违背了契约,人们就有权推翻它的统治。"[①]洛克坚持认为,限制

---

① 刘文龙,等.世界文化史:近代卷[M].杭州:浙江人民出版社,1999:320 - 321.

统治者权力的君主立宪政体是保证个人权利不受侵害的最优秀的政治形式。1748年,孟德斯鸠在他的《论法的精神》一书中系统地阐释了行政、立法和司法三权分立的原则,认为只有三权分立才能互相监督、相互制约,从而保证自由、平等的实现。当然,洛克、孟德斯鸠的自由、平等思想体现了资产阶级人文主义的世界观,这在当时的时代条件下具有积极的意义,并且对欧洲很多国家的国家制度建立起了积极的推动作用。

欧洲近代资产阶级提出的建立民主国家的理论根据就是追求自由、平等的自然权利,而这种自然权利其实就是人类早期的游戏规则和游戏精神所赋予的权利,即通过公平有序的游戏竞赛获得荣誉、地位和权威。只是这种自然权利在进入奴隶制社会后由于阶级的出现遭到破坏,所以,人类社会发展从奴隶制社会到封建制社会一直处于不平等状态。欧洲资产阶级知识分子自中世纪末的文艺复兴运动以来,坚持不懈、孜孜以求追求的自由、平等的社会制度,终于在近代末得以实现。具体来说,民主国家的建立不仅在制度上体现出自由、平等的游戏精神,而且在议事方式上也具有游戏规则的平等意识。1876年2月19日,美国人亨利·马丁·罗伯特(Henry M. Robert,1837—1923)将军在芝加哥出版了《罗伯特议事规则》,书中对英国协商议事的方法和规则进行了研究,并在此基础上创作了具有独特见解的议事规则和方法。该书出版距今已有150多年,经其子孙不断修正,先后推出十多种版本,销售500多万册,成为许多国家政府和企业协商议事的参考规则。

实际上,《罗伯特议事规则》就是一本以游戏模式为基础创作的议事规则,内容包括协商会议、程序、动议、发言与辩论、表决、提名与选举、章程、代表大会和纪律审查等诸多议事议程。细致而详尽,全面而严谨。该书出版后,赢得了广泛的社会赞誉,影响至今。美国前总统托马斯·杰斐逊(Thomas Jefferson,1824—1863)对该书出版做出高度评价。他说,只有有了规则,组织的决定才能够协调一致,前后统一,不会随着领导人的反复无常而频繁改变,也不会被某些人的强词夺理所操纵左右。对于一个严肃的组织来说,必须随时维护自己的秩序、尊严和规范。

因此,近代和现代民主制度的建立,从历史和现实的意义上说,是一项宏大的事业和伟大的成就。但从具体的操作过程来看,不过是一种游戏方式的运用和实践。由此可见,机器时代的社会制度的建立是游戏规则的一种演变和升华。

第二节　游戏规则自身的演变与发展

游戏是人类和其他动物共有的活动,那么,从游戏规则的层面来说,其他动物的游戏有规则吗?当然有。物竞天择,适者生存。这一大自然法则既是其他动物的生存法则,也是其他动物的游戏法则。其他动物也有意识,但它们的意识只是一种本能的意识。其他动物的本能意识决定了它们在游戏中能够很好地控制这一大自然法则。人们都知道其他动物群中有各自的头领,如头羊、头马,猴王、狮王等,其他动物的这种地位就是通过它们的游戏规则产生的。

人类的游戏具有规则,这是毫无疑问的。每个人都有游戏的经历,无论何种游戏都有各自的规则。那么,人类的游戏规则又是如何产生的?人类的游戏包括两个层面的内容,一是本能的游戏,二是文化的游戏。人类本能的游戏同样遵循物竞天择、适者生存的大自然法则。人类在游戏过程中根据不同的游戏内容和游戏方式人为地规定各种游戏规则,游戏规则随着游戏的发展不断演变、不断修正,又不断被传承和延续。因此,人类的游戏规则作为一种社会文化现象,始终随着人类社会的发展而发展。

一、古代游戏规则的产生与发展

游戏规则作为人类文化的一种体现形式,它的产生建立在人类的生存实践基础之上。原始社会时期,人类的游戏与人类的生存活动相联系,游戏的规则和游戏方式不可能脱离生存方式。就简单的跑、跳、投掷游戏来说,它首先是一种本能的能力,又是一种狩猎中追逐和猎获野兽的方式,同时还是一种游戏活动。因此,作为一种游戏活动,它必须遵循狩猎的规律和要求。也就是说,无论比赛跳远或跳高,还是比赛投掷,比赛者需要站在同一起点,向同一方向跳或投,才可以判断出谁赢谁输。这既是一种狩猎的规律和要求,又是一种生存中所获得的经验。所以,在经验的基础上产生了早期游戏的规则。

但是,在人类的史前阶段,所有文化都没有文字记录。何以见得史前游戏具有规则?其实,没有文字记录我们仍可以断言游戏规则的存在。道理很简单,从史前岩石壁画中可以发现,原始人记录的射箭方式与当今人类的射箭方式完全一致。既然人类能够发明出弓箭,就一定会使用它。弓箭的作用在于可以远距离射杀其他动物,那么,游戏中的射箭必然有一定的模仿其他动物的标志物,因此,射箭游戏的规则自然会产生。

其他游戏亦然。掰手腕、摔跤是一种力量和技巧的竞赛,它必须符合人的生理结构特点和用力要求。虽然原始人不懂得生理科学,但习惯和经验使他们知道怎样用力才能制服对手,这是建立在生存经验基础上的朴素道理。所以,原始人的游戏从一开始便具有游戏规则,而且在游戏过程中产生了具有竞争精神、公平精神和守则意识的游戏精神。

人类的游戏规则随着社会进步不断发展,各种新的游戏不断产生,相应的游戏规则不断出现。在古代游戏中,古希腊人的游戏方式堪称典范,其游戏规则同样具有特色。古希腊人举办的第一届奥林匹克竞技会"只有一个简单的赛跑项目,赛跑的长度是一个'stade',约合今天两百米。英语中'运动场'(stadium)即源自这个希腊词汇,即赛跑的地方。希腊人的运动场是一个平坦的矩形土赛道,两边是绿草茵茵的斜坡供观众就座,一个长长的镶嵌着大理石的通道标志着运动员起跑的地方,而裁判则待在一个有台阶的石座上。因为那个时候还没有秒表,赛跑是不计时的,唯一的评判标准就是谁最先跨越终点线"①。可见,古希腊人第一次规定将游戏比赛以固定的场地进行,并设置了专门的裁判监督比赛和判定胜利者的标准。

---

① 斯蒂芬·伯特曼.奥林匹斯山之巅:破译古希腊神话故事[M].韩松,译.上海:复旦大学出版社,2005:34.

不仅如此,"为了保证竞技会的顺利进行,希腊人甚至签订了一个神圣的和约,在每届竞技会期间的一个月或几个月里,希腊各城邦都必须遵守这个和约。就是说,虽然战争不会因此而完全停止,但是交战各邦都必须保证让运动员和观众顺利通过"①。这一和约又被称为奥林匹克"神圣休战原则"。

具体来说,除了第一届竞技会之外,以后的竞技会比赛项目不断增加,一般需要进行 5 天,所以,竞技会对比赛项目进行了日程安排。"第一天的主角是大会的主持者、音乐爱好者和少年运动员;第二天在体育场(运动场)内 384 米长的 U 形跑道上举行赛马和赛车比赛(包括骡子驾车赛),以及被内行视为国王项目的比赛——五项全能比赛,这五项包括越野跑、跳远、铁饼、标枪和摔跤;第三天,举行的是除了五项全能以外的所有场内项目;第四天,在一个方形的、有拱形廊道环绕的摔跤场内举行摔跤、拳击和角力摔跤项目(一种极其残忍的摔跤比赛形式),还有在体育场(运动场)内举行的所谓的'武装赛跑',即运动员身上全副武装跑完 384 米……在奥林匹克运动会上举行的宗教仪式中,最重要的是在第二天为死难者举行的祭祀和为了表示对宙斯的尊崇而准备的公牛祭祀,第三天为所有参加者准备晚餐,以及第五天为了表示对所有获胜者的尊敬而设立的欢庆宴。"②

在比赛中,获得冠军的运动员被授予用橄榄枝编成的花冠,"在其他运动会上,冠军的奖品各种各样,包括青铜器、彩陶和橄榄油等。但冠军的荣誉总是给获胜者带来巨大的利益,他在城邦受到凯旋式的欢迎,他的雕像被树立在城邦的中心广场上,同时城邦也给予他金钱的奖励和其他一些荣誉,如出席城邦的公共宴会等"③。

古希腊奥林匹克竞技会从本质上说是一种宗教祭祀活动,但古希腊人通过游戏方式表达宗教情感,并为使竞技会顺利进行制定了

---

① 张广智,等.世界文化史:古代卷[M].杭州:浙江人民出版社,1999:211.

② 汉斯·乌尔里希·古姆布莱希特.体育之美[M].丛明才,译.上海:上海人民出版社,2008:52.

③ 张广智,等.世界文化史:古代卷[M].杭州:浙江人民出版社,1999:212.

详细的日程和规则,这在人类古代史上前所未有、举世无双,体现了古希腊人的聪明和智慧。所以,体育运动诞生后借鉴了古希腊竞技会的举办模式,并以现代奥林匹克运动命名。

在古代社会中,除了古希腊之外,其他各国、各民族的游戏同样有自己的游戏规则。在中国,游戏历史悠久,源远流长。各类不同游戏都有规则,如蹴鞠游戏早在战国时期就已经产生,在汉魏和唐宋时期有了很大发展。蹴鞠规则随着技术发展不断修正,其观赏性和娱乐性不断提高。在宋代"每逢天宁节时,朝廷中的宰相、亲王和百官都要给徽宗赵佶上寿,此时宫廷中奏起音乐,双方队员穿红、黑两色锦衣入场,进行踢球比赛。经过一番较量后,分出输赢,赢者获金奖,输者受鞭打,或以黄白粉涂脸。在踢球规则上,唐宋时期已经形成了许多定制,有所谓的'白打''打二''官场'等,'毬两人对踢为白打,三人角踢为官场',每人两踢名'打二',拽开大踢名'白打'"[1]。此外,在北方少数民族地区还有射柳游戏,"每逢端午节时,人们便要在球场上插上两排柳枝,射柳之人按尊卑长幼次序轮流进行射箭。每人先用剑把所要射的柳枝上的皮削去一块,然后骑着马用无镞箭向柳枝去皮处射去。射中柳枝的还不算赢,一定要把柳枝射断,然后飞马前去将射落的柳枝接下,不能让其落地,然后手拿柳枝向场外跑去,这样才算获胜"[2]。由此可见,无规矩不成方圆,无规则不成游戏。任何游戏都是在一定的规则下进行的,体现出游戏的规范性和有序化。

需要指出的是,古代游戏具有鲜明的地域性特点,而且,游戏的种类繁多,所以,游戏的规则不具有统一性。古希腊游戏为什么只能在各城邦之间进行,而不能广泛传播,完全是由它的宗教性所致。因此,罗马占领古希腊后,并没有继承古希腊的游戏活动。在古罗马立基督教为国教后,古希腊的奥林匹克竞技会随之灭亡。而其他各国、各民族的游戏既不具有宗教性,又不具有统一性。各类游戏虽有规则,但这些规则大多是约定俗成的,甚至是游戏双方在约定

① 蔡丰明. 游戏史[M]. 上海:上海文艺出版社,2007:52.
② 蔡丰明. 游戏史[M]. 上海:上海文艺出版社,2007:50.

俗成基础上根据不同情况临时商定的,只要游戏双方愿意,游戏即可进行。一般来说,古代游戏规则具有地域性差异和不确定性,同一种游戏又有不同的游戏方式和游戏规则。

二、近代游戏规则的发展与演变

赫伊津哈说:"中世纪的生活充满了游戏:民众的欢乐、无拘无束的游戏洋溢着异教元素,游戏失去了神圣的意义,变成了戏谑嘲弄、滑稽表演,变成了骑士庄重而浮华的游戏,变成了宛若世故的求爱游戏。"①意思是说,虽然中世纪生活中有很多游戏,但是,由于基督教会的黑暗统治,社会民众的思想被禁锢,行为被压抑。基督教会宣扬的"人权神授"思想和《圣经》中的"原罪说""救赎论""世界末日论",要求人们刻意修行,才能获得美好的来世。所以,就连生活中的游戏都充满了这种因素,与古代游戏相比,游戏的神圣意义少了很多,而浮华、虚荣的成分却增加了不少。尤其是骑士竞技游戏,充满了浪漫和浮华色彩,以体现骑士阶层的特殊社会地位和优越感。虽然战争中骑士们的勇敢精神受到社会推崇,但骑士比武大会中的血腥味又使骑士竞技蒙上了一层"诡异"的阴影。

在欧洲中世纪的社会生活中,封建教会组织在政治上极力宣扬基督教思想,推行基督教教义,其主要目的在于通过基督教控制各国国王和民众,从而巩固教会的统治地位。但在生活中,只要顺从教会领导,与教会保持一致,社会便没有冲突。所以,中世纪尤其是中世纪末的欧洲,资产阶级知识分子发起了反对封建教会和封建社会制度的文艺复兴运动,尽管没有在政治上动摇封建教会的统治地位,但在思想上对欧洲各国民众影响很大。文艺复兴运动中提出人文主义思想,即:歌颂人性,反对神权;要求个性解放,反对禁欲主义;主张理性,反对蒙昧主义。这些思想对于社会民众生活方式的改变起了积极的影响和推动作用。拥有美好的生活激情和美好的

---

① 约翰·赫伊津哈.游戏的人——文化中的游戏成分研究[M].广州:花城出版社,2007:208.

生活方式成为各国民众的生活追求。

文艺复兴运动兴起之后,欧洲社会发生了巨大变化。文学、艺术领域出现了前所未有的繁荣景象,各种文学和艺术成果如雨后春笋般相继问世,对人们的思想认识和生活追求起了引导和推动作用。人们认识到,"使生活充满乐趣的事物古今如一。这些东西是:阅读、音乐、美术、旅行、欣赏自然美景、运动、时尚、社会虚荣(骑士团、荣誉职位、社交聚会)和感官的陶醉。对大多数人而言,高低层次的分界线似乎存在于欣赏自然美景和运动之间。不过这条分界线并不是铁定不变的。很可能运动迟早会被认为是高级享受的一部分,至少就其对孔武之力的要求而言,运动可能会进入高级享受的层次。对中世纪的人而言,最佳的境界是把高低享受的分界线划在阅读和其他乐趣之间。只有通过对美德和智慧的追求,阅读给人们的享受才能披上神圣的色彩"①。欧洲民众的生活方式逐渐发生变化,"其目标还有:用美使生活崇高,用游戏和仪式充实社群生活。在这里,我们发现对个人生活艺术的最高要求,唯有精英能够用游戏的艺术生活来达到这样的要求。然而,并非人人能够效法英雄和圣贤,用英雄色彩或田园色彩描绘生活是昂贵的消费,而且通常只能够事倍而功半"②。艺术也是一种游戏方式,但又是一种精神创造。用游戏的方式从事精神创造不是人人可为,只是少数具有艺术天赋的人的一种追求。

因此,以英雄主义理想的形式来培育美好生活成为欧洲社会文化尤其是宫廷文化的显著特征。这不仅表现在文学、艺术方面,还表现在游戏方面。宫廷贵族和骑士阶层对剑术格外热衷,"为了增强实战色彩,中世纪的剑术依靠贵族自豪和荣誉激发的亢奋,依靠浪漫、色情和艺术的绚烂色调。它承载了过多的艳丽和装饰,过多的色彩斑斓的幻想。它不仅是游戏和运动,而且是实用性文学。诗

---

① 约翰·赫伊津哈.中世纪的秋天:14、15世纪法国与荷兰的生活、思想与艺术[M].何道宽,译.桂林:广西师范大学出版社,2008:37.

② 约翰·赫伊津哈.中世纪的秋天:14、15世纪法国与荷兰的生活、思想与艺术[M].何道宽,译.桂林:广西师范大学出版社,2008:35.

意的心灵的渴望和梦境寻求戏剧性的表现,这是生活本身完成的大戏"①。很多宫廷贵族成员纷纷组建自己的骑士团。为什么要建立骑士团?这些宫廷贵族认为,建立骑士团"既不是为了消遣,也不是为了娱乐,而是为了将赞誉首先献给上帝,并将荣誉和名气献给善良的人"。骑士们在作战之余,热衷于进行盛大的竞技游戏和表演,其中包括竞技比武大会。骑士们认为,竞技比武和表演可以表现勇气和忠诚。

然而,骑士竞技比武却屡屡出现血腥的场面,死伤的不仅有骑士,甚至包括国王,以致这种类似实战的竞技比武越来越受到社会民众的质疑,甚至一些国家的国王也提出禁止这种比武大会的举行,但收效甚微。直到17世纪初,这种竞技比武形式才逐渐退出了欧洲社会,取而代之的是一种没有伤害的游戏方式,后者更加注重比武的技巧和敏捷,而且要求具有优雅风度,遵守礼仪。例如,在跑马刺环游戏中,对跑马的路线有规定,还要求马不能有激烈的动作,骑手要保持良好的姿态,等等。17世纪,"出现了一些有关骑术的重要著作,形成了真正的宫廷艺术,规则也更加明确。例如,普吕维耐尔是路易十三的骑术教练,他罗卢浮宫训练国王时,强调动作要自如,详细讲解了如何保持骑马的风度,要求动作规范准确。最后,他还特别强调了国王在跑马刺环中的公众形象,建议国王在臣民面前要表现出极尽理性化的完美品质。国王应该常常在公众面前展示他的骑术,'不仅使您的大臣,而且使您的人民都能了解您神奇的精神力量'"②。

近代欧洲游戏及其规则的发展变化,虽然经历了一个漫长而艰难的过程,但结果令人欣慰。战争技能演变为游戏活动,游戏过程中血腥、残忍的现象不再存在,游戏成为一种和平竞技方式,但同时又不失竞争精神。在欧洲中世纪直到近代后期,持续了千年之久骑

① 约翰·赫伊津哈. 中世纪的秋天:14、15世纪法国与荷兰的生活、思想与艺术[M]. 何道宽,译. 桂林:广西师范大学出版社,2008:83.
② 乔治·维加雷洛. 从古老的游戏到体育表演:一个神话的诞生[M]. 乔咪加,译. 北京:中国人民大学出版社,2007:21.

士竞技从战争训练方式演变为游戏方式,这不仅是人类思想认识水平的进步,也是现实生活的需要。尤其是欧洲工业革命后,生活方式的改变对休闲方式和休闲内容提出了更高的要求。在这一时代背景下,骑士竞技的演变为游戏演变为运动与体育运动树立了榜样,提供了可借鉴的方式。

19世纪在人类历史上具有划时代意义,欧洲工业革命成功使社会发展进入了一个新的历史阶段。资本主义国家制度在欧洲大部分国家确立,为社会发展提供了制度保证。同时,一部分游戏活动演变为运动和体育运动,成为19世纪社会生活变化的重要特征。游戏演变为运动与体育运动,其动力基础在于:一是由社会物质发展水平决定,即物质生活水平提高导致生活方式的变化,有了休闲内容的需要;二是社会制度和国家制度在游戏的模式上产生,又反作用于游戏,推动了游戏规则的演变,为运动与体育运动产生做了制度准备。

游戏演变为运动与体育运动是一个不断实践的过程。众所周知的拉格比公学的早期橄榄球(足球类)运动就是如此,"1823年的一个下午当五点钟的钟声开始敲响时,一个叫威廉·韦布·艾利斯的学生接到球,但他不是按照要求的那样开出任意球,而是抱住球直接跑向球门线,并在钟声停止前到达球门线"[1]。威廉违背规则引起了同学们的愤怒抗议,之后,威廉和同学们一起不断修改规则,随着时间的流逝,他的这种进球方法也逐渐得到了人们的认可,并由此拉开了英国橄榄球的序幕。

而橄榄球运动传播到美国以后,其运动规则不断被修改,美国人认为,"英国人并没有给这项新运动制定严格的规则,但这并不是一个问题。因为英国人具有绅士传统,所以人们相信选手的裁定意见,并让他们把一项甚至连明确规则和固定规则都还没有的、还未确定下来的运动变成一项全民赞同的运动。"[2]而美国的传统文化不

① 威廉·迪安.美国的精神文化——爵士乐、橄榄球和电影的发明[M].袁新,译.北京:商务印书馆,2013:238.
② 威廉·迪安.美国的精神文化——爵士乐、橄榄球和电影的发明[M].袁新,译.北京:商务印书馆,2013:239.

同,他们更相信规则而不是选手本人,美国人认为,"用规范性程序去填补缺乏社会规矩的真空,一般来说,是使体育比赛适应新的文化家园"①的有效方法。因此,橄榄球传播到美国以后,得到了广泛的认同,迅速成为一项美国人喜欢的运动,直到今天,橄榄球成为美国的一项国球运动。

游戏规则的发展演变过程不仅为运动与体育运动的诞生奠定了基础,也为运动与体育运动在当代的发展开辟了广阔的空间。

三、游戏规则与社会制度的关系

游戏规则作为人类文化的表现形式和规范游戏的指导思想早在史前时期就已经产生。从人类制度的层面来说,游戏规则也是一种社会制度,这种制度表面上看起来只是规范游戏,实则不然。游戏是一种人类的活动,规范游戏在一定意义上说也是规范人。所以,其他各种社会制度包括宗教制度、法律制度和国家制度无不是在游戏规则的基础上产生,为规范社会生活而服务的。同时,其又反作用于游戏规则,促进游戏规则的发展和完善,从而起到和谐社会生活,促进社会发展的作用。具体可以从以下几个方面解释:

第一,游戏规则是其他社会制度的基础。游戏规则是人类最初的规则,这不仅体现在人类社会发展的过程中,也体现在每个人的成长过程中。人类的发展始于游戏,每个人的成长同样始于游戏。所以,游戏的基础地位毋庸置疑,游戏的基础作用也不言而喻。

从人的成长过程来说,游戏是每个人认识环境、认识世界的开始。人在幼儿时期受意识能力所限,不可能领悟游戏的意义。但是,在父母及家人的引导和教育下,幼儿开始进入游戏的世界,并与游戏结缘,持续一生。幼儿游戏的结构简单,易懂易学。在天性的驱使下,幼儿很自然地喜欢上游戏。不仅幼儿自己在游戏中获得了愉悦,又使家庭充满了幸福感。

游戏是人类的启蒙活动,随着年龄增长,游戏内容逐渐丰富,游

---

① 威廉·迪安.美国的精神文化——爵士乐、橄榄球和电影的发明[M].袁新,译.北京:商务印书馆,2013:239.

戏难度不断增加,人的游戏能力不断提升。但是,人类的游戏能力仅仅局限在游戏范围内吗? 其实不然。游戏能力是生活能力的一部分,是生活能力的基础。而生活能力涉及的内容比较广泛,包括认知能力、学习能力、动手能力、适应能力以及创造能力等,并不是说游戏能力越强,生活能力就一定强。但是,人类的各种生活能力又离不开游戏能力。仅就游戏规则而言,所有的游戏都有游戏方法和要求。儿童学习游戏的过程实际上就是学习规则的过程,游戏规则寓于游戏方法和游戏过程中,使儿童懂得不按游戏要求做就不能进行游戏。因此,游戏规则潜移默化地影响人的意识,为人的日后生活铺垫基础。

从一定意义上理解,社会就是一座游戏场。人类的各种社会活动不过是一种放大的游戏。游戏需要规则,社会中一切活动同样需要规则。那么,各种社会规则包括宗教制度和法律制度等由何而来? 其实,就是由游戏规则演变而来。其中,就法律的产生过程而言,其与游戏规则的形成过程如出一辙。人类为什么会制定法律? 就是为了维护各种社会活动的秩序性。人类的法律意识如何形成? 就是生活经验的积累。生活中总有一些人出于各种目的肆意妄为,违反习俗,破坏正常的社会秩序,如不加以规范必将引发更大范围、更多人数的为所欲为。因此,古代人意识到规范人们行为的重要性,产生了制定法律的规则意识。

法律的制定原则同样充满了游戏性。法律是统治阶级意志的体现,代表统治阶级的利益,为统治阶级服务。在古代法律中,法律适用的原则不同。如古巴比伦的《汉谟拉比法典》中规定,自由民损毁了自由民的眼睛,则应毁其眼。自由民毁了奴隶的眼睛,赔点钱就可以。所以,同样的违法,处罚不同。法律无异于游戏规则,甚至在某种程度上远不及游戏规则公平。当然,这只是一种规则制定过程的类比,并不否定古代社会法律产生的积极意义。由此可见,各种社会制度的建立无不是以游戏规则为基础,以游戏规则为模式发展而来的。

第二,社会制度促进游戏规则发展完善。各种社会制度是在游戏规则的基础上产生,又在社会不同领域中实施的。尽管社会中各

项制度的建立离不开游戏规则基础和游戏运作方式,但它的实施目的不是为了游戏,而是为了规范某一领域或某些活动中的人的行为,使各种社会活动和社会事物有序发展。在这个意义上说,各种社会制度的产生离不开游戏规则,又高于游戏规则。

从一般意义上说,游戏和游戏规则为人类建立了最初的认知和思维方式,产生进行身体活动的基本能力。从社会发展的过程来看,人类原始的游戏与生存活动紧密联系在一起,这是由社会生产力发展水平决定的。原始社会人类的一切活动都是围绕着生存进行的,原始社会人类除了狩猎工具一无所有,除了本能的游戏之外,文化的游戏只能借助于狩猎工具进行,因此,人类的游戏与生存活动密切相关。在人类早期的游戏中,人类的思维能力不断发展,并在经验的基础上产生了人类的游戏精神。游戏规则是人类游戏精神的体现,尽管史前时期,人类的文字还没有产生,但这并不影响人类思维发展和精神的产生。所以,游戏和游戏规则成为人类对世界认知的最初方式。这一思维方式形成心理定式以后,必然影响人类的活动,因此,人类的一切活动包括思维方式被深深打上了游戏的烙印。

进入农耕社会以后,人类的游戏逐渐与生存活动分离,成为一种茶余饭后的消遣活动。但是,根深蒂固的游戏心理和游戏思维方式并没有消失,也没有改变。直至今天,人类的所有活动无不带有游戏的痕迹,或者说人类的很多活动本身就是以游戏方式进行的。其中,各种社会制度的产生既是以游戏规则为基础的,又是以游戏方式运作的,但各种社会制度的实施却不是为了游戏。正如人们常说的,生活中充满了游戏,生活就是一种游戏,但万不能游戏生活。各种社会制度的产生是社会发展的需要,它起着规范人们行为,规范事物发展的重要作用。相比游戏规则而言,它是一种规则意义的升华,体现了认识水平的发展和提高。

在各种社会制度中,国家制度是社会规则的最高体现。而国家制度同样具有游戏的性质和特点,正如人们所说,国家事务就是一种政治游戏。但这种游戏肯定不是一种茶余饭后的消遣,而是一种维护民权、维护民生,保证社会有序发展的政治活动。所以说,国家制度包括社会各领域的制度建立是以游戏规则为基础,又高于游戏规则的一种社会发展手段。

各种社会制度的建立对游戏规则的发展起着影响和制约作用,国家制度是一个国家或民族的大政方针,统领和规范其他社会领域的一切活动和人的行为。也就是说,其他社会领域的一切制度和规则都必须顺应国家制度的发展方向,否则,必然受到国家制度的干预。其中,游戏中的赌博和暴力问题就是国家制度中的法律制度直接干预的问题之一。游戏规则在国家制度的规范下不断发展进步。

第三节 游戏规则的社会意义

游戏规则虽然只是一种游戏规范的尺度和要求,但它所产生意义的范围不仅限于游戏。游戏是一种人的活动,规范游戏实质上就是规范人的活动。所以,在游戏中成长是每个人不能脱离的成长过程。同样,接受游戏规则规范和约束也是每个人无法回避的经历。

游戏具有阶段性特点,不同成长时期有不同的游戏。时过境迁,"此游戏不再,新游戏又来"。而游戏规则作为一种观念不会因儿时的游戏"不再"而消失,更不会因新游戏的"到来"而重来。尽管每一种游戏的具体规则有所不同,需要有针对性地学习和掌握,但游戏规则的性质完全一致,同时规范具体的游戏,同时规范具体的人。规则观念的形成,不仅对于具体游戏有作用,而且对于人们从事任何社会活动也有意义。

一、游戏规则的人格塑造意义

所谓人格,既是指人的性格、气质、能力等特征的总和,又指个人的道德品质。人格的形成既有先天因素,又有后天因素,而后天因素对于人格的塑造具有更重要的作用。

每个人来到这个世界,除了进行身体的本能活动之外,就是进行游戏。游戏不仅给人带来心理和身体的愉悦,而且在人格塑造方面具有重要作用和意义。遵守游戏规则是每个孩子都懂的事情,也是每个孩子在游戏中的一种自觉行为。这种行为就是一种人格在

游戏中的体现,即诚实、守信、尊重他们的心理品质的体现。这种心理品质的形成并非一蹴而就,它经历了一个慢慢地养成过程。

幼儿在游戏中学会了游戏方法,同时学会了游戏规则。当然,在游戏中培养人格不是一个单纯的过程,不能只依靠幼儿的悟性,辅之以家教是不可或缺的环节,寓教于乐方式对于幼儿人格的养成更为重要。幼小儿童的神经系统发育尚不完善,如小学生听课的注意力时间一般20分钟左右,但是,他们游戏时的注意力时间则大大超过这一时限。所以,在孩子很小的时候家长就注意控制孩子的游戏时间,对于孩子人格的形成具有重要意义。我们经常会听到一些家长埋怨孩子只知道玩儿,不知道学习和做其他事情,其实,这不是孩子的错。孩子忘情地投入游戏,是一种天性所致。而能否从游戏中转移注意力,这与孩子的习惯和人格有关。为什么不是所有的孩子都痴迷游戏不能自拔? 其原因在于儿时养成的习惯和人格差异。

游戏和游戏规则在人格塑造中具有多重意义,游戏不仅培养人的勇敢和竞争精神,也培养人的不屈不挠的意志。游戏有输有赢,赢了固然可喜,输了游戏同样能够尊重游戏规则,才是正面的、积极的人格的体现。我们经常可以看到,一些孩子输了游戏或玩不好游戏时,便脾气大发,摔玩具、踢东西,发泄不满。这便是不能正确对待输赢的表现。以至于很多人从小到大脾气不改,我行我素。当然,金无足赤,人无完人。其实,每个人都有一定程度的人格缺陷,这并不影响他们的学习和工作乃至事业的成功。但有趣的是,一些社会名流的人格扭曲往往被人们评价为有个性、有魄力,而一般人的人格扭曲则被认为是缺乏教养。这种评价是否合理有待商榷,但至少一般人需要具备大多数人可以接受的人格状态才是适宜的。所以,游戏和家教双管齐下对于儿童人格的塑造具有积极意义,使儿童养成无论在顺境还是逆境中都能够保持遵守规则的习惯。

游戏的人格塑造对于成人亦然。成人对于游戏的理解深刻,所以,正确对待游戏、理性参与游戏对于成人人格的塑造同样具有积极的作用和意义。成人参与游戏既是一种娱乐消遣,又是一种交往方式。成人对待输赢的态度在一定程度上体现出一个人的道德品质,赢不狂妄、输不抱怨才是一种正确的游戏态度。一些人尤其是赌徒,赢了游戏、捞到了钱便不知天高地厚,吃喝嫖赌均沾,使游戏被污名化;而输了游戏输了钱便怨声载道,坑蒙拐骗无所不为,最终毁掉了名誉,甚至葬送了人生,为人所不齿。但是,大多数人能够正确对待游戏,即使小赌也赢输心态自如。不为小利而喜,不为小失而悲,赢得游戏伙伴的尊重,体现出人格的魅力。所以,游戏规则能够塑造人格,使人在游戏中成长,在生活中进步。

二、游戏规则的人际关系意义

人不可能独立生存,人类的群居习惯早在原始社会中就已经形成,群居的好处就是人多势众,能够战胜各种灾害的侵袭,维持人类正常的生活状态。但是,当今时代在一般意义上说,群居的力量只有在自然灾害、战争发生时才能自觉形成,而平时"鸡犬之声相闻,老死不相往来"的现象比比皆是。

每个人都需要伙伴,需要相互合作。儿时的伙伴关系大多建立在游戏的基础上。

为什么儿时的伙伴关系纯真、持久?这既是缘于童心的纯洁,又是游戏和游戏规则使然。公平的游戏规则孕育了公平的童心,游戏伙伴彼此信任、默契奠定了友谊的基础,在竞争中成就了伙伴关系。所以,儿时的伙伴关系经得住时间考验。当然,这种游戏规则影响下的伙伴关系建立在成人中同样有效。同一个单位的人或邻居、朋友因共同的爱好聚到一起,以游戏为媒介相互联系,为伙伴关系的建立奠定基础。这种建立在游戏方式上的人与人之间的关系,大方自然、顺理成章,成为很多人的交往方式。游戏交往的基本条件就是尊重游戏规则,以诚相待。这既是游戏进行的基础,又是人际关系建立的条件。

游戏中建立的友谊,在一定环境下能够上升到国家和民族的层面,其中,发生在 20 世纪 70 年代的中美"乒乓外交"事件就是一个很好的例证。1971 年 4 月,第 31 届世界乒乓球锦标赛在日本名古屋举行。我国讨论是否参加本届世界乒乓球赛时,毛泽东批示"我队应去",并教导队员要发扬"一不怕苦、二不怕死"的精神,要坚持

"友谊第一,比赛第二"①的方针。我国运动员本着"友谊第一,比赛第二"的指导方针参加比赛,不仅取得良好的运动成绩,而且得到各国与会官员和运动员的良好评价。所以,游戏规则的人际关系意义不可小觑。

三、游戏规则的社会生活意义

生活离不开游戏,游戏启迪生活。游戏与生活相辅相成,为人们带来了无穷的乐趣。游戏的意义不仅在于丰富生活内容,感受生活快乐,还在于能够以游戏规则为基础形成生活观念。生活从游戏开始,以游戏规则为基础。游戏是每个人最初的活动之一,游戏规则是每个人最初的做人规范之一。

常言道,人生如戏。人生像戏剧情节一样跌宕起伏,像游戏结果一样充满了不确定性。生活中的人就像游戏中的人一样,为了荣誉和利益拼来博去。一些人想赢得生活就像想赢得游戏一样雄心勃勃,一些人不在意输赢只是为了享受生活就像享受游戏一样。很少有人甘于输掉生活,输掉游戏。但有赢必有输,生活和游戏的道理完全一致。游戏启迪生活,为人们生活观念的建立提供思路。参加游戏的人需要遵守游戏规则、行为规范才能使游戏顺利进行。生活中人们同样如此,需要遵守生活规则才能正常生活。生活的规则源自游戏规则,所以,生活中人的行为充满了游戏的色彩。

生活具有游戏性,但这并不等于说每个人都可以游戏生活,这是两个不同的概念。现实生活中的确有很多人在游戏生活。游戏生活的人就像游戏中作弊的人一样,昧着良心获得利益。

广大社会民众不会游戏生活。游戏的规则深深扎根于他们心中,使他们懂得无论是在游戏中还是在生活中,遵守规则是安居生活的基本要求。在生活中,他们安分守己,中规中矩,不卑不亢,不贪不沾,生活自然清爽宜人。所以,游戏和游戏规则虽然简单,却意义非凡。它没有也不需要华丽的辞藻,却有着丰富的内涵。在一定意义上说,学习游戏就是学习生活。游戏规则为每个人提供了最基

---

① 张耀祠.回忆毛泽东[M].北京:中央党校出版社.1996:176.

本的游戏要求和做人要求,并成为生活的起码准则。

四、游戏规则的社会发展意义

社会生活生机勃勃、日新月异,不会因少数人游戏生活就失去它的意义。历史永远在发展,社会永远在进步。

社会发展以社会生产力发展水平为基础,以社会意识发展水平为标志。社会意识发展水平在一定程度上能够影响社会生产力发展水平的进程,也就是说,正确的社会意识能够推进社会发展,反之,则会阻碍社会发展。社会意识是什么? 社会意识就是人对客观世界的反映,也是人对外界事物的一种认识和反思。意识过程能够确定人的想象和行为是否正确,是否符合社会要求,使人调整思想和行为,顺应社会发展。从规则的层面认识社会意识可以发现,遵守规则是人类共同的社会意识。而这种意识完全建立在游戏意识的基础上,并在生活实践中不断延伸和发展。

在社会生活中,遵守规则有多方面的含义和要求。从社会安定的层面来说,遵守法律法规,做到令行禁止,社会就能处于一种有序化状态,保持稳定性。从工作层面来说,尊重客观规律,按科学要求办事,就是遵守规则。只有遵守规则才能推进工作发展,取得良好的工作成效。从社会交往层面来说,诚以待人,言而有信,就是一种遵守礼仪规则的表现。这不仅有利于提升自身的人格魅力,而且能够获得他人的认同,从而有利于形成一种融洽和谐的社会关系。在游戏状态下保持一颗平常心,具有守则意识,那么,在其他方面包括在为人处事、工作学习等活动中,遵守规则自然就不在话下。但是,强调规则意识并不等于要求人们墨守成规、不思进取。社会发展需要每个人具有开拓精神、进取意识,要求人们打破常规、敢闯敢干。那么,两者之间是否矛盾呢? 其实不然。社会在发展,人的认识不断进步,旧的规章制度难免不适应发展的需要,就需要人们跟上时代步伐,制定新的规章制度,从而体现出社会的进步。

从游戏本身来说,游戏规则永远处于变化之中,新的游戏不断出现,需要制定相应的规则以保证游戏的顺利进行。19 世纪,一部分游戏活动演变为运动与体育运动,重要标志之一就是游戏制度与

规则的演变,即随着各种相应组织机构的建立、规则的完善与制定,以往分散进行的不同规则的游戏演变成为具有统一规则的人类的共同运动。

从社会交往的礼仪规则来说,在中国古代,人们见面时习惯抱拳作揖,以示礼貌。这种礼仪方式体现出农业时代生活方式和特色,与现今时代的国际化礼仪方式不相适应。所以,当今时代人们见面则以招手、握手、微笑、点头示意等方式表达礼仪。但这并不是说抱拳作揖的礼仪方式一定要被淘汰,在特定的场合这种礼仪方式仍可以继续使用。

从工作劳动的规则来说,社会生产力发展、新技术的应用使工作方式和工作技术流程发生改变,旧的制度和规则同样不能适应需要,因此,不进行制度和规则的改革势必影响工作效率。只有改革,才能发展。

改革创新、打破旧的制度和规则并不是抛弃制度和规则,而是要建立适应社会需要的新制度和新规则,以满足社会发展的需求。所以说,游戏规则不仅是社会各种规则建立的模式,同时,又是社会各领域事业发展的模式。

本章小结

本章学习了游戏规则,规则是什么？规则就是制度。人类游戏规则的产生早于社会制度,社会制度是在游戏规则的基础上产生的。本章从三个层面,即原始社会制度是游戏规则的体现、宗教法律制度是游戏规则的发展和机器时代制度是游戏规则的升华阐释了游戏规则是社会制度产生的基础这一问题。那么,游戏规则自身的演变与发展过程又是如何进行的？本章分别从古代游戏规则的产生与发展、近代游戏规则的发展与演变以及游戏规则与社会制度的关系三个方面进行了论述。游戏规则的社会意义是什么？主要体现在四个方面:①游戏规则的人格塑造意义;②游戏规则的人际关系意义;③游戏规则的社会生活意义;④游戏规则的社会发展意义。

本章思考题

1. 简述游戏规则与社会制度的关系。
2. 游戏规则的社会意义包括哪几方面内容？

第九章

游戏度

学习目标

本章学习游戏度，认识和了解度的意义，即凡事有度，过犹不及。游戏如此，生活亦然。掌握游戏度不仅有益于游戏，也有益于生活。有些人为什么会陷入游戏中无法自拔？就是没有把握好游戏度。本章要求掌握造成游戏失度现象的心理因素和社会因素。

"度"有多种含义，包括程度、限度、准则以及规律等。所谓游戏度，一是指游戏的规则和要求；二是指对游戏热衷程度和进行游戏的时间限度。一般来说，国人在儒家文化的熏陶下，推崇中庸之道，讲究中规中矩，处事有度，凡事过犹不及。游戏亦是如此。游戏是人类的一项共同活动，也是一种美好的活动，但是，游戏有度。如果不能很好地控制游戏度，则适得其反。认识游戏度，无论对于满足生活需要还是推动游戏发展都具有积极意义。

第一节　度的作用与意义

凡事有度，适可而止。这是儒家中庸之道的精髓，又是国人的优良传统。但是，生活中常有一些人做人做事无度，结果是终日辛劳，不得其所。做人要有度，即有原则，该做什么不该做什么应是非分明。同样，做事也要有度。游戏也是如此。一味地沉迷于游戏之中，同样无益，可能产生适得其反的效果。

一、生活中度的作用

生活五彩缤纷,但从不缺乏秩序。上至治国理政,下至百姓生活,各种事物虽有不同,但处事哲理大同小异。保持生活的秩序,除了依靠法律规范之外,在很大程度上需要个人自律。个人自律的方式就是做事有度,生活有度。个人的生活态度和处事方式不纯粹是个人的事情,每个人处于不同社会地位,他的生活态度和行事风格都将在不同的范围内产生一定的影响。

在我国春秋战国时期,魏惠王(后称梁惠王,前400—前319)曾问政于孟子,据《孟子·梁惠王上》中的《寡人之于国也》一文记载,孟子说:"不违农时,谷不可胜食也;数(cù)罟(gǔ)不入洿(wū)池,鱼鳖不可胜食也;斧斤以时入山林,材木不可胜用也。谷与鱼鳖不可胜食,材木不可胜用,是使民养生丧(sāng)死无憾也。养生丧死无憾,王道之始也。"意思是孟子对梁惠王说,不违背农时,粮食就吃不完。密网不进池塘捕鱼,鱼鳖就不会吃完。按照季节砍伐树木,那木材便用不完。粮食和鱼鳖吃不完,木材用不完,这样就使百姓对供养活人、埋葬死者没有什么不满。百姓对供养活人、埋葬死者都没有不满,这就是王道的开端了。

"孟子劝政"从生活的规律出发,引申出治国理念,即农牧业生产要遵循季节规律和生长规律,适时进行,才能收到良好的效果。告诫梁惠王不要在农事季节抽丁作战,让百姓休养生息,国家才能强大。这体现出凡事尊重客观规律的生活哲理,即做事有度的道理。所以,"梁惠王废逢忌之数以赐民",即废弃了以往由国家控制的逢忌泽,让百姓利用,施惠于民;又兴修水利,即"入河水于甫田,又为大沟而引甫水",使魏国农业生产得到了发展,国力逐渐提高。

与此相反,隋炀帝杨广(569—618)则因生活无度而葬送了一世功名和国家大业。杨广一生功绩卓著,成就可嘉。在教育制度上,杨广开创科举制,采取分科考试选拔人才的方法,增置进士科。科举制度一直延续到清德宗光绪三十一年(1905)才被废止,对古代中国的育才政策有很大的贡献。政治上,他为了打破关陇集团垄断仕途的局面,进行官制改革,设五省、三台、五监、十六府等。大业三年

（公元507年），又颁布《大业律》，修订了法律，对隋文帝末年比较严酷的法律进行了改革，奠定了政权统治基础。

但是，杨广建立霸业之后，生活骄奢淫逸。他在各地大修宫殿苑囿、离宫别馆，其中著名的有显仁宫、江都宫、临江宫、晋阳宫、西苑等。西苑在洛阳之西，周围二百余里，苑内有人工湖，周围十余里，湖内有山，堂殿楼观，布置奇巧，穷极奢华。杨广常在月夜带宫女数千人骑马游西苑，令宫女在马上演奏《清夜游》曲，弦歌达旦。游江都时，率领诸王、百官、后妃、宫女等一二十万人，船队长达二百余里，所经州县，五百里内都要贡献食物，挥霍浪费的情况十分严重。

杨广晚年，见天下大乱，心灰意冷，无心回北方，命修治丹阳宫（今南京），准备迁居那里。从驾的都是关中卫士，他们怀念家乡，纷纷逃归。这时，虎贲郎将元礼等，与直阁裴虔通共谋，利用卫士们思念家乡的怨恨情绪，推宇文述的儿子宇文化及为首，发动兵变。杨广闻变，仓皇换装，逃入西阁。被叛军裴虔通、元礼、马文举等逮获，杨广欲饮毒酒自尽，叛军不许，遂命令狐行达将其缢弑，时年五十岁。唐太宗李世民后评价说："隋炀帝承文帝余业，海内殷阜，若能常处关中，岂有倾败？遂不顾百姓，行幸无期，径往江都，不纳董纯、崔象等谏诤，身戮国灭，为天下笑。"

由此可见，千里之堤，毁于蚁穴。生活须有度，否则，一失足而成千古恨。

二、游戏中度的意义

游戏是生活内容的一部分，生活有度，游戏亦然。在一定意义上说，游戏是生活的基础，是准备生活的学习过程，所以，更离不开对度的要求。

游戏度包括两个层面的内容：一是游戏者在游戏中需要具有规则意识；二是游戏者的游戏时间要适宜，不能超出一定的限度，否则，就陷入了游戏失度状态。"一切游戏都有规则，规则决定着临时界定的游戏场地里'控制局面'的力量。游戏规则是绝对的约束力，不允许怀疑……游戏规则是不容怀疑的，因为规则之下潜藏的原理是不可动摇的真理……实际上,规则一旦被打破,整个的游戏世界就崩溃了。"①也就是说,游戏规则创造了游戏空间,并对游戏过程具有不可替代的约束力,使游戏可以按照自身的规律和要求进行。一旦突破了规则要求,游戏就会被打断,就意味着游戏结束。所以,无论是个人的游戏还是两人或多人的游戏,都需要在规则下进行,即游戏要有度。

儿童玩积木游戏时需要依据积木结构和力学原理,当然,儿童不可能具有力学知识,也不能从理论上解释积木的结构。但是,儿童懂得如何将积木搭得更高,形状更美观。这就是一个方法问题,即积木结构的原理和规则。玩二人游戏,需要双方认同规则,并按照规则要求进行游戏,如果故意违反规则,违反者就成了游戏的"搅局者",破坏了游戏空间的"存在",会遭到游戏伙伴的排斥。所以,每一个游戏者在游戏中首先要有游戏意识,才能使游戏顺利进行。

游戏度的另一层面意思就是游戏时间应有限度,不可以随心所欲,无限制地陷入游戏之中。这是由人的心理和生理的承受度所决定的。每个人心理和生理的承受能力是有限的,突破了极限承受度,人可能会崩溃。游戏中常常发生一些令人惋惜的事件,有的人因游戏过度而歇斯底里,出现情绪偏执,甚至因游戏过度而死亡。游戏时间度失控,会使游戏失去原有的意义,产生适得其反的效果。

游戏是生活内容的一部分,游戏的意义和效应必然延伸和反映到生活之中。所以,人们所获得的游戏经验和游戏习惯对生活具有很大影响。生活是游戏的另一种状态,生活的目的是幸福,就如同游戏追求快乐一样。无论是追求生活幸福还是游戏快乐,都需要按照一定的规则处事,才能达到目的。

然而,在现实生活中,常常出现一些令人不解的事情。一些人尤其是中青年一代为了完成工作任务或出于利益目的夜以继日、废寝忘食,造成了工作无度的现象,以至于许多人因此而过劳死,令人惋惜。许多青少年痴迷于游戏,通宵达旦玩游戏,无休无止,使生理

---

① 约翰·赫伊津哈.游戏的人——文化中的游戏成分研究[M].广州:花城出版社,2007:12.

和心理过度疲劳,导致萎靡、颓废的现象。所以,无论是工作还是游戏都需要有度,超过了度的界限必然会使身体和心理难以适应,产生各种不良后果。

三、生活度和游戏度的协调统一

每个人生活的目的各不相同,都有自己的追求。但是,从一般意义上说,人人都渴望幸福,渴望美好的生活。什么是美好的生活?尽管不同的人有不同的理解,但共同的因素包括健康、快乐、生活无忧、家庭和睦、工作顺利等。其中,游戏所产生的快乐对所有人来说不可或缺。造物主赐予人类和其他动物共同的天性,即快乐的天性。人类的游戏之所以能够不断发展,原因之一就在于游戏能够使人快乐。如果游戏是痛苦的,那么,人类又何苦糟践自己,创造游戏来折磨自己呢?

游戏的快乐如何产生?这首先始于游戏的秩序性。没有秩序就没有游戏,快乐便无从说起。而游戏是人的活动,快乐是人的心理感受。所以,人类的游戏从一开始就具有度的特性,即游戏必须按照一定的规则进行,才成其为游戏,才能为游戏的人带来快乐。因此,人类在游戏中产生了最早的规则意识,即度的意识。

生活是另一种游戏,它是以游戏模式为基础而建立起的一种生命的延续形式。生活有生活的规律,但追根溯源生活的规律在很大程度上源自于游戏的规律。其中,最基本的规律就是生活规则。任何一种生活方式都有特定的规则和要求,原始社会中的生活原则就是适者生存规律,农耕社会因价值观多元化而产生了或勤劳致富,或强取豪夺,甚至投机取巧的生活原则,但生活原则建立在游戏经验的基础上,是以游戏为模式而产生的。因此,游戏与生活息息相关。游戏为生活提供了模式,生活为游戏创造了条件。游戏规则的延伸产生了生活规则,游戏度的哲理成为生活度的经验。

人类在游戏中成长,逐渐懂得了游戏的规律并获得启迪,即生活的规律与游戏规律一致。游戏有度,生活同样有度。破坏了游戏度,游戏将无法进行,快乐将不复存在。违背了生活度,则会受到生活的惩罚,快乐无从谈起。尽管道理人人明白,但由于人的心理千差万别,所以生活无度的现象不能避免。不仅影响正常的学习和工作,还影响家庭的幸福和快乐,极少数人甚至因此走上了犯罪道路。

第二节　游戏无度的心理因素剖析

　　游戏是人的一种社会活动,游戏的一切美誉和污名都是由人造成的。尽管生活中的每个人都无一例外地玩过游戏,但很多人又对游戏百般诟病。是游戏不好吗? 显然不是。因为进行游戏是人类的天性,谁也不能脱离游戏而成长,脱离游戏而生活。游戏作为一种生活内容存在,必定有它存在的理由。那么,为什么有些人对此不以为然呢? 其实,这一切恶果都是一部分人的游戏无度造成的。游戏是一把双刃剑,合理地进行游戏会使人产生愉悦的体验,沉迷于游戏则可能使人陷入颓废。一部分人沉迷游戏,难道完全是这些人的错误吗? 其实不然。游戏是一种神奇的活动,也是一种奇妙的过程。人沉迷于游戏只是因为在一段时间内缺乏对游戏的理性认知。人不会一生陷入游戏,一旦开窍,自然能够从游戏中走出。那么,游戏为什么能够使人入迷、陷入无度呢?

一、游戏模仿生活引人入胜

　　人类的游戏包括两部分,一部分是本能的游戏,另一部分是创造的游戏,即文化游戏。赫伊津哈所说的"游戏是一种自主的存在",其实是指本能的游戏或人类游戏欲望的天性。而创造的游戏是人类思维和人类文化发展的结果。其他动物没有创造的游戏,完全是由其他动物的思维发展水平所决定的。那么,人类为什么要创造游戏? 其实,从人的心理层面来说,游戏是人类的一种需求,包括身体需求、心理需求和文化需求。有需求当然就要满足,就如同饥饿需要吃食物一样。所以,人类在本能游戏的基础上又不断创造出各种游戏。新游戏的创造离不开生活。有学者在为游戏下定义时指出,"游戏是人类对生活的模仿"。游戏能使人在特定的时间里心旷神怡,感受游戏的快乐。

　　追根溯源,除了本能的游戏之外,早期人类为生存而进行的狩猎技能练习成为人类早期的游戏。在狩猎过程中，人类模仿其他动物的姿势，手舞足蹈表达情感，在此基础上产生了人类最早的舞蹈形式。舞蹈既是一种情感表达方式，又是一种游戏。这种游戏是人类最早的模仿行为之一。进入农耕社会以后，人类的游戏逐渐与生存活动相分离，并在原始游戏的基础上发明创造了更多的游戏。这些新发明的游戏同样是对生活的模仿。早在公元前4000年，古埃及人就发明了类似今天的保龄球的"滚球撞瓶"游戏，用大理石制作的石球和球道光滑、平整，其制作技术令人赞叹。那么，古埃及人为什么能够创造出这种与生活方式根本无关的游戏呢？为什么要创造这种游戏呢？只能通过假说解释，即同样是在模仿生活基础上的一种创造。原始游戏中，有射箭游戏以射击的准确性分胜负，有抛石器抛石或徒手抛石游戏以抛石的远近或准确性分出胜负，有掷梭镖、鱼叉游戏以投掷的远近或准确性分出胜负。古埃及人在此基础上发明了滚球游戏，在有限的场地内，通过滚球撞瓶并以准确性分出胜负，与原始社会中的射箭、抛石和掷梭镖大同小异，同样不乏乐趣。

　　古埃及、古印度以及中国古代的游戏中还存在各种不同棋类游戏。棋类游戏是什么？为什么会产生棋类游戏？其实，发明棋类游戏同样是在模仿生活。在方寸之间模拟古代战争，通过思维较量分出胜负。战争产生于奴隶社会，是人类竞争本性的一种体现方式。模拟战争进行游戏可以展示人类的竞争性，通过棋类游戏重现战争过程，文雅而又不血腥，自然受人青睐。古代的掷骰子游戏则是在原始占卜基础上产生的，简单易行，充满了天赐意味，使人"赏心悦目"，赢了喜上眉梢，输了不但不气、不馁，反倒勇气倍增。游戏模仿生活，具有生活哲理。生活充满了竞争博弈，也充满了乐趣。游戏亦然，苦乐自在其中。这种游戏与生活的统一性自然能博得游戏者的共鸣。因此，游戏能够引人入胜，并使一部分人乐此不疲，陶醉其中。

　　现代游戏依然如此，尤其是电子游戏产生后，其模仿生活的程度更胜一筹。人可以通过游戏穿越时代，体验不同历史时期的生活感受。所以，相比古代而言，现代游戏的参与人数更多，范围更广。

总之,游戏不分方式、无论古今,任何时代都有特定的游戏内容和游戏方式,都能够使人在游戏中获得心理满足。因此,创造的游戏自产生以来,历经了几千年的风雨而长盛不衰,原因在于它体现了人类本性,成为人类生活中不可或缺的内容之一。

二、游戏超脱生活创造幻境

所谓幻境,即虚拟的境界。人们创造的游戏以生活为基础,模仿生活。但是,游戏又不同于真实的生活,它是一种生活的拟人化形式,源自生活又高于生活。人在游戏时所营造的环境不同于生活,它是虚拟的。至少在游戏过程中,人的思想和行为集中于游戏本身,按照游戏的要求即游戏规则操作。这种游戏方式与生活中的行为方式不同,它超脱于生活,创造了一个独属于游戏的空间,形成了一种游戏幻境。

游戏幻境包括两层意思,一是指虚拟的游戏境界,二是指实实在在的客观环境。虚拟的游戏境界是游戏者对游戏的一种认知和想象状态。现实客观环境是游戏者所处的游戏场地环境。尽管游戏者所处的游戏场地环境是真实的,但这种场地环境与生活状态环境暂时分离,使游戏能够在这种特定的环境中以自身的方式进行。一旦游戏终止,游戏者即脱离游戏空间,这种幻境随之消失。

游戏空间和游戏幻境的产生完全是一种人为的创造,一个人玩游戏的时候便进入游戏状态,产生游戏空间,并使自己与外界环境中断联系而专注于游戏。本能的游戏是一种天性使然的游戏,但即使如此,本能的游戏也不能脱离人的心理影响和干预。但是,赫伊津哈对此不以为然。他过于强调"游戏是一种自主的存在",又不承认本能的游戏,更不对本能的游戏和创造的游戏加以区分,所以,论述中存在很多歧义和自相矛盾之处。人类本能的游戏可以认为是"一种自主的存在",那么,创造的游戏也是一种自主的存在吗?显然不是。其他动物由于思维发展水平所限,不可能创造游戏。而人类能够在本能游戏的基础上创造出更多的游戏,那么,这些创造的游戏怎么能够认为是自主的存在呢?当然,创造的游戏同样离不开人类游戏天性的驱使,但同时创造游戏又受人类心理需求驱使。没

有需求，何以创造？没有创造，游戏何以丰富？所以，认为游戏是一种自主的存在显然有失偏颇。因此，生活中是否游戏或怎样游戏并不是一个自然的过程，而是一个心理过程。一个人如果想玩，又有时间，可以随时随地进行游戏。但是，一个人想邀请他人一起玩，他人可能会婉言拒绝。所以，即使每个人都有游戏的天性，也会受到心理因素的制约。因此，任何游戏都不能摆脱心理因素的干预。

游戏空间和游戏幻境的产生就是一种人的心理活动的结果。"在游戏场地内，一种绝对而独特的秩序居主导地位。在这里我们看到另一个非常积极的游戏特征：游戏创造秩序，游戏就是秩序。游戏给不完美的世界和混乱的生活带来一种暂时的、有局限性的完美。游戏要求一种绝对而至上的秩序，即使最小的偏离也会'糟蹋游戏'，剥夺其特征，使之失去一切价值。"①也就是说，游戏者一旦进入游戏状态，就需要按照游戏规则规范自己的行为，按照游戏要求的方式进行游戏，否则，游戏就无法进行。这种游戏行为和游戏状态有别于生活中的行为和状态，形成了特定的游戏空间和游戏幻境。

游戏空间和游戏幻境的形成不仅增添了游戏的魅力，也使游戏者感受到无穷的乐趣。民国学者胡适曾经说过这样一句话："麻将里面有鬼。"其实，麻将里面有什么鬼？麻将游戏的发明与设计的确令人不可思议，有非凡的创造价值。所以，打麻将成为国人十分喜爱的游戏方式。但是，麻将游戏的迷人之处是由麻将决定的吗？不全然。麻将作为一种娱乐工具，在设计上的确有它的玄妙之处，但人们喜欢麻将在很大程度上是由人的心理因素决定的，即由游戏中形成的游戏空间和游戏幻境决定的。其他游戏亦然，一些人尤其是很多青少年沉迷于游戏之中不能自拔，同样是由游戏空间和游戏幻境所致。在这种环境中，生活中的喜怒哀乐被忘却，游戏的乐趣独一无二。因此，在一定的时间内这种游戏心理和感受在他们生活中占据重要地位。

---

① 约翰·赫伊津哈.游戏的人——文化中的游戏成分研究[M].广州：花城出版社，2007：12.

三、心理控制失衡使人上瘾

游戏是人类的天性,但这种天性就如同人的长相一样千差万别。在天性的驱使下人人都具有游戏的经历和游戏欲望,但程度却大不相同。由于游戏的天性同人的心理状态有着密切关联,所以,每个人对游戏的体验和感受程度也不尽相同。一些人尽管喜欢游戏,但能够保持合理的游戏度,把生活、学习、工作和游戏安排得井井有条,不会因游戏而导致生活状态紊乱。另一部分人则不然,他们专注于游戏而不顾其他,游戏甚至成了他们生活的唯一,除了游戏之外,他们对生活中的一切事物都不感兴趣。其实,这种现象并不值得大惊小怪。在人的一生中尤其在少年时代,谁都会经历一段"思维混沌、百事无助"的岁月。这种感受只是一种暂时现象,或者说是在人的生活中的某一阶段不可避免的现象。一旦游戏者"开窍",即意识到自己的某些行为不合时宜,这种状态就会改变,因为没有一个人会在一生中沉迷于游戏,除非精神不正常者。

从心理的层面来讲,喜欢游戏或迷恋游戏是一种天性所致,无可非议。这种天性无法改变,只能控制,使其保持在一定的游戏度内。然而,所谓的游戏度又是一个很模糊的概念,因人而异。不同的人对游戏度有不同的认识和不同的把握,很难有千篇一律的标准。在生活中可以发现,很多年轻人喜欢游戏,迷恋游戏,但他们在学习、工作方面同样具有积极的心态,表现出游戏中的竞争精神。游戏的功能之一就是塑造人格,使人具有竞争精神、公平意识和守则意识。游戏对人的成长有积极意义,这一点毋庸置疑。但是,凡事都有两面,另有一部分人的确沉迷于游戏不能自拔,人们俗称游戏上瘾。所谓上瘾,其实就是阶段性的游戏依赖,表现形式为痴迷于游戏,达到废寝忘食的程度,对生活中的其他事情不感兴趣,唯有游戏是最爱。那么,为什么他们会有这种心理和行为? 其实,这是一种暂时性的心理控制失衡的表现。

造成人心理失衡的原因有很多,其中,主要包括三个方面:一是认知原因;二是情感寄托;三是自控能力。每个人对于生活的体验和感受都是从认知开始的,每个人的情感都需要有所寄托,同时,每

个人又需要有自控能力,才能使自己的心理和行为处于一定的正常水平,即符合社会要求和约定俗成的社会习惯。

少年儿童的思维能力正处于发育之中,对事物的认知能力较弱,考虑问题难免有失水准。游戏的天性又有巨大的驱动力,使得一部分人难以抵挡游戏的诱惑,在不知不觉中陷入了游戏的陷阱。其实,不只是少年儿童,一些成人由于投机心理作祟,同样缺乏对游戏尤其是赌博游戏的理性认知。赌博有输有赢,应懂得适可而止。但一些人赌博水平不佳,侥幸心理却盛。明知陷入赌博可能倾家荡产,又不思改悔,结果可想而知。很多参赌者不仅输掉了金钱,也输掉了人格,甚至走上了不归路,令人惋惜。所以,对于游戏的认知反映出一种生活态度。少年、儿童虽然很少能够从理性的高度认识这一点,但是,听(家长)话与不听(家长)话的对错他们还是明白的。为什么大多数少年、儿童不会沉迷于游戏,倒不是说这些孩子有多高的认知水平,至少他们知道听(家长)话是正确的心理和行为。

情感寄托是每个人不可或缺的心理需求,感情需要有一个温暖的归宿,就如同每个人需要有一个家。情感寄托有多种形式的表现,或归于家庭父母,或归于学习和工作,它不仅能使人获得一种心理充实感,又使人拥有应对生活的力量。一些人在情感无处寄托时,发现了游戏。在游戏中,游戏者的一切情感包括正义感、道德感、同情感等得以释放,游戏者获得了愉悦的享受,所以,迷恋游戏、依赖游戏就是一种很自然的事情。其实,所有参加游戏的人都会获得这种心理感受,为什么另一部分人不会深陷其中?这是由于他们的自控能力较强。在现实生活中,喜欢游戏的年轻人很多,其中包括大中小学校的学生。但是,大多数人都具有一定的自控能力,能够做到学习的时候专心学习,游戏的时候专注游戏。很多学习成绩优秀的学生也袒露玩游戏很上瘾,但再上瘾也没有耽误学业。所以,游戏本身无所谓罪恶,只要能够很好地控制游戏度,就不会产生不良问题。

四、游戏追逐利益使人迷惘

在原始社会的大同世界中,人类集体采食,共同分享,不存在剥削与掠夺,所以,虽有游戏也只是娱乐或为生存做准备。这一阶段即使存在游戏、赌博现象也无从考证。原始社会末期,人类逐渐向农耕社会过渡,生产力水平有所提高,采食和劳动产品有了剩余。部落之间为争夺劳动果实开始发生战争,失败者胜利者不仅被剥夺财产,而且成为胜利者的奴隶,阶级社会由此出现。因此,不劳而获成为一部分统治者的特权。在这种社会背景下,新创造的游戏从一开始就与赌博联系在一起,既成为一些人的娱乐方式,也成为一些人的利用投机获取利益的手段。

大多数创造的游戏从一开始就具有赌博性质,在社会中产生了许多负面影响。但是,赌博游戏究竟起源于何时很难考证。在我国,至少在战国时期就已经出现了有关赌博的记载,这一时期赌博游戏盛行,嗜赌者谓之"博徒",即赌徒的意思。"当时魏昭侯之相薛公与阳湖蓄者相博,赌注已是'百金''二百金',说明赌的程度已是'豪赌'。"①到了唐宋时期,赌博在我国达到了鼎盛时期,上至皇帝、下至平民皆热衷于赌博游戏。其中,唐朝发明的"采选"游戏,集思维性和趣味性于一身,赌博与游戏兼得,深受欢迎,从宫廷开始盛行并流行于民间,且一直延续了几个朝代,直到清朝依然备受青睐。赌博游戏为什么能够盛行?从本质上说,是人的投机心理使然。以小博大,瞬间获利,为人们带来了巨大的心理冲击,使人体验到愉悦的享受。虽然赌博有赢有输是常理,但只要有过赢的体验,那种强烈的心理体验便挥之不去。赌徒能够忘记赌输时的懊悔和沮丧,却忘不掉赌赢时的喜悦。而且,即使赌输了,又会产生赢回来的心理期待,因此,一些人在赌博过程中逐渐上瘾,不能自拔。

固然赌博能够使人快乐,但其危害相伴而生。《采选百官铎》中就尖锐指出:"国家之败,由官邪也。官之失德,宠赂章也。"意思是说,官不务正业,国家将败亡。官没有德行,结党营私、贿赂公行必然在社会中流行。北朝时期,黄门侍郎颜之推在《颜氏家训》中说,"《家语》曰:'君子不博。为其兼行恶道故也。'《论语》云:'不有博弈者乎,为之犹贤乎已。'然则圣人虽不用博弈为教,但以学者不可

---

① 宋会群,苗雪兰.中国博弈文化史[M].北京:社会科学文献出版社,2010:152.

常精,则倘为之,犹胜饱食昏睡,兀然端坐耳。至如吴太子以为无益,命韦昭论之,王甫、葛洪、陶侃之徒,不许目观手执,此并勤笃之志也。能尔为佳。古为大博则六著,小博则二茕,今无晓者。此世所行,一茕十二棋,数术短浅,不足可玩。围棋有手谈、坐隐之目,颇为雅戏。但令人耽愦,废丧实多,不可常也。"

颜之推认为凡赌"不足可玩",而围棋则是雅戏,可以下,但也不能常下。耽耽于弈,也能玩物丧志。因此,自战国时期起,历朝历代官府就开始禁赌。但尽管如此,赌博之风依然难禁,专注于赌博游戏会使人失去生活目标和追求,使人迷惘。因此,在我国当代,国家采取限制的方法,既满足了人们的赌博心理需求,又最大限度地避免了因赌博而造成的诸多不良社会后果。

第三节　游戏无度的社会因素影响

游戏是一种自愿的活动,或者说游戏是人类在游戏天性驱使下的满足个人心理需求的一种意识活动。游戏只有在个人主动、自愿的条件下才能够进行,才能使个人在心理上获得愉悦的体验。任何时代的游戏活动总与一定的社会发展状态相联系。社会安定为游戏发展提供了条件,社会发展为游戏繁荣奠定了基础。

一、社会繁荣是游戏兴旺的基础

游戏作为一种社会文化现象是社会发展状态的反映形式,社会衰则游戏衰,社会兴则游戏兴,从一个侧面反映出游戏发展与社会发展的相关关系。游戏是一种个人或群体的活动,而个人和群体生活离不开社会,并以社会的发展水平和安定状态为基础。纵观几千年的人类游戏发展可以看出,游戏的兴旺发展总是以社会经济繁荣为基础的。

我国自西周、春秋起,进入了铁器时代。铁器逐步运用于社会各个领域,特别是在农业领域得到大量运用,使农业生产技术发生了革命性变化,一家一户为单位的小农经济逐步形成,这是中国农业史上划时代的大变革。个体手工业和私人贸易随之产生,社会分工开始出现。农业、手工业和私人贸易的发展推动了社会的发展和繁荣。春秋时期，列国争雄，社会进入大变动时代。其中，齐国的齐桓公首先建立霸业，他任用管仲，改革内政，国力日渐强盛，并吞并了一些小国。公元前651年，齐桓公在葵丘（今河南兰考）与鲁、宋、郑、卫等国结盟，规定凡同盟国之间，互不侵伐，必须共同对付外敌。所以，齐国在一段时间内，家国太平，人丁兴旺。

当时，齐国的首都临淄是列国中最为繁华的都城之一。据《史记·齐太公世家》记载，公元前859年齐国第七世国君齐献公开始以临淄为都城，到公元前221年秦灭齐止，临淄先后作为姜齐和田齐的国都长达630余年。齐国不仅在经济方面发展很快，在社会政治改革方面对其他列国也影响很大。春秋战国时期的百家争鸣的形成与齐国的稷下学宫的建立有密切关系。从齐威王的父亲齐桓公开始，齐国在临淄西边稷门外的稷下，设立学宫。到齐威王、齐宣王时代，稷下学宫出现了盛极一时的景况，汇集了一大批学者。齐国虽崇尚黄老之学，但不主于一家，对各家各派兼容并蓄，采取"不治而议论"的方针，使稷下学宫成为诸子百家争鸣和交流思想的中心。齐国的发展呈现出一派生机勃勃的景象。

据《史记·苏秦列传》记载，"临淄甚富而实，其民无不吹竽鼓瑟，弹琴击筑，斗鸡走狗，六博蹋鞠者。临淄之途，车毂击，人肩摩，连衽成帷，举袂成幕，挥汗成雨，家殷人足，志高气扬。"这反映出临淄当时的社会景象。其中：吹竽鼓瑟，弹琴击筑就是吹拉弹奏各种乐器，自娱自乐；斗鸡、走狗、六博、蹋鞠即各种游戏，而且，这些游戏与赌博联系在一起。为什么临淄居民喜欢游戏和赌博？家境殷实是基础。而且，在娱乐、赌博过程中还趾高气扬，表现出齐国人富裕充实、信心十足的生活心态。

但是，游戏和赌博并不为列国新兴的统治者赞赏。春秋之后，中国历史进入战国时代，各国统治者为争夺霸权，维护自己的统治纷纷进行变法改革，以图国强。其中，魏国的变法中就将游戏赌博列为违法行为。公元前445年，魏文侯任用李悝为相国，主持变法。李悝集各国法律编成《法经》。这是中国第一部系统的法典，共分六编，包括盗法、贼法、囚法、捕法、杂法和具法。盗法针对侵犯私有财

产,贼法针对侵犯人身(包括杀伤),囚法用于断狱,捕法用于捕亡,杂法用于惩罚轻狡、越城、博戏(赌博)、借假(欺诈)不廉、淫侈、逾制等七种违法行为,具法是根据具体情况加重或减轻刑罚的规定。不过,尽管战国时期我国就开始对赌博游戏进行处罚,但赌博游戏很难根除,所以,至今依然留存于社会之中。

总之,从春秋战国时期的社会发展过程可见,社会经济的繁荣发展,为游戏发展奠定了基础,并促进了游戏的兴旺。这一特点不仅表现在春秋战国时期,在后来的社会发展中同样如此。唐宋时期是我国社会发展的又一个鼎盛时代,经济繁荣、社会和谐。各种游戏活动在这一时代进入发展高潮。其中,赌博游戏伴随着游戏发展而发展,并成为一种社会时尚。

二、社会习惯是游戏无度的土壤

从人类社会文明的发展过程可以看出,游戏是人类文明的标志。正如赫伊津哈所说:"初始阶段的文明就是游戏的文明。文明不像婴儿出自母体,它在文明中诞生,它就是游戏,且决不会离开游戏。"本能的游戏无所谓文明,如果说创造游戏的出现本身就代表人类思维和智慧的发展,体现出一种文明的状态的话,那么,创造游戏的发展也离不开人类社会文明发展的基础。而人类社会文明发展首先是一种以农耕文明为标志的社会生产力发展水平的体现。但是,农耕文明的产生除了归功于人类的智慧和勤劳因素之外,在很大程度上还与一定的客观环境条件相联系,即人类在适宜的环境中创造了自身的文明。

文明是人类历史发展的一个过程和阶段,文明不是从来就有的,它是随着人类文化的发展而逐渐形成的一种社会形态。一种文明的出现是一种文化发展的结果,但是,这种文明能否经久不衰并且一直延续,则是由各种社会因素包括人的因素决定的。人类"至少有 12 个主要文明,其中 7 个文明已不复存在(美索不达米亚文明、埃及文明、克里特文明、古典文明、拜占庭文明、中美洲文明、安迪斯文明),5 个仍然存在(中国文明、日本文明、印度文明、伊斯兰文明和西方文明)"①。对于文明的认识有各种不同观点,有人认为,迄今为止,人类至少出现过约 30 个文明。那么,文明是怎样产生的?

对于文明的产生有各种不同的解释,一种是地理论和气候说,美国地理学家埃尔斯沃斯·亨廷顿在《气候与文明》一书中指出:"一个民族,不管是古代民族还是现代民族,如果没有气候促进因素的影响,就不能达到文化的巅峰。理想的气候是平均温度很少低于华氏 38 度的智力最适条件,或者很少高于华氏 64 度的身体最适条件。但重要的不只是温度,湿度也很要紧,平均湿度应在 75% 左右。最后,天气不应是一成不变的,导致天气经常变化的旋风和风暴应有足够的次数和强度,空气可以间或净化一下,并且温度突然发生变化似乎是必要的,那可以使人振奋,恢复活力。"②而英国历史学家汤因比则提出了"逆境论"的观点,他认为"困难条件即逆境是高度文化得以形成的真正原因。这种条件构成一种挑战,不仅会刺激人们去努力克服它,而且能够增加产生新成就的动力。这种挑战性可以是沙漠、丛林地带、崎岖的地形或贫瘠的土地。希伯来人和阿拉伯人曾受到前一种形式的挑战,安第斯高原的印第安人则受到后一种的挑战。"③

其实,这两种观点都没有错,埃尔斯沃斯·亨廷顿虽然强调环境气候对文明的产生具有重要作用,但并没有否定其他因素的重要性。人类古代文明为什么会出现在不同的大河流域? 正是由于大河流域气候宜人、土地肥沃,有利于各种作物的生长。这些区域灌溉水源充足,地势平坦,土地相对肥沃,气候温和,适宜人类生存,利于农作物培植和生长,能够满足人们生存的基本需求,为人类的生存创造了良好的条件。所以,人类很早便在这些地区生产劳动,生息繁衍。从另一方面来说,人类从狩猎生活到农耕生活的转变是一

———————————

① 塞缪尔·亨廷顿. 文明的冲突与世界秩序的重建[M]. 周琪,等,译. 北京:新华出版社,2010:23.

② 爱德华·麦克诺尔·伯恩斯,等. 世界文明史:第一卷[M]. 罗经国. 等,译. 北京:商务印书馆,1987. 27.

③ 爱德华·麦克诺尔·伯恩斯,等. 世界文明史:第一卷[M]. 罗经国. 等,译. 北京:商务印书馆,1987. 29.

个极其漫长的过程,农耕时代早期虽然出现了各种生产和生活工具,但人类的农业生产技术水平还极其有限。即使到了近代或现代,农业生产在一定意义上仍在很大程度上由气候变化决定。所以,四大文明古国出现的"环境气候说"具有意义。

优越的自然环境为农业发展创造了良好条件,使人类社会从野蛮的原始生活状态逐渐进入农业生产状态,并创造了农耕文明。人类的生活方式发生了巨大变化。其中,人类的游戏在农耕社会有了很大发展,各种创造的游戏不断增多,丰富了人类的生活内容。游戏成为人类的一种消遣方式,成为人类生活中不可或缺的一部分。从文化的层面来说,游戏的发展不仅是人类创造能力的体现,也是人类文化进步的标志。在生活中,游戏逐渐成为人类的一种生活习惯。习惯的形成既是文化作用的结果,又是文化的一种表现形式。习惯在文化发展中养成,又以不同的方式推动文化的发展。游戏养成了人类的习惯,又在习惯的作用下不断发展进步。

在古代,宫廷生活优越,达官贵人除了从事维护国家安全和社会稳定的工作之外别无他事,游戏自然成为宫廷贵族的一项生活内容和生活方式。所以,很多游戏大多由宫廷发明并逐渐流行于民间。其中,有些游戏由于游戏技术要求较高,需要使用专门的游戏工具,如中世纪欧洲的宫廷网球和板球游戏等,不可能在民间流行,成为宫廷专属的游戏。在优越的生活环境中,一些达官贵人逐渐热衷于游戏,并形成了一种生活习惯,导致沉迷于游戏和游戏无度现象的产生。

民间同样如此,农业生产方式的特点之一就是日出而作、日落而息。而且,农业生产受季节控制,既有农忙时节,也有农闲时节。古代的农闲季节不像现在可以进行多种经营生产,所以,人们在农闲季节大多休养生息,各种游戏娱乐活动自然成为人们的主要活动。在我国,尤其是北方地区,漫长的冬季冰天雪地,人们无所事事,于是很多人聚在一起打麻将、推牌九、掷骰子等。一年又一年,一代又一代,这种生活方式逐渐成为一种生活习惯,并一直延续至今。一些人沉迷其中,不能自拔,导致了游戏无度现象的出现。

由此可见,农耕文明在人类社会发展中具有划时代意义,促进了社会进步。但同时,由于农耕文明所带来的生活方式和生活习惯的变化,不仅为游戏发展提供了良好条件,也使一部分人因此而沉迷于游戏。

三、多元价值观导致游戏无度

游戏作为一种生活方式和生活习惯是人们的一种生活选择,游戏是一种自愿的活动,是否参与游戏没有人干涉,更没有人强迫。虽然每个人都有游戏的天性、游戏的欲望,这成为人们参与游戏的动机和驱动力,但人们又具有意识性,能够意识到自身行为的利弊,并通过心理过程进行调节,因此,在任何活动中趋利避害成为人们规范自身行为的起码准则。

从人的游戏意识方面来说,其一部分源自天性,天性决定了人人都具有游戏的欲望和游戏的冲动,另一部分则来自游戏经验,每个人在成长中都有过玩游戏经历。但是,人们对游戏的热衷程度却有很大的不同,这究竟是为什么?其实,完全是由于人的不同思想意识造成的。生活目标不同、生活态度不同,对游戏的意识自然不同。对于大多数人而言,游戏是一种消遣,是一种生活内容的补充,而不是生活的全部。人们能够正确认识游戏,把握游戏的度,这就是一种正确的游戏价值观,它引导人们积极参与游戏又不至于陷入游戏无度之中。

从人的生活习惯来说,不同的人生活在不同的家庭环境中,形成了不同的生活观念,养成了不同的生活习惯。所以,游戏的观念自然不同。对于儿童来说,游戏的天性使他们沉浸于游戏所带来的幸福快乐之中,理所当然,无可厚非。但是,长此以往,一些儿童将游戏视为生活的全部,夜以继日地投入到游戏中,则不能不说是一种遗憾。为什么会产生这种现象?这一方面是生活习惯造成的,另一方面是儿童对游戏的认知缺陷导致的。游戏习惯实际上是建立在生活习惯基础上的一种表现,游戏习惯与生活贫富无关,与道德水平无关,而与家庭生活习惯有关,与家庭教育有关。生活中我们可以发现,沉迷于游戏的儿童以及少年群体,有富裕家庭出身,也有贫穷家庭出身。虽然他们的家庭经济状况不同,但并不影响他们在

游戏中获得共同感受,即快乐的体验。除此之外,少年、儿童生活经验有限,对游戏能够导致不良后果的认识不足,所以,难免产生放纵的行为,陷入游戏无度的境地。

从社会环境方面来说,游戏总是在一定的社会环境中进行的,游戏发展有赖于社会发展,社会发展为游戏提供条件,游戏发展繁荣社会生活。但是,从社会层面认识游戏发展同样与一定的社会价值观联系在一起。客观地说,在人类古代时期,世界各国、各民族生活中都充斥着各种游戏,而且,各种游戏除了满足人的成长需要之外,大多与赌博相生相伴。游戏周而复始,毫无新意。唯独古希腊游戏与众不同,它不仅将游戏发展成为一种礼仪竞技方式,又使游戏规则化、制度化,不仅受到古希腊人的广泛推崇,又为游戏在近代发展演变为运动与体育运动建立了模式,因此,古希腊游戏成为人类宝贵的精神遗产。

古希腊是一个游戏的民族,"古希腊人曾经有这样一个习俗:凡是有可能提供打斗机会的事情,他们都要展开竞赛,男子选美比赛是雅典娜庆节和忒修斯庆节必不可少的一部分,酒宴要举办歌唱、猜谜、熬夜和饮酒的比赛"。古希腊人在游戏中同样进行赌博,但是,他们赌博的目的一是为了增加游戏的乐趣和注意力,二是为了满足神灵的需求,并不是通过赌博获取更多的利益。所以,"即使饮酒比赛也不乏神的元素:开怀畅饮,喝烈性酒"。其中,在古希腊人的游戏中,规模最盛大的游戏莫过于奥林匹克竞技会,获胜者虽然也能够获得丰厚的物质利益,但他们并不是为了获得利益而奋勇争先。原因何在?这主要是由古希腊人共同的社会价值观决定的。古希腊人的游戏竞技活动是一种宗教活动,旨在通过竞技展示神和英雄的英勇行为和勇敢精神,期望自己也能够像神和英雄一样,为民族而牺牲并成为人们敬仰的神和英雄。因此,古希腊人的这种宗教观念使他们对游戏的理解不同于其他国家和民族。

古希腊人的游戏渗透于生活的方方面面,在古希腊生活就是游戏,游戏就是生活。正如柏拉图在《对话·法律篇》中所说:"什么是正确的生活方式呢?我们必须把生活当作游戏,要玩儿一些游戏,要参加祭祀、要唱歌跳舞,这样你就能够使神灵息怒,保护自己不受敌人侵犯,而且在竞赛中夺取胜利"。所以,古希腊人将生活游戏化,即使在科学研究方面也同样引入游戏机制,以竞赛的方式进行。因此,古希腊人在文学、艺术、历史、哲学等方面同样取得了辉煌的成就。

那么,古希腊人的这种游戏程度是不是游戏无度呢?其实,这与我们所说的游戏无度是两个完全不同的概念。古希腊人的这种游戏方式和程度是一种生活游戏化的体现,即凡事只要能以游戏的方式进行就以游戏方式进行,游戏是古希腊人从事一切活动的方式。但是,古希腊人的游戏或者说一切活动都是在特定的宗教观指导下进行的。因此我们说,多元化的价值观导致了游戏的目的和追求不同,古希腊人的游戏体现了一种生活追求的境界。而其他各国、各民族的游戏价值观多元化只是体现在为游戏而游戏,所以,产生了相对其他生活方式而言的游戏无度现象。

四、嗜赌使人陷入游戏无度

赌博本身就是一种游戏,这种游戏的心理基础源自古代原始社会的宗教占卜活动。原始人类对于许多自然现象如雷电风雨、天灾人祸等无法解释,他们认为有一种超人的力量控制着人类,于是,便产生了人类早期的宗教。人们将游戏方式如舞蹈等引入宗教仪式中祈求上苍保佑,使人们获得一种心理安慰。对于个人来说,通过占卜方式测得吉凶事,力求避免灾祸成为人们的一种普遍心理。人们认为,天意不可违,吉凶祸福由天定。这种占卜心理在社会发展中又逐渐演变为一种赌博方式。最初的赌博可能就是掷骰子,该游戏事先设定规则,点数多的一面向上即为赢。后来,随着游戏的发展,各种新创造的游戏不断出现,为了增加游戏的乐趣和吸引力,各种新创造的游戏大多与赌博联系在一起。

赌博游戏从机制上说可以分为不同种类:第一类是运气决定游戏结果,即天意决定输赢的游戏,如掷骰子、猜铜板等;第二类是凭身体的力量和技巧决定胜负的游戏,如射箭、摔跤等;第三类是运用智慧的能力决定胜负的游戏,如棋牌类游戏等。不同类的游戏有不同特点和要求,赢得游戏必须具备一定的能力。很多人不明白这个

道理,认为游戏的输赢只是凭运气,所以,利欲熏心,敢于一搏。南北朝时期,有个叫温峤的人,地位不高,却"'屡与扬州、淮中估客樗蒲,与辄不竞。尝一过大输物。'温峤输得没有办法,只好向好友庾亮求救,'庾即送值,然后得还,经此数四。'温峤输得没办法还清赌债,多亏庾亮的帮助才解了围。另有一人叫桓温,从小家中贫穷,参加赌博输得很惨,'债主敦求甚切'。桓温根本无力还债,便求救于精通赌术的陈郡人袁耽,袁'应声便许,略无嫌吝。遂便服,怀布帽,随温去,与债主戏。耽素有艺名,债主就局曰:汝故当不办(扮)作袁彦道(袁耽字)耶?遂共戏。'袁耽逐步加大赌注,直上百万,获得大胜。脱下布帽掷在地上,神奇地对债主说,你到底认不认识我袁彦道!顷刻之间,使敌家输数百万,终于替桓温还了债"①。所以,赌场自有高手,不完全是运气决定输赢。

在赌博游戏中,输少赢多的毕竟是少数人,但是,很多人极力追求赢多输少的境界,因此陷入了游戏无度的境地。因赌博而产生的诸多恶果对人的心理、对社会秩序影响极坏,所以,赌博游戏从春秋战国时期开始就遭到官府的禁止,但直到今天赌博游戏也没有被根除。清朝时期,"赌者荒弃本业,荡废家资,品行日行于卑污,心术日趋于贪诈,斗殴由此而生,争讼由此而起,盗贼由此而多。匪类由此而聚。其为害于风俗人心,不可悉数。故清政府对赌博'向来屡申禁饬',把禁赌作为'地方之要务'……规定:'凡赌博财物者,皆杖八十,所摊在场之财物入官。'雍正时规定:'凡开设赌场渔利,初犯杖一百,徒三年,再犯杖一百,流三千里。开场容留赌博者,初犯杖八十,徒二年,再犯杖一百,徒三年。'对旗人更加严厉,开场放赌抽头者,俱拟监斩侯。雍正不准售卖赌具,违者重治其罪,凡制造和售卖赌具及赌博者,处以充军、发配、流放、责杖等刑法。凡官员赌博者,一经查实,立即革职,永不叙用"②。但是,三百年的清朝已经过去,赌博根除了吗?并没有。所以,对赌博现象应当辩证认识,赌博既反映人的趋利心理,又是一种社会文化的延续,既然它不能被根除,

① 戈春源.赌博史[M].上海:上海文艺出版社,2010:70.
② 戈春源.赌博史[M].上海:上海文艺出版社,2010:215-216.

那么,堵不如疏。

对于赌博现象的存在不需要惊慌失措,社会在发展,民众的认识水平在不断提高,人们的自控能力逐渐增强,只要对因赌博而产生的不良后果严加防范,就不会危害社会秩序。

第四节　生命有限　游戏永恒

"人的一生应当这样度过:当他回忆往事的时候,他不会因为虚度年华而悔恨;也不会因为碌碌无为而羞愧,当他临死的时候,他能够说:我的整个生命和全部精力,都献给了世界上最壮丽的事业——为人类的解放而斗争。"这是苏联小说《钢铁是怎样炼成的》主人公保尔·柯察金说的一段话,曾经是20世纪80年代之前人们耳熟能详的励志语。

人总是要有追求的,或为了国家和民族事业,或为了个人的幸福生活。在多元化价值观盛行的现实生活中,无论选择哪种追求都不为过。但是,任何追求都需要体现出它的价值和意义,否则,无异于浪费生命。对游戏的认识和参与同样如此,游戏的作用和价值不言而喻。然而,沉迷于游戏真的有意义吗? 其实不然。

一、游戏好玩需要适可而止

游戏是人类生活中不可缺少的内容之一,游戏能教给人们生活的最基本的道理。游戏为人们带来了愉快幸福的体验。但是,游戏有度,在合理的时间和范围内游戏,使人的游戏天性得以张扬,内心充满愉悦的感受。相反,游戏失度,沉迷于游戏,虽然能够使游戏者产生陶醉的感觉,但游戏结束后这种陶醉的游戏气氛就会消失,会使人产生巨大的心理落差,虚拟的游戏空间与现实生活的差距会让游戏者无所适从。因此,一部分人便渐渐厌恶现实生活环境而陷入游戏之中,在游戏中寻求乐趣,寻找自己。

其实,沉迷于游戏不是游戏的罪过,完全是游戏者自身的心理原因造成的。为什么大多数人不会沉迷于游戏? 因为他们对游戏的认识明确。游戏只是一种生活的调节方式。正确处理游戏与生活的关系就不会陷入游戏,更不会沉迷其中。客观地说,沉迷游戏的人也有自己的苦衷,他们也想摆脱游戏,但总是抵抗不住游戏的诱惑。相关研究表明,这与人自身的基因有关。人们常说,小孩子"记吃不记打",意思是说小孩子挨了揍过几天就忘得一干二净,而吃了好吃的食品却牢记在心。这就是人的基因中对味觉感受的细胞记忆力较强的原因。人对游戏的感受和热衷程度也是如此。一些人对游戏的感觉强烈,记忆深刻,总想通过游戏重现那种感受。另一些人虽然也很喜欢玩游戏,但并不觉得游戏不可或缺,玩游戏高兴,不玩游戏也没什么,总有其他对自己有意义的事胜过游戏。所以,他们就不会沉迷于游戏。除此之外,人们痴迷游戏还与所处的环境有关。常言道,近朱者赤,近墨者黑。经常与热衷于游戏的人在一起,很难不陷入游戏之中。为避免陷入游戏,就要建立和保持适合自己生活环境和生活态度。

沉迷游戏有一定的客观因素,但是,自控能力仍起着决定性作用。一个沉迷于游戏的人,一旦结识了女朋友,开始谈恋爱,游戏便成为次要的事。女朋友要求陪自己去玩儿,他立刻会放弃玩游戏,乖乖顺从。有些人知道女朋友不喜欢他玩游戏,便有所收敛,想玩时只能偷偷地玩。时间一长,对玩游戏也就没那么大兴趣了。因此,从这些人的行为变化过程可以看出,沉迷于游戏完全是可以转变的,一旦游戏者意识到沉迷于游戏不受欢迎、影响生活,便能够克制自己,逐渐摆脱游戏。

游戏是每个人生活中不可缺少的一项内容,但玩游戏需要有度。虽然不能要求每一个人都从国家和民族的利益出发,认识和规划自己的将来,但至少从个人生活的层面来说,也不能沉迷于游戏。人生苦短,有很多事情要做,沉迷于游戏无异于浪费时间、耗费青春。如果说少年儿童时期游戏心旺盛是天性使然,尚且可以理解的话,那么,成人之后有了一定的自控能力,再陷入游戏之中的确就是一件不可原谅的事情。因此,游戏再好玩也要适可而止。

二、沉迷游戏必然得不偿失

任何游戏都是以消磨时光为代价的,但是,作为一种生活的补充这种消磨时光有其价值所在。每个人在人生的不同阶段都有特定的事情要做。少年儿童时期,要学习,为将来的生活做准备;青年时期,忙于工作和成家立业;中年时期,上有老下有小需要关怀和照顾;老年时期,老两口需要相互体贴、彼此温暖,一起共享幸福的晚年。因此,作为一种消遣的游戏虽然以消磨时光为代价,但结果有益。玩游戏不仅可以使人身心放松,获得一种愉悦的体验,还可以为新的一天的积蓄良好的心情,有利于提升学习和工作效率。

但是,一些沉迷于的人说自己玩游戏是在业余时间,既没有影响学习,也没有耽误上班,有什么不可以呢? 其实,事实并非如此。凡玩游戏必然消耗时间与精力,工作和学习之余适当地进行游戏未尝不可,但过度游戏并沉迷于游戏必然会消耗精力,影响学习和工作。据调查显示,大学生中很多人因沉迷于游戏彻夜不眠,所以,只好请假,甚至旷课,白天休息,晚上又接着玩儿,结果不仅于身心无益,甚至导致考试挂科,无形中增加了学业压力。游戏需要适度,否则,必然会产生各种不良后果。

常言道,玩物丧志。但是,在当今时代,对这句话应辩证认识。社会中有很多人以游戏为职业,他们专注于游戏是为了提高职业技能以适应工作需要,当然不属于沉迷于游戏,更不会玩物丧志。相反,没有专注、敬业精神,他们所从事的职业就不会进步,也就难以在社会中立足。所谓玩物丧志,是指单纯为乐趣而进行游戏。在沉迷于游戏的人中,又存在几种不同情况。一些人只是由于暂时的无聊才沉迷于游戏以求得心理平衡,如工作和学习之余过度游戏的人。这些人虽然过度追求游戏的乐趣,可是,一旦游戏影响到他们的学习和工作,他们会猛然醒悟,接受教训并调整心态,避免因沉迷于游戏而产生更大的负面作用。另一些人尤其是那些因种种原因辍学、失业,备感生活无聊的人,借游戏聊以自慰,或主动或被动地陷入游戏中不能自拔,其结果便很糟糕。这些人在一段时间内缺乏生活目标和生活信心,没有追求,容易染上恶习,成为社会中的不安

定因素。**但这并不是说**，这些人会终生沉迷于游戏，到了一定年龄，即使别人不再对他批评教育，他们也会醒悟。而他们醒悟之日才知道，失去的不只是学习和工作的机会，还有宝贵的青春年华。早知今日，何必当初。当然，沉迷于游戏并不等于葬送一生，很多沉迷于游戏的人一旦悔悟，反而知耻而后勇，改掉恶习，努力为生活而奋斗，成为那种"浪子回头金不换"的人物。

三、游戏永恒谁也无可奈何

游戏的世界充满了欢乐，也充满了争议。古往今来，人们对游戏既有赞美，又有贬低。但是，无论褒扬，还是抨击，游戏依然如故。游戏不会因人们的赞扬而在社会生活中"高大耸立"，也不会因人们的批判而"逃之夭夭"。游戏就是游戏，历经了千万年的风雨历程，始终与人类相随。只要有人类在，游戏就在。

游戏存在于生活中是不以人的意志为转移的客观规律，在人的成长过程中谁也离不开游戏。上苍赐予了人类和其他动物游戏的欲望和动力，所以，游戏即本能的游戏以及游戏的心理驱动力永远不会消失，除非人与其他动物灭绝。人类的游戏又在天性的驱使下不断发展，成为一种消遣方式和生活方式。

对于游戏的认识和态度需要客观、理性，"天性不可违，人性犹可训"。无论喜欢游戏还是厌恶游戏，游戏作为一种天性的存在都不会消失。游戏与人的心理过程密切相连，通过心理调节方式适当消除沉迷于游戏的心理因素，可以达到双赢的效果。

社会历史的发展是不以人的意志为转移的客观规律，游戏的发展亦然。不可否认，游戏的确能够诱发各种不良的社会现象，但游戏对于人类生活的贡献同样不言而喻。所以，理性的方法就是合理控制和管理游戏，对个人来说如此，对社会来说也是这样。

本章小结

本章首先阐释了生活中度的作用和游戏中度的意义以及生活度和游戏度的关系，并分析了造成游戏无度的心理因素，包括：①游戏模仿生活引人入胜；②游戏超脱生活创造幻境；③心理控制失衡使人上瘾;④游戏追逐利益使人迷惘。造成游戏失度的社会因素包括:①社会繁荣是游戏兴旺的基础;②社会习惯是游戏无度的土壤;③多元价值观导致游戏无度;④嗜赌使人陷入游戏无度。最后,简要指出:①游戏好玩需要适可而止;②沉迷游戏必然得不尝试;③游戏永恒谁也无可奈何。强调游戏需要适度。

本章思考题

1. 简述造成游戏无度的心理因素。
2. 简述造成游戏无度的社会因素。

第十章

游戏商业化

学习目标

本章学习游戏商业化，认识和了解游戏商业化现象是如何产生的，掌握古代游戏商业化的特点，认识和了解欧美近现代游戏商业化的发展过程，重点掌握近现代游戏商业化的特点。游戏商业化对游戏发展有利有弊，那么，如何控制和规范游戏？游戏者参与游戏是家庭、企业组织和社会各界共同的责任，从社会方面来说，包括哪几方面责任？游戏发展需要规范，从宏观方面来说，对游戏规范管理包括哪几方面内容？掌握规范游戏和游戏商业化的要求。

什么是商业化？商业化指的是权利人以自由、平等的交换为手段，以营利为主要目的的行为。其中，交换的内容各种各样，既包括知识、思想的观念内容，又包括一切有价值的物质内容。

游戏商业化是指采取游戏方式以胜负为标准而进行的一种营利活动。商业化是一个古老的话题，自人类创造的游戏出现以后，赌博现象随之出现，游戏商业化现象便由此产生。只是古代游戏商业化与当今时代的游戏商业化在表现形式上有所不同。一方面，现代游戏商业化继承了古代游戏商业化的模式，以赢得游戏为获利条件；另一方面，在社会技术发展的基础上产生了新的游戏商业化形式，其中，机器游戏和网络游戏便是通过电子设备将声、光、画面汇于一体而产生的一种虚拟游戏，这类游戏通过互联网传播，扩大了游戏范围，可以多人同时在线进行，商家从中获利。

第一节　游戏商业化的发展过程

　　游戏商业化不是从来就有的,它是在社会发展过程中逐渐出现的。社会中商业化现象的产生是游戏商业化的基础。游戏的商业化伴随着人类创造游戏的出现而出现,并逐渐形成为一种具有普遍性、共同性和稳定性的商业状态。

一、古代中国游戏商业化的表现

　　游戏商业化是生活商业化的反映和表现形式。生活中的商业化现象早在我国商朝时期就已经出现,商朝第七任君主帝亥为中国商业始祖。周武王灭商后,商朝一些失去土地的遗民为了维持生计,东奔西跑地做买卖,久而久之,便形成一个固定职业。所以,周人就称他们为“商人”,称他们的职业为“商业”。这种叫法一直延续到今天。

　　商朝人在商品交易中,以贝类包括海贝、骨贝、石贝、玉贝为货币。后期,随着青铜技术的发展又出现了金属货币,即铜贝。到了西周时期,商业已经成为社会中不可缺少的一种行业。当时在“工商食官”的制度下,商业由国家垄断。春秋战国时期,官府控制商业的局面被打破,各地出现许多商品市场和大商人。春秋时期著名大商人有隐居宋国的范蠡、郑国的弦高、孔子的弟子子贡;战国时期著名商人有魏国的白圭、吕不韦。战国时期各国铸造流通的铜币种类增多,形状各异,有的模仿农具,有的模仿其他工具,也有的模仿贝的形状。货币的数量大,种类多,反映了当时的商业比较活跃。

　　商品经济发展,促进了社会繁荣。这种商品经济意识又渗透于游戏之中,赌博游戏盛行。春秋时期,齐国“临淄甚富而实,其民无不吹竽鼓瑟,弹琴击筑,斗鸡走狗,六博蹋鞠者”。其中,斗鸡、走狗、六博、蹋鞠都是赌博游戏。运用斗鸡游戏赌博,自春秋战国时期开始,经久不衰。三国时期魏明帝喜欢斗鸡,特地筑起了大台,进行斗鸡游戏。到唐朝,斗鸡发展到鼎盛时期。“明朝天启年间,文人张岱在龙山脚下设斗鸡社,朋友们常携古董、书画、文锦、川扇之类作为赌注,前来斗鸡。张岱的鸡英勇无比,经常取得胜利。此风一直延至清代。李声振曾作《竹枝词》,咏都门的斗鸡:'红冠空解斗千场,金距谁看冠五坊。难怪木鸡都不识,近人只爱九斤黄(一种鸡)。'"①其实,不只是斗鸡游戏,随着社会的发展古代游戏逐渐增多,产生了塞戏、樗蒲、双陆、叶子戏、宣和牌以及围棋、象棋和麻将等。这些游戏大多是一种赌博工具,寓赌博于游戏中。

在古代游戏中,并不是所有的游戏都具有赌博性质,例外的情况同样存在。其中,弹棋是古代的一种高雅游戏,被称为"仙家之戏"。《弹棋经后序》记载道:"弹棋者,雅戏也,非同乎五白、枭、擞(枭、擞,并樗蒲彩)之数,不游乎纷竞诋欺之间,淡泊自如,固趋名近利之徒不尚焉。盖道家所为,欲习其偃亚导引之法,击博腾掷之妙,自畅耳。"②意思是说,弹棋同其他游戏不同,不是以赌博为目的,也不以争胜负论英雄,所以,这种游戏不为赌徒崇尚,而成了道家修身养性的一种方式。不过,在古代社会中,弹棋这种游戏毕竟少见,大多数游戏都与赌博相伴。因此,古代赌博游戏盛行,伴随着游戏的胜负产生金钱和物质交换的商业现象,这种商业现象又逐渐演变成为一种社会风气和社会习惯,游戏商业化现象由此产生。

在游戏商业化的推动下,我国古代赌博游戏蓬勃发展。在街头巷尾自发的赌博游戏基础上,逐渐出现了开赌坊、设赌局的赌博游戏场所。据记载,西汉时,大臣袁盎因病被免职,在家无事,便开赌场,以斗鸡、走狗为赌博工具。唐玄宗李隆基(685—762)喜欢斗鸡,"东城父老贾昌从小以弄鸡为事,被皇帝召为'鸡坊小儿''衣食龙武军',专门为皇帝养鸡。他因养鸡得法,号为神鸡童,大受玄宗的宠信,时人为此编成歌谣:'生儿不用识文字,斗鸡走马胜读书'"。③可见唐玄宗对斗鸡游戏的喜爱程度。唐朝虽有严厉的法律禁止赌博,但坊间赌博却依然屡禁不止。到了清朝,赌博更盛,一些王府、大公主府"亦开赌局"。不仅官府贵人如此,甚至连妓女也纷纷

① 戈春源.赌博史[M].上海:上海文艺出版社,2010:14.
② 宋会群,苗雪兰.中国博弈文化史[M].北京:社会科学文献出版社,2010:65.
③ 戈春源.赌博史[M].上海:上海文艺出版社,2010:14.

效仿。

晚清至民初，很多妓院兼作赌场。"嫖客可借用这种妓院打牌、设宴，这叫'做花头'。'做花头'时，嫖客一定先赶到妓院，招待来宾（菜肴可自备，也可叫妓院代办）。来宾到齐后，开局打牌。照民国初年的通例，上海妓院对每桌麻将抽头12元。如嫖客单纯请友人到妓院'叉麻雀''碰合'，妓家照例要出四碗冷菜、四碗热菜招待客友，也可由客人自己点菜。而妓家的饮食收费价格都十分昂贵。（20世纪）三四十年代的成都，做一次花头，最低要给台基（妓院）老板50元作酒席费用，最高也有给到800元的。就妓女本身而言，也要学会赌博，懂一些赌博的技巧。有些博戏项目，如'打弹子'等，几乎成了每个妓女的必修项目。"[1]由此可见，赌博游戏的商业化使游戏的功能和目的不断发生异化，虽然在一定程度上促进了社会经济繁荣，但同时又产生了恶劣的社会影响。

古代人为什么喜欢赌博？赌博之风为什么会盛行？这是由游戏的天性和人的趋利性以及当时的社会发展状况决定的。

第一，在农耕时代，农业经济特点和社会生产力发展水平，决定了人们的生活方式。农业经济在一定意义上说是一种自然经济方式，人们以农业为生，靠天吃饭，农闲季节休养生息，为下一个季节的生产做准备，这为人们从事游戏提供了时间。同时，古代社会生产力发展水平有限，社会活动不多，虽然一些达官贵人和文人墨客喜欢舞文弄墨，但这不过是一种个人爱好和消遣方式，而对于众多的百姓而言，只有游戏和赌博这种娱乐和消遣方式。

第二，农耕时代自给自足的小农生产方式使人安于现状，不思进取。封闭的生活状态导致社会沟通障碍，所谓的社会交往不过发生在十里八乡集市等有限的场合，人们从事各种有限的产品交换和各种游戏娱乐活动。除此之外，人们对于外面的世界知之甚少。三十亩地一头牛，老婆孩子热炕头，成为农耕时代社会生活的生动写照。今朝有酒今朝醉，明日愁来明日愁，表现了人们及时行乐的生活观念。集市为人们提供了社会交往场合，游戏成为主要的内容和

① 戈春源. 赌博史［M］. 上海：上海文艺出版社，2010：90 － 91.

方式。赌博游戏使人愉悦,何乐而不为?

第三,农耕时代的商品经济不发达,人们除了购买必需的农具之外,没有必要购买更多的生产和生活用品,况且很多用品是人们自己制造的,或者是以物易物地交换得来的,商品经济欠发达。但这并不是说人们手中无钱。多余的粮食和经济作物不宜久存,需要变成现金或贵金属。古代又没有银行,不能产生钱生钱的效果。明朝出现了最初的钱庄,但这种钱庄并不具有现代银行的意义,只是为商人提供异地取钱的便利。所以,百姓手里积蓄的钱财,除了买地扩大再生产和造屋改善生活条件之外,没有更多的用处,这就为赌博游戏提供了条件。

第四,赌博既是一种游戏,又是一种投机方式。以小博大,巧取豪夺,其乐无穷。有些人在赌博游戏中可以瞬间获得成千上万的财产,但也有些人却因赌博而倾家荡产。但是,侥幸心理驱使一部分人不惜一切代价参与赌博,贪婪之心诱发了各种不正当赌博手段的产生。弄虚作假,营私舞弊,使游戏赌博的获利欲望愈演愈烈,形成一种社会风气和社会习惯。尽管历代统治者千方百计禁赌,但无济于事。在这种社会环境中,赌博游戏此起彼伏,蓬勃发展,游戏商业化现象就自然形成了。

二、欧美现代游戏商业化的特点

18世纪前,欧美等国的游戏商业化发展过程同中国古代游戏商业化过程大同小异,只是赌博游戏的内容和方式不同。

在古希腊,生活中充满了游戏。古希腊人有这样一个习惯,凡是能够用打斗解决的问题都要进行竞赛,"希腊人生活里的竞赛,或世界其他地方的竞赛,都具有游戏的形态特征。从功能方面来看,竞赛几乎完全属于节庆的范围,也就是游戏的范围。把作为文化功能的竞赛和'游戏—节庆—竞赛'这个复合体分离开来,完全是不可能的"[1]。古希腊人在游戏中注重荣誉和自尊,但同样与赌博相连

---

① 约翰·赫伊津哈.游戏的人——文化中的游戏成分研究[M].广州:花城出版社,2007:33.

系。夸富宴是古希腊和很多欧洲国家的一种聚会和宴请方式,"达维(Davy)从司法的角度看问题,只关心它孳生法律性质的一面,他把搞夸富宴的社群比喻为赌窝。在这样的赌窝里,打赌和挑战的结果使有的人名声大噪,使大宗的财富易手。赫尔德的结论是,掷骰子和原始的棋类游戏并非真正的赌运气的游戏,因为它们属于神圣的领域,是夸富宴原理的表现"①。其他游戏中的现象同样如此。

在古罗马,角斗士的竞赛、野兽的角斗和驾马车比赛引人入胜,虽然这些游戏大多由奴隶完成并充满了血腥味道,但罗马市民却从中享受了竞技的快乐。公元前100—前44年,罗马统治者常常利用节日和举行大型活动的时间段来开展赌博活动,一是为了增加节日气氛,二是能为国庆筹措资金。在罗马,不仅赌博活动没有遭遇禁止,而且成为国家筹措资金的一种商业手段。罗马皇帝克劳狄乌斯非常喜欢赌博,曾写过《如何在掷骰子中获胜》一书,指导人们如何进行赌博。

到了基督教时代,"民众的激情过去靠人与兽的角斗而得到舒缓,此时就不得不寄托于赛马了,赛马已成为纯世俗的娱乐,没有一点神圣的性质,但仍然可以把公众的兴趣纳入既定的轨道"②。在进行跑马比赛时,罗马市民在观赏的同时踊跃押注,期望在观看赛马游戏的同时,获得一份赌博收入。可见,古罗马的赌博游戏已经不完全是一种个人的商业行为,而是成为一种国家行为。国家参与并控制了游戏商业化过程,这在历史上具有重要意义。

在法国,进入中世纪后,各种游戏花样繁多,包括索尔球、波姆球、赛跑、水上长矛比赛以及火枪射击比赛等,这些游戏大多具有赌博性质。15世纪,为了维护赌博游戏的秩序,法国颁布法令,"与按劳取酬一样,打波姆球的赢钱合情合理,必须把钱付给赢球人。为了避免赛后争议,国王陛下特设抵押金管理大臣,管辖王国所有的

① 约翰·赫伊津哈.游戏的人——文化中的游戏成分研究[M].广州:花城出版社,2007:63-64.

② 约翰·赫伊津哈.游戏的人——文化中的游戏成分研究[M].广州:花城出版社,2007:208.

城市"。国王的游戏法令既促进了法国游戏发展，又为法国游戏的商业化起了重要的推动作用。

据记载，1655 年，法国科学家 B. 帕斯卡在修道院修炼时，发明了一种赌博机——"轮盘机"。轮盘机的样式有两种，"一种只有一个赌注图案，轮盘设在它的另一端。另一种是轮盘设在中间，两边各设图案。轮盘是一个大圆盘，分成三十八格，自一号至三十六号，再加单圈与双圈。在轮盘上面，另有一个沟形圆圈。旋转时，执掌者用小圆球一颗，纳入沟形圆圈内，直到这粒小球落入某一格中，这个号码即为头彩。在转动时，可不断下注。赌注是用钱换来的筹码，选择好号码后便把筹码押上。如单打一门（称孤丁）被打中，一元赌注可得三十四元。也可以把号码放在两个号上，如打中可得十七元，其余以此类推。还可以'打大小'，它以'1'至'18'为小，'19'至'36'为大。赌客可押'大'方，也可押'小'方，赔率为一赔一。也可'打红黑'，它以'1,3,5,7'为红，'2,4,6,8'为黑。由于实际格数是三十八，而得头彩仅得三十四元，故总体上讲，赌客始终只有输的份儿"[①]。轮盘赌博机发明以后，很快传至欧美国家。20 世纪 20 年代，这种轮盘赌博机传入我国上海租界。

18 世纪后，欧洲工业革命兴起，这是人类历史上具有划时代意义的一场生产方式变革，改变了欧洲人的生产和生活方式，也为欧洲及其他国家的游戏发展起了极大的推动作用。1888 年，德国人施托尔维克用木头制作了世界上第一台糖果（售货）机。后来，他又制作了会下蛋的"母鸡"——售蛋机，给"母鸡"投一个硬币，它就会"咯嗒"叫一声，并下一个蛋出来，使人们感到新奇好玩。20 世纪初，德国土灵商号工程师在糖果机和售蛋机的基础上，研制出了一种"套筒啤酒机"，只要把硬币投入桶内，便可得到啤酒。1895 年，美国人查理·费（Charlie Fey）在此基础上发明了一台商业老虎机。它由内部三个卷轴，一个投硬币的槽，外部一个转动机器的把柄制成。老虎机很快成为酒吧、赌场，甚至许多零售店的主要商品。后来，老虎机被改进用来从事赌博游戏。老虎机的魅力就在于以小搏大，常有意外收获，投资小而收益

---

① 戈春源.赌博史[M].上海:上海文艺出版社,2010:62－63.

大。投入硬币,拉一下手柄,运气好的话,就可以赚到数万美元。但是,这种概率非常低,否则,商家岂不血本无归。

20世纪以后,机器工业的发展不仅为社会创造了巨大的物质财富,改变了人类的生活方式,也为游戏的发展开辟了更广阔的舞台。尤其是各种玩具生产实现了机械化,使儿童的游戏内容和游戏方式发生了空前变化。在美国,1923年,美籍意大利人安东尼奥·帕西(Antonia Pasin)开始用冲压金属板制作红色的玩具车,每个玩具车的成本还不到3美元,满足了不同阶层家庭的需要,为儿童带来了快乐。他将这些车命名为"Radio Flyer",这一名字来自那个时代他最喜欢的两个发明:无线电(radio)和飞机(airplane)。1928年,美籍菲律宾人佩德罗·佛洛勒斯(Pedro Flores)生产出一种名叫"悠悠球"的玩具,让全世界人都为它倾倒。"悠悠球"游戏在菲律宾有着数百年的历史,出生在菲律宾的佛洛勒斯从小就玩这种游戏。移民美国后,他成立了"悠悠球"生产公司(Yo-yo Manufacturing)。一年内,这家公司就达到了日产30万个悠悠球的规模,在美国掀起了"悠悠球"热潮。至今,这种玩具已经畅销世界各地。

在丹麦,1932年,木匠奥尔·科克·克里斯蒂安森发明了一种可以互相拼插的塑料玩具,并将"Leg"和"Godt"(丹麦语"玩得好")合在一起,创造了"lego"(乐高)这一品牌。这种丹麦出品的国际知名积木玩具,由五彩的塑料积木、齿轮、迷你小人和各种不同其他零件组成,能拼出各种事物。乐高积木按照单位元件由大到小可分为四个系列,即baby,quatro,duplo和标准lego,分别对应于1~18个月,2~3岁,2~6岁和4岁以上四个年龄段的儿童。所以,这种积木游戏受到各国家长和儿童的喜欢。

20世纪40年代,第二次世界大战结束后,美国美泰玩具公司成立。至今,该公司已经成为世界上最大的玩具制造商之一。美泰公司著名玩具品牌"芭比",至今已家喻户晓。该公司针对14岁以下的女孩市场推出了芭比娃娃特色系列产品,主角有三个大女孩,分别是芭比(Barbie)、麦获珍(Madison)和雀儿喜(Chelsea),她们的服装打扮、日常用品都展现了时尚都市的生活,所以,产品问世以来博得了世界各地女孩的青睐。

进入机器时代后,现代化工业生产方式使玩具生产规模化、统一化,为儿童的世界增添了色彩斑斓的游戏内容,使儿童的生活充满了快乐,也推动了游戏发展。

20世纪70年代,随着电子技术发展,游戏方式又发生了革命性变化。1971年,美国加利福尼亚电气工程师诺兰·布什纳尔根据自己编制的"网球"游戏设计了世界上第一台商用电子游戏机,并创立了世界上第一台电子游戏公司,即雅达利公司。1979年,雅达利公司推出了第二代电视游戏机,当年就实现了3.3亿美元的销售额,该款游戏机成为圣诞节的抢手礼物。1982年,雅达利创出30亿美元的销售纪录。

1983年,日本玩具业巨星任天堂公司推出了第三代家用电脑游戏机,它以高质量的游戏画面、精彩的游戏内容和低廉的价格赢得了全世界不同年龄、层次人士的喜爱,震撼了整个玩具业。任天堂几乎一夜之间成为全世界最大的电子游戏公司。

在电子游戏机发展的同时,网络游戏产生。20世纪70年代,由于计算机硬件和软件尚无统一的技术标准,所以,第一代网络游戏的平台、操作系统和语言各不相同。因此,这些网络游戏只是在欧美一些大学中流行。20世纪80年代开始,一些商家改进了技术,使游戏者只要拥有电脑和调制解调器,并且硬件兼容,就可以接入任何一款网络游戏。网络游戏的商业运作收费模式随之出现。

中国网络游戏始于20世纪90年代,网络商家推出了免费游戏,包括围棋、中国象棋、跳棋、拖拉机、拱猪等。进入21世纪,网络游戏发展迅猛,为广大游戏者提供了丰富多彩的游戏内容。

从欧美游戏的发展历程可以看出,游戏商业化的快速发展是欧洲工业革命推动的结果。同古代个人之间以利益交换为目的的游戏商业化截然不同。现代游戏商业化不仅推动了游戏发展,满足了游戏者的娱乐需求,也促进了社会经济发展。具体来说,现代游戏商业化具有以下几方面特点。

第一,游戏性质的传统化特点。现代游戏尽管内容不断丰富,方式不断变化,但游戏的性质和目的并没有改变。玩游戏是一种乐趣,在游戏中体验紧张、刺激和愉悦的感受,这种游戏心理亘古不变。同时,传统化的特点还包括古代游戏内容的传承和游戏商业化的延续。很多古代游戏能够经历成百上千年的流传,自有它生命力的基础。例如,我国的风筝、赛龙舟和麻将等游戏在现代社会中依然流行,完全是传统文化作用的结果。游戏的商业化特点同样如此,通过游戏赌博获取利益是古今人类共同的心理。因此在现代,不仅古老的游戏赌博仍然存在,新发明的游戏同样不能摆脱赌博的商业化性质。其中,网络游戏中的很多收费与奖赏环节,貌似在提供服务与进行价值交换,其实,不过是一种变相的赌博。游戏千变万化,根本不离其宗。

第二,游戏媒介的机器化特点。欧洲工业革命的最大特征就是机器化大生产改变了社会生产和生活模式,不仅为人们提供了各种丰富的衣食住行产品,也创造了更多的游戏内容和游戏方式。在古代,受技术限制,游戏的内容有限,尽管很多经典游戏代代相传,但游戏种类不可与当今时代相媲美,尤其是儿童玩具大多是手工完成的,在一定程度上制约了游戏传播。机器化生产改变了这种状况,流水线生产使生产效率大大提高,满足了更多人的游戏需要。同时,机器化生产改变了古代游戏商业化的单一模式,商家在满足游戏者需要的基础上获得了利益。因此,机器化生产不仅改变了古代游戏商业化方式,也创造了一种新的商业模式,推动了游戏以及社会发展。

第三,游戏运作的组织化特点。通常意义上说,游戏是一种自愿的活动,它是个人、家庭以及游戏伙伴之间的事情,只要彼此愿意,随时随地可以进行。但是,这种个人、家庭和伙伴的游戏受到游戏内容的限制,只有彼此都熟悉游戏内容和有共同的游戏时间才能够达成共识,共同营造游戏空间。而机器化大生产改变了这种状况,其特点就是游戏过程的优化为人们创造了便利的游戏条件,一方面表现为企业生产的游戏工具使游戏者可以随时随地地进行游戏。另一方面表现为游戏内容具有更多的选择性,网络空间的无限性存储了无限的游戏内容,这与以往有限的游戏内容形成巨大差别。因此,企业参与游戏过程为游戏商业化创造了更广阔的空间。

第四,游戏范围的全民化特点。在现代社会中,全民游戏不再

是一句空话。婴幼儿不仅在家庭中游戏,在幼儿园里同样游戏。少年儿童在学校中游戏,除了体育课还有课外活动。中青年游戏更是处处可见,除了工作和学习之外,只要想游戏,可供选择的内容五花八门,各种各样。老年朋友也不例外,有的下棋、打牌、跳广场舞,有的跑步、做操,都是游戏活动。在各类游戏中,参与人数最多,影响范围最广的当属运动类游戏。运动类游戏不仅有益于提高国民健康水平,而且为社会创造了良好的商机,这一点在第二次世界大战以后的欧美各国实践中已经得到了充分的印证。我国在改革开放以后的发展竞技过程中,鼓励个人积极投身于运动,锻炼身体、保持健康,同时,鼓励有条件的企业积极从事与运动相关的产业,既为发展体育运动服务,也为获得经济效益努力。

第五,游戏利益的规模化特点。现代游戏发展建立在社会经济发展的基础之上,没有经济发展,就没有游戏发展。同时,游戏发展为经济发展提供了广阔空间,使游戏商业化在社会消费经济中占有的比重不断提高。据 2017 年 7 月的《南风窗》报道,某网络平台的一款手机游戏,注册用户超过 2 亿人,日均游戏人数达 5 000 万。其中,一款游戏日收入 1.5 亿元人民币,2017 第一季度收入超过 60 亿元人民币。这一数字令人惊讶,凸显了网络游戏商业化的巨大效益。这是古代和近代游戏无法比拟的。古代和近代游戏为什么没有如此的经济效益? 主要是受社会发展水平的局限。

第二节　游戏商业化的利与弊

游戏商业化是游戏发展的必然,这既是人的趋利心理所致,又是社会经济商业化发展的结果。

一、游戏商业化是游戏发展的重要动力

《史记·货殖列传》有云:天下熙熙,皆为利来。天下攘攘,皆为利往。古代如此,当代也不例外。从一般意义上说,趋利避害是人类共同的心理特征,"无利不起早"也是很多人的生活信条。生活中的各种商业化行为不仅满足了人们的趋利心理,也驱动人们再接再

厉,朝更高的目标努力。所以,有趋利心理并不一定是坏事,只要不超越法律和道德的底线,趋利不仅具有个人生活意义,也成为推动社会发展的重要因素。

　　游戏作为一种生活内容和社会事物,它的发展同样离不开人的趋利心理和逐利行为的推动。从本质上说,游戏是一种天性,它能够使人快乐。人人喜欢游戏,离不开游戏。游戏又是一种人的行为,所有人都生活在一定的社会中,难免受到各种社会意识影响,产生不同的"三观",因此,不同观念必然影响人的行为,包括游戏行为。

　　在各类游戏中,一部分游戏活动在近代末逐渐演变为运动与体育运动,并成为人类的一项共同活动。那么,在运动类游戏即体育运动中就不存在逐利行为吗?同样存在。体育运动诞生前,各种项目的锦标赛在欧洲各地不断举行,这些锦标赛无一例外地以优厚的奖金吸引各国选手,其中,温布尔登网球公开赛(Wimbledon Championships,或简称"温网")最为典型。1868年,私人性质的全英俱乐部成立。1877年,该俱乐部改名为全英草地网球和门球俱乐部,并和英国草地网球协会共同创办了全英网球公开锦标赛,因举办地设在英国郊区的温布尔登,所以又称温布尔登网球锦标赛。该赛事迄今已有140余年的历史。该赛事设立了丰厚的奖金,这笔钱完全由俱乐部私人赞助。2016年该赛事的总奖金为2 810万英镑(约合2.63亿人民币),其中单打冠军奖金提升到200万英镑(约合1 870万人民币)。除此之外,获得男子单打冠军的选手还将获得一座18英寸高的镀金奖杯——"挑战者杯",获得女子单打冠军的奖品是一个直径约19英寸的银盘。其他项目的锦标赛,如击剑锦标赛、体操锦标赛、游泳锦标赛等,优秀选手同样能够获得可观的奖金。

　　体育运动先驱顾拜旦对此深恶痛绝。他在《至高无上的运动》一文中说:"最近发生的一些事件带来的商业精神危急了运动,早在此之前商业精神已经对运动构成了威胁。两种具有划时代的运动——古希腊竞技运动和中世纪的骑士运动,都曾受到过商业精神的进攻。如果要使商业精神在较量中最终失败,必须经历长期的英勇斗争。至于现代运动,几乎在它出现前就渗透着腐朽的商业精神。通过腐朽的商业精神采用各种巧妙方法直接或间接地诱使运动员和冠军,这不仅意味着获得利润和金钱,而且意味着在不久的将来骑士精神的崩溃和湮灭。"①由此可见,由游戏演变而来的体育运动不可避免地继承了游戏的优点和缺点。尽管顾拜旦反对体育运动商业化,但体育运动商业化自体育运动诞生起就一直存在。其实,国际奥委会也不能完全摆脱体育运动商业化的影响。在筹措奥运会经费的过程中,除了获得各国政府赞助之外,奥运会组委会也会授权举办国执委会以售卖邮票和纪念品方式获得资金。只是这种商业化不直接与运动员产生联系。

体育运动竞赛和优秀运动员在社会生活中具有极大影响力,不可能摆脱与商业化的关系。商业化存在于社会生活中,必然以各种方式影响每一个人,这是不以人的意志为转移的客观规律。早在20世纪20年代,德国成立了一家制鞋企业名叫阿迪达斯。1928年,第9届奥运会在荷兰的阿姆斯特丹举行,阿迪达斯获悉后,便带上自己生产的运动鞋样品前去展示、推销,获得了组委会和运动员的好评,阿迪达斯运动鞋成为该届奥运会的推荐用鞋。

1936年,第11届德国柏林奥运会对阿迪达斯来说是一个近水楼台、得天独厚的机会。该企业瞄准了美国著名运动员杰西·欧文斯,为他提供了阿迪达斯研制的带钉跑鞋,结果本来就成绩优秀的欧文斯一举夺得了100米、200米、4×100米接力和跳远4项冠军,使阿迪达斯运动鞋也跟着欧文斯风光了一回,阿迪达斯又一次品尝了奥运会广告胜利的滋味,并与竞技体育运动结下了不解之缘。1954年,阿迪达斯为德国国家足球队提供了足球运动鞋,而德国足球队在当年的世界杯上获得冠军。1970年,阿迪达斯开始赞助世界杯足球赛,国际足联将阿迪达斯生产的足球确定为世界杯指定用球。从阿迪达斯的发展历程可以看出,竞技体育运动为企业及其产品提供了扬名的机会,促进了企业生产发展。同时,企业的广告行为又为运动员谋利提供了机会。

在1972年举办的第20届德国慕尼黑奥运会上,美国游泳选

① 皮埃尔·德·顾拜旦.奥林匹克宣言[M].北京:人民出版社,2008:150.

手马克·施皮茨在游泳比赛中获得 7 枚金牌,创下历届奥运会个人夺得金牌数最多的纪录,一时成为慕尼黑家喻户晓的人物。"他7 次登上光荣台(即颁奖台)顶层,7 次都穿着不同的运动鞋,这一情景很引人注目,因为游泳运动员通常都是赤脚上台领奖的。第三次领奖时,施皮茨左脚穿着'美洲狮'公司的运动鞋,右脚穿着'阿迪达斯'运动鞋。当第四枚金牌挂到这位冠军强健的胸前时,他脱下两只鞋子高高地举在头上,亲切地向聚集的人群和电视观众致意,并且还努力让大家看清制鞋厂家的标志……这位游泳运动员就是这样改变了奥林匹克主义原则,投入了商业的'游泳'事业中。这样的开场使施皮茨弄清楚了他的奥林匹克金牌的价值。原来,他在两年内的固定酬额是 500 万美元,而且条件很简单,只要这位昔日的体育偶像按老板的要求去做就可以了。"①国际奥委会抵制这种商业行为对奥运会的侵蚀,尽管时常捉襟见肘,甚至屡屡亏损,但在 20 世纪 70 年代之前,这种与商家合作的发展模式始终没有被采用。

1984 年,第 23 届奥运会在美国洛杉矶举行,美国人尤伯罗斯参与了洛杉矶奥运会组委会主席一职的竞选并获得成功。尤伯罗斯在竞选中提出,组织本届奥运会将不要政府资助,而依靠商业运作方法筹集资金,具体操作包括出售奥运会电视转播权、采取企业独家赞助商模式以及出售奥运会专利产品的特许经销权等。这一具有竞争机制的方案出台后,引起了众多商家的关注和响应,其中,仅出售电视转播权一项就获得 3.6 亿美元的收入。组委会将企业独家赞助商的总数严格限制为 30 家,规定通过竞标的方式每个行业只接受一家赞助商,使商家通过竞争获得赞助资格,由此大大提高了资金收入。这些举措使本届奥运会改变了以往奥运会的亏损局面,盈利 2.25 亿美元。尤伯罗斯通过商业运作的方法使奥运会成功举办,使竞技体育商业化有了良好开端,获得举世好评,并为以后举办奥运会提供了可操作的模式。因此,1984 年,国际奥委会授予他杰出

---

① 瓦·利·施泰因巴赫.奥运会通史:下[M].张永全,等,译.济南:山东画报出版社,2007:38.

奥运组织奖。

各类游戏,包括运动与体育运动在内,都能够产生精神价值,创造精神财富,却不能创造物质财富。游戏能够获得利润,不过是一种社会财富的转移。但是游戏繁荣能够刺激相关产业发展,促进社会经济发展。因此,游戏作为一种精神活动同社会中的其他上层建筑领域的事物一样,需要以社会经济发展为基础,所以,游戏发展不可能脱离商业化影响。

二、游戏商业化弊端是社会弊端的反映

社会中的任何事物都具有两面性,有利必有弊,有益必有害。适度原则是事物发展的基本原则,所谓过犹不及就是这个道理。游戏发展当然不能例外,适度的游戏使人体验愉悦,过度游戏、沉迷于游戏则可能产生各种不良后果。

游戏商业化有利有弊,游戏的弊端不是由赌博导致的。难道没有赌博,游戏的弊端就不存在了吗?其实不然,它仍将以其他形式出现。众所周知,运动类游戏即体育运动是人类共同的一项活动,纯洁而高尚。但是,体育运动中同样存在各种不良现象。其中,最恶劣的莫过于运动中的暴力和使用兴奋剂的现象。为什么会出现暴力和使用兴奋剂的现象?它既是人性中恶劣一面的体现,又是游戏商业化中赌博因素的另一种表现方式。虽然每个人都知道这种行为与体育精神相悖,但依然我行我素。原因何在?一是名利思想作祟,为了名利不惜一切;二是社会价值观的扭曲,即为国家、民族争光高于一切。近些年来,有些运动员由于过度使用兴奋剂,损坏了心脏和呼吸系统而猝死。难道一个年轻生命的价值比名利更重要吗?如果说年轻人出于趋利心理而不顾一切,那么,社会中的其他人又应如何对待这种现象呢?因此我们说,游戏商业化弊端是社会弊端的反映,这既包括个人的人性弱点和劣根性,又包括社会共同价值观的影响。

第三节　游戏发展的社会责任

游戏商业化是经济社会中的一种必然现象,这是不以人的意志为转移的。如何避免和减少游戏商业化所带来的弊端? 这既是一个个人问题,又是一个社会问题。除其他动物的游戏之外,所有的游戏都是一种人的游戏,所有的问题都因人而产生。在游戏发展中,人的因素决定了游戏效果和发展方向,其中,最基本的问题就是人对游戏的心理控制,而心理控制的机制在于人的社会责任感。

一、游戏控制的家庭责任

家庭是社会的基本组成单位,人的成长从家庭开始。每个人在社会中的思想和行为表现在很大程度上与所处的家庭环境有关。从成长的意义上说,家庭是每个人成长起步的地方,人的一切行为和习惯无不与家庭环境和家庭教育密切相关。

就游戏而言,家庭是儿童最初的游戏场所,又是各种习惯包括游戏习惯养成的地方。游戏从本质上说是一种源自于天性的行为,所以,有些儿童不能控制自己的游戏行为与天性有一定关系。但这并不是儿童沉迷于游戏的理由,因为习惯的形成在一定程度上能够克服或控制游戏行为。为什么大多数儿童不会陷入游戏中? 这就是习惯的作用或家长要求的结果。但是,即使少数儿童沉迷于游戏不能自拔,严格来说,原因也不在儿童,而在于家庭环境和家庭教育存在的问题。

儿童的认识能力和思维能力有限,自我控制能力相对较弱。这就使得一部分儿童不能正确对待游戏,难免由着性子玩儿,陷入其中难以自拔。很多家长在孩子游戏方面没有从一开始就重视要给儿童养成良好的习惯,而等到孩子陷入游戏,不能自拔才开始着急。这是孩子的问题吗? 完全是家长的问题,即教育不适当造成的。尤其是在网络游戏方面,很多家长抱怨、抗议网络游戏公司,似乎孩子沉迷于游戏是网络游戏公司造成的。他们认为如果没有网络游戏,孩子就不会沉迷于游戏。其实,这种观点荒唐可笑。为什么别人家

的孩子不会迷上网络游戏呢？为什么别人家的孩子听话就你的孩子不听话呢？其实，说到底就是一个家庭教育问题。迷上网络游戏的孩子从小就没有养成一个好的习惯。那么，我们应当如何纠正这种现象呢？没有别的办法，还是只能靠教育、启发和引导，使他们明白道理，将兴趣点和注意力逐渐转移到其他应该做的事情上。

然而，说时容易做时难，习惯养成后很难改变。所以，对待沉迷于游戏的孩子，家长不妨耐心一点，从自己做起，尊重孩子，循循善诱，或多或少总会收到一些效果。只要家长控制得法，不会产生严重的后果。改革开放之初，一些人穿着喇叭裤、戴着蛤蟆镜，手提录音机、哼着靡靡之音（流行歌曲）招摇过市，另一些不喜欢招摇的人，则热衷于麻将游戏，"十亿人民九亿赌，还有一亿在跳舞"就是形容当时社会转型期很多人的迷惘状态。一些媒体甚至给这些人贴标签，什么颓废的一代，垮掉的一代。但是，时过境迁，这些人现已成为中年一代，在各行各业起着中流砥柱的作用。垮掉了吗？没有。所以，一些家长对于沉迷于游戏的孩子没有必要过于着急。有道是"船到桥头自然直"。

孩子沉迷于游戏不可怕，早晚孩子都会醒悟，谁也不会一辈子沉迷于游戏之中。生活自然会教会每一个人如何爱、如何过日子。但是，预防总是没错。因此，从小就要让孩子养成良好的生活习惯，包括游戏习惯。

二、游戏传播的企业责任

游戏的传播与发展既是一个自然过程，也是一个社会过程。所谓自然过程，是指依靠民间游戏者的兴趣推动游戏的传播与发展。所谓社会过程，是指社会组织参与并引导和规范游戏的传播与发展。

在我国古代，虽然不同的游戏在一定程度或一定范围内也有组织的介入，但这种介入只是在局部范围内强化和推动了游戏发展，并不具有统一的社会性。其中，古老的蹴鞠游戏就是如此。在汉代，蹴鞠游戏就被引入军队中，作为士兵训练身体的一种手段和娱乐方式。这客观上推动了蹴鞠发展。在唐代，宫廷对蹴鞠游戏制定了游戏规则。在社会上,蹴鞠的传播与发展则处于一种自由状态,缺乏引导和规范。到了明代,蹴鞠逐渐变成妓女娱客的一种手段,所以,朱元璋便下令禁止进行蹴鞠游戏,以保证军心稳定。之后,蹴鞠游戏便逐渐销声匿迹。古代蹴鞠游戏消失的原因,一是虽然它具有很强的娱乐性,但智慧性较弱,二是缺少社会组织的引导与规范。

在欧洲中世纪,各种游戏盛行。18世纪,欧洲骑士逐渐退出了历史舞台,但骑士精神和骑士标志之一的击剑却没有消失。在意大利,出现了私立的击剑馆,传授剑术,推动了击剑游戏的传播与发展。在1900年举办的第二届法国奥运会上,意大利和巴西等国派出的击剑选手都是专业击剑教师,他们包揽了击剑三个项目的冠军。虽然违背了奥运会规定的专业选手不能参赛的规定,但因相关制度尚不健全,所以国际奥委会也没有追究此事。由此可见,在各类游戏中,社会组织机构的介入无疑是推动游戏传播与发展的重要动力。

现代游戏的传播与发展同样证实了这一点。欧洲工业革命后,机器生产不仅创造了丰富的生活产品,改变了人们的生活方式,又模仿生活创造了前所未有的玩具产品,使游戏内容和游戏方式发生了巨大变化,为社会生活增添了乐趣。这不仅推动了游戏的传播与发展,也推动了社会经济发展,使游戏产品的商业化发展成为社会经济发展的一个重要领域。20世纪70年代后,电子游戏和网络游戏的诞生使游戏发展进入新阶段。网络游戏的广泛传播与发展主要有三个方面的原因,一是科学技术发展为游戏传播创造了条件,二是企业组织的推动为游戏发展提供了动力保障,三是游戏内容获得了游戏者的广泛认同。

但是,问题随之出现,为什么网络游戏能够吸引如此众多的青少年,让他们废寝忘食地专注于游戏?这究竟是游戏的胜利、企业的成功还是社会在某些方面的失败?企业在游戏传播中究竟应如何引导游戏?企业的社会责任感应如何体现?

坦率地说,资本逐利,天经地义。而且,没有企业组织和社会组织的推动,游戏传播与发展不可能规模化、大众化。但是,游戏是为了什么?自古以来,所有的游戏除少数人有赌博获利的目的之外都是一种消遣和娱乐,而如今的网络游戏能够吸引如此庞大的游戏者群体参与,人们不禁要问:难道这就是生活需要的消遣和娱乐方式吗?好像没有这么简单。玩游戏是一种天性,每个人都有游戏的欲望和动力。但是,游戏什么?玩游戏是为了什么?很多游戏者往往只是图一时之快而不顾其他。那么,作为社会组织的企业应如何设计游戏、引导游戏?这不纯粹是一个游戏问题。商家可以理直气壮地说,只要不违反法律和道德的底线,就可以任意游戏。这没有错,谁也无可非议。但是,企业的生存和发展离不开社会,难道企业就没有责任和义务与社会协调发展、共享繁荣吗?

网络游戏不同于民间其他各种游戏方式,网络作为一种大众传播媒介具有大众传播的一切特点和作用,传播范围广,影响大,使受众容易产生盲从心理而随波逐流。所以,如何引导和规范游戏不仅是一个游戏问题,更是一个社会问题。游戏是每个人都具有的天性,但网络游戏的传播目的不是为了利用人们的天性,纵容人们沉迷于游戏,而是为了给人们提供一种健康的娱乐方式,使游戏成为幸福生活不可或缺的内容,同时在游戏中传播知识,为人们"三观"的形成起到积极的促进作用。但是,现在的很多网络游戏做到这一点了吗?网络游戏不论如何设计、如何传播,应始终做到大众满意,这是网络游戏传播的基本要求。网络游戏需要传播正能量,尤其是以社会文化为内容的游戏,更应该体现出文化中的积极成分,而不是为了游戏的趣味性而凸显文化内容中的消极成分,更不能任意篡改文化内容。

众所周知,美国好莱坞电影和日本的动画片都属于游戏娱乐内容,但为什么能够赢得世界各国的广泛赞誉?这不只是一个制作技巧问题,更是由于文化的正能量和感染力征服了广大受众。网络游戏也是如此,它需要技术和技巧的支撑,但更需要技术与内容的完美结合以及社会民众的广泛认同。这种完美的结合和人们的认同建立在企业的社会责任的基础之上。然而,在现实生活中又是如何呢?某网络游戏公司在2017年推出了一款重磅网络游戏,在赢得游戏者推崇的同时,又招来了社会各界的批评和指责。问题的焦点集中在这款游戏使很多青少年上瘾,陷入其中而不能自拔。更有甚者,一些青少年因沉迷于游戏受到批评而自杀。一些人因游戏过度而晕倒住院,更多的人则因沉迷于游戏耽误学习和工作。那么,产生这种现象究竟是谁之过? 青少年是悲剧的牺牲品,他们年轻、幼稚,不能预料游戏的后果,所以,不应该承担责任。家长虽然反复教育孩子,但又没有能力完全阻止孩子放弃游戏。网络游戏开发商可以说,他们的传播行为合理合法,但是,合情吗?《孟子·梁惠王》有云:老吾老以及人之老,幼吾幼以及人之幼。游戏开发商作为社会生活中的一分子,其实完全了解社会民众的游戏心理。如果这些悲剧发生在游戏商的家里,游戏商是否会漠然置之呢? 游戏商既然能够设计出如此吸引人的游戏,就完全可以通过技术手段控制游戏的传播,使游戏传播取得最佳的社会效果和最好的经济效益。这些,游戏商做到了吗?

游戏商逐利无可厚非,但是,任何逐利行为都要建立在兼顾社会效益和经济效益的基础上,这才是一种有责任感的表现和态度。以牺牲社会效益而获得经济效益,这样的结果又有何意义?

三、游戏发展的社会责任

游戏不同于生活,但又离不开生活。游戏模仿生活形成有别于生活的游戏空间,使人们在游戏中追逐理想和体验自我价值。游戏者的游戏观念难免受到生活的影响,即各种社会价值观和生活方式的影响,从而表现为对待游戏和游戏商业化的不同态度。

生活对游戏的影响因人而异。大多数人能够合理地掌控生活与游戏的界限,不会陷入游戏无度的境地。而少数人为什么会陷入游戏、不能自拔? 这固然与个人的生活环境和心理素质有关,但社会的影响是一个不可忽略的重要因素。具体来说,社会因素的影响主要包括各种不同的社会价值观、社会经济发展模式、教育思想和方法以及人们的生活状态等。

首先,价值观是影响游戏和游戏商业化的第一要素。人的思想和行为无不是在一定的价值观指导下形成的。每个人都应懂得生活中的事情哪些可为,哪些不可为。那么,人的价值观如何形成? 一是教育的结果,二是认知的产物。少年儿童的价值观处于形成阶

段,具有不稳定性,所以,他们对很多事情的认识往往缺乏理性。但这并不能成为他们沉迷于游戏的理由,任何孩子都懂得要听家长话的道理。孩子过于任性而自我放纵至少说明家庭教育在一定程度上不到位,对于成人而言,无论是沉迷于赌博游戏中的人还是企业的游戏管理者,对游戏的认识肯定有别于少年儿童。热衷于赌博的人明知弊多利少、有人财两空的危险,但却执迷不悟。网络游戏管理者知道少年儿童迷恋游戏必然影响学业,但却一意孤行,恨不得让所有的游戏者都成为自己的客户。所以,成人的这种游戏态度无非就是出于获利目的,在一定程度上反映出这些人的思想意识和价值观。

我国当下正处于社会转型时期,出现多元化的价值观实属正常,但是,社会发展的不平衡状态在一定程度上造成了分配不公的现象,使得一些人心理失衡,产生了拜金主义思想。为赚钱不择手段,挣得越多越有本事成为一种社会共识。一些人将投机心理迁移到赌博游戏之中,赌博的筹码令人咋舌,在社会中产生了恶劣的影响。一些网络游戏商虽不直接从事赌博游戏,却也通过奖励的方式吸引游戏者,甚至鼓吹"玩儿游戏轻松赚大钱"。从在商言商的角度来说,商家的这种行为无可厚非,但是,从社会发展的层面来说,这种游戏传播的思想不仅导致很多少年儿童沉迷于游戏,又引导他们产生投机心理。所以,游戏的负面社会作用不言而喻。

其次,经济发展模式对游戏和游戏商业化产生了直接影响。在经济发展中,有两种调控手段,分别是做期货投资和买卖股票,这两种调控手段其实是由赌博游戏衍生而来的。人们将手中多余的钱用于购买期货或股票,客观上为生产厂家提供了资金,有利于发展生产,主观上则是为了获利,谁也不会平白无故地把钱借给别人。但是,购买了期货或股票,谁也不知道厂家生产能否盈利,即使个人的分析和预见能力很强也不免除各种天灾人祸的影响,个人的投资是有可能血本无归的。这和赌博游戏完全一样,游戏胜负具有强烈的不确定性。不同的是,期货和股票市场由国家控制,在一定程度上可以保持相对的秩序性,避免恶意投机现象的出现。但是,期货和股票投资同样可能产生恶劣的后果,很多投资失败又无法承受的人甚至选择自杀。因此,经济发展模式的影响可见一斑。

再次,教育导向对少年儿童沉迷于游戏有着不可推卸的责任。如果简单地认为一些少年儿童沉迷于游戏学校也有不可推卸的责任,或许会引起教师的愤怒,因为沉迷于游戏的学生毕竟是少数,教育不是万能的,学校也不是工厂里的生产线,不可能将每一个学生按标准化培养出来。然而,这只是表面现象。实际上呢? 我们首先肯定改革开放以来,我国教育有了很大发展进步,教育水平和教育质量不断提高,这是国人有目共睹、不容否认的成绩。但是,为什么几十年来整天喊着"要为学生减负,教育不要围绕高考的指挥棒转",却一直收效甚微? 一言以蔽之,是部分教育管理者利益观念扭曲所致。

某些处在上层管理机构的人为表明自己的政绩,只能将各种教改措施与利益直接挂钩,因此造成教育工作与个人利益关联的现象,由此产生了各种教育弊端。例如,一些学校实行所谓的"评教制度",以提高教学质量。结果呢? 无异于走过场、做无用功。这种"评教制度"又有何意义? 一些中学将中考、高考与教师利益挂钩,教师为鼓励学生提高学习成绩,进行成绩进排名。一些学习成绩不好的学生,自尊心受挫,少数人因此而辍学或迷恋游戏,导致了各种不良后果的产生。所以,一些儿童少年沉迷于游戏,教育导向错误也是原因之一。

最后,生活状态是游戏和游戏商业化无度的重要诱因。渴望幸福美好的生活是人之常情,游戏只是美好生活的一部分。但是,少数人沉迷于游戏果真是追求美好生活的必由之路吗? 当然不是。调查发现,很多少年儿童之所以迷恋游戏,不过是一种无奈之举。他们生活没有寄托:或家庭关系紧张,缺乏安全感和爱的寄托;或学习成绩差,在同伴中没有地位;或毕业后不能继续升学又找不到合适的工作,整天无所事事,百无聊赖。在虚拟的游戏世界中,他们不仅可以掌控游戏内容,而且能够获得游戏的胜利,价值感自然产生,不仅体验到游戏的乐趣,而且增加了生活的充实感。因此,这些人就像吸了鸦片一样总想重复这样的心理体验,久而久之,便陷入其中不能自拔。

成人沉迷于赌博游戏的心理比儿童少年更为复杂,尤其是一些喜欢豪赌的人,职业分布广泛,包括企业家、社会名流以及政府官员等在内。赌博游戏为这些人提供了良好的消遣方式,使他们沉醉其中。

对传播游戏的商家而言,通过提供游戏满足社会各类人群的生活需要本是一种职责所在,追求游戏的质量和趣味性无可厚非,但是,一些人或为了追求公司利益,或为了追求个人利益而不择手段,置社会效益和社会责任于不顾,过度追求游戏商业化,以至于造成各种不良的社会影响。

总之,游戏是生活中不可或缺的内容之一,但游戏又具有两面性。适度游戏能够为人们带来快乐,过度游戏则会产生各种不良的后果。很多人沉迷游戏既有个人的原因,又有家庭和社会的原因。所以,控制游戏不仅仅是个人和家庭的事,也是全社会的一项共同的系统工程。只有树立社会责任感,才能逐渐减少因游戏而产生的不良社会后果,使游戏和游戏商业化不断发展,成为推动社会发展的动力之一。

第四节　游戏发展的规范管理

常言道,无规矩不成方圆。任何社会事物的发展都需要一定的思想观念和制度规则的约束。游戏是一把双刃剑,它既能够为人们的生活带来快乐,又会使人产生无穷的烦恼,所以,规范游戏使之成为幸福生活的补充内容对于个人成长和社会发展具有重要意义。

由于游戏的种类繁多,社会中不同年龄、不同群体的人选择和参与的游戏不尽相同,所以,不可能对各种游戏的规范管理均进行阐释,在此,只是对游戏管理从宏观的层面提出几点建议。

一、树立信仰,形成正确的价值观

信仰是人类的精神支柱,没有信仰的人无异于没有灵魂的行尸走肉。人类从洪荒时代走到今天的文明美好时代,靠的是什么?就是对生命的信仰。在人类文字尚未产生之前,人类的信仰——宗教就已经出现,成为激励和规范人类生存的动力。但是,宗教是一种信仰,而信仰不等同于宗教。世界各国、各民族都有自己的信仰,但信仰内容和信仰方式则各有不同。

信仰作为一种思想观念在不同历史时期有不同的内容,各种不同的宗教其内容也不是一成不变的,而是会随着社会文化发展不断被注入新的内容,以适应社会发展的需要。信仰具有文化认同的功能和作用,不同国家和民族虽然也存在不同的宗教,但文化的层面上仍有一致之处。所以,共同的信仰能够形成强大的凝聚力与和谐的社会关系,促进和推动国家和民族的发展进步。信仰能够促进人的价值观的形成,并指导人的行为。人的任何行为都与一定的价值观相联系,而价值观的形成又以一定的信仰为基础。因此,树立信仰对于价值观的形成和规范人的行为具有重要作用和意义。

树立信仰并不要求社会中的人都具有共同的信仰,但是,人人都渴望生活幸福,这是人类共同的文化观念。追求幸福生活同样需要对生活抱有信仰,树立各自的生活目标并努力追求。树立信仰,形成正确的价值观不仅有益于生活,也有益于对游戏过程的控制。除了以游戏为职业的人外,大多数人参与游戏只是为了消遣和娱乐,游戏只是生活的一种补充。对生活抱有信仰和追求才能形成正确的价值观,使人头脑清晰,能够区分生活与游戏的界限,而不会陷入游戏以至于无法自拔。同时,正确的生活价值观能够使人正确认识自己。得意时不骄不躁,失意时"不气不馁"是一种正确的生活态度。如果不能正确对待失意时的自己,或借酒浇愁,或沉迷于游戏,其结果只能是自作自受,自毁前途。

二、加强法治,维护社会的秩序性

社会是一个有机整体,由于各种社会活动和社会事物的性质不同、发展规律不同,所以,社会分工越来越细,产生了不同的领域和部门。但各领域、各部门作为社会构成的一部分,不可能独立存在,必然与其他领域或部门形成一定的相互关系,产生相互作用,从而实现推动社会发展的目标。在这一过程中,社会各领域、各部门的一切活动都需要具有一定的秩序性,才能形成有机的社会联动,造

就和谐的社会环境,适应社会发展的需要。

从社会发展的意义上说,任何一种社会活动和社会事务都不可能孤立地存在和发展,而是相互依存、相互影响和制约的。改革开放以来,社会价值观出现了多元化趋势。这并不奇怪,因为每个人有自己的理想和追求。但是,任何理想和追求都不能超越法律的底线,否则,就破坏了社会秩序。然而一些人在社会转型期被经济改革大潮冲昏了头脑,丧失了原有的理想和信仰,不仅触犯了党纪国法,也在社会中产生了极其恶劣的影响。这只是少数人的行为,但对社会产生的危害极大。游戏和游戏商业化的发展同样如此,受到各种社会活动和社会事物的影响和制约。个人生活信仰和价值观确立不仅影响个人对生活的态度,同样影响游戏行为。游戏商业化的发展模式必然受到社会经济发展模式的影响。所以,游戏发展和游戏传播不仅是游戏者个人的事情,也是社会中所有人的事情。

但是,社会发展从来就不可能一帆风顺的。所以,要保证游戏的正常发展和它的纯粹性,为人们营造一个美好的游戏空间,就需要加强法治,维护社会各领域的秩序。如果游戏空间成为一些人的避风港,成为一些人逃避生活的心理寄托,那么,不仅游戏没有意义,生活也就失去了意义。在这个意义上说,游戏状态反映了社会状态。因此,通过法治规范社会各领域的活动,包括游戏领域的活动,对于社会发展和游戏发展具有重要意义。

三、教育引导,养成良好的生活习惯

游戏同其他一切社会活动一样,有利有弊,这是由人性所决定的。游戏是人类不可或缺的一项内容,自始至终存在于生活之中。它不仅为人们带来了欢乐,也带来了烦恼和忧伤。要使游戏能够更好地为生活服务,减少对人们尤其是对于儿童少年的负面影响作用,有效的方法是教育。通过教育,使人们认识游戏的作用和意义以及沉迷游戏的危害,从而正确把握游戏度,使游戏成为生活内容的有益补充。

尽管游戏的弊端始终存在,却没有影响社会的发展和进步。大多数人不会因参与赌博游戏而走向极端,因为大多数人具有理性。

理性由何而来？一是通过教育获得，二是通过自我认知得来。

　　教育不仅指学校教育，家庭教育的作用对于人的一生更为重要，所谓"人之初，性本善。苟不教，性乃迁"，就是说人之初的家庭教育对于儿童习性的形成至关重要。大部分儿童能够正确对待游戏而不沉迷其中，有家庭教育的功劳。当然，即使一些儿童从小养成的习惯不好，也并不意味着长大后就碌碌无为。很多人小时候调皮捣蛋、不守规矩，长大后改掉恶习，逐渐变成优秀的人。就游戏来说，也是这样，没有一个人会终生迷恋游戏。到了一定年龄，通过教育和自我认知，很多迷恋游戏的少年儿童自然会找到生活的目标，并为之努力。因此，正确认识和对待游戏，养成良好的生活习惯和游戏习惯，教育在其中起着重要的作用。

四、积极开拓，创造多样的游戏方式

　　游戏的弊端是由人造成的，但同时又与一定的游戏方式有关。从客观上说，只要游戏者愿意，任何游戏都可以用来进行赌博。而事实上并不是所有的人游戏时都要进行赌博，这既与不同的人的游戏心理有关，也与游戏方式有关。以围棋为例，围棋产生于民间，最初同样与赌博相联系。但是，围棋在发展过程中逐渐与赌博相行渐远，成为一种文雅游戏，原因在于围棋属于一种巧思游戏，体现出游戏者的智慧，游戏者无论输赢都能够获得一种愉悦的感受，无须通过赌博获利来获得心理满足。不仅如此，围棋讲究技巧，需要具备一定的围棋知识才能运作自如，而且一局博弈所需时间较长，不能满足嗜赌者需要。因此，围棋在逐渐成为文人雅士的娱乐方式。此外，桥牌游戏也是如此，没有好牌与坏牌之分，全凭计算与技巧得胜，充满了趣味性和逻辑性，引人入胜。所以，游戏如何发展，如何减少游戏在生活中的负面影响和作用，需要人们广开思路，一是不断创造新的游戏适应人们的需要，二是不断改进传统的游戏以减少游戏的弊端。

　　众所周知，麻将游戏是国人传统的游戏内容之一，自产生以来深受民众喜欢。但是，麻将游戏自产生后就是一种赌博游戏，直至今天，依然如故。麻将游戏不仅在我国大陆地区盛行，在港澳台地

区以及世界各地,凡是有华人居住的地方也十分流行。我国国家体育总局在20世纪末着手对麻将游戏进行改革,制定了新的游戏方法和规则,并组织麻将游戏比赛。2005年,在我国和世界各国华人以及国际友人的共同努力下,世界麻将组织联盟成立,并于2007年在我国成都举行了第一届世界麻将锦标赛。来自中国、美国、日本、德国、法国等17个国家和地区的144名选手报名参加了比赛。东方清华北大队、京津鲁联队、日本麻雀联盟、日本麻将体育协会等22个具有世界权威性的麻将协会组织分别组队参加了团体比赛。整个比赛共进行9局,所有选手分入中国、日本、欧洲和美洲四大赛区进行循环赛,最终按各局积分决出名次。本次比赛不设任何奖金,以"品"为等级进行选手等级划分,以牌艺和牌品来定位一至九品的不同等级。

2017年7月,我国有关部门又向国际奥委会申请,计划将麻将游戏竞赛作为表演项目纳入2022年北京冬奥会。无论结果如何这一举措都值得赞扬。麻将游戏作为我国传统文化的一部分延续了三四百年之久,其文化价值不言而喻。通过游戏传播向世界各国输出文化无疑是一个良好的开端,既能让世界各国对我国文化有进一步的认识和了解,又实现了我国以软实力影响世界的美好愿望。

需要指出的是,麻将游戏经改革后走向世界只是游戏方式和游戏范围的一种变化,有利于减少游戏赌博现象,但不能消除这种现象。游戏赌博是人性的体现,只要人性中的贪婪心理存在,赌博游戏就会永远存在。关键的问题不是根除赌博,而是尽量减少赌博现象的出现以及因赌博而产生的不良社会后果。所以,实现这一目标真正需要的是通过教育以及其他方式不断提高人们的认识水平。

本章小结

本章阐述了古代与近现代游戏商业化的产生与发展过程及其特点。古代人为什么喜欢赌博?完全是由天性、人的趋利性和当时社会的发展状况所致。具体包括四方面内容:①农耕时代的经济特点和生产力发展水平决定了人们的生活方式,游戏和赌博成为很多人的一种娱乐和消遣方式;②封闭的生活状态导致社会交往的障碍,集市为人们提供了主要的交往场合,为赌博游戏创造了条件;③商品经济不发达,人们没有更多的投资机会,多余的钱财为赌博提供了条件;④以小博大的趋利心理助长了赌博之风的盛行。

近现代游戏商业化的特点主要体现在四个方面:①游戏性质的传统化特点;②游戏媒介的机器化特点;③游戏运作的组织化特点;④游戏范围的全民化特点。

此外,游戏商业化有利有弊,如何克服游戏商业化产生的弊端是家庭、企业和社会共同的责任。就社会责任来说,主要有:①价值观是影响游戏和游戏商业化的第一要素;②经济发展模式对游戏和游戏商业化产生了直接影响;③教育引导对儿童沉迷于游戏有着不可推卸的责任;④生活状态是游戏和游戏商业化无度的重要诱因。

最后,本章从宏观层面提出了规范游戏和游戏商业化发展的要求:①树立信仰,形成正确的价值观;②加强法治,维护社会的秩序性;③教育引导,养成良好的生活习惯;④积极开拓,创造多样的游戏方式。

本章思考题

1. 近现代游戏商业化有哪些特点?
2. 规范游戏和游戏商业化有什么宏观要求?